Gerhard Keerl · Reiter und Ritte

Documenta Hippologica

Darstellungen und Quellen
zur Geschichte des Pferdes

Begründet von
Oberst H. Handler, H. J. Köhler,
Oberst W. Seunig, Dr. W. Uppenborn,
Dr. G. Wenzler

Herausgegeben von
Brigadier K. Albrecht, Spanische Hofreitschule,
General P. Durand, Cadre Noir,
Prof. Dr. E.-H. Lochmann,
E. v. Neindorff, Dr. B. Schirg

2000
Olms Presse
Hildesheim · Zürich · New York

Gerhard Keerl

Reiter und Ritte
Historische Streifzüge

2000
Olms Presse
Hildesheim · Zürich · New York

Das Werk ist urheberrechtlich geschützt.
Jede Verwertung außerhalb der engen Grenzen des Urheberrechtsgesetzes
ist ohne Zustimmung des Verlages unzulässig und strafbar.
Das gilt insbesondere für Vervielfältigungen, Übersetzungen,
Mikroverfilmungen und die Einspeicherung und Verarbeitung
in elektronischen Systemen.

Titelbild: aus Fugger, Von der Gestüterey

Die Deutsche Bibliothek - CIP-Einheitsaufnahme

Keerl, Gerhard:
Reiter und Ritte: historische Streifzüge / Gerhard Keerl.
- Hildesheim; Zürich; New York: Olms-Presse, 2000
(Documenta hippologica)
ISBN 3-487-08415-5

∞ ISO 9706
© 2000 Georg Olms Verlag AG, Hildesheim
Alle Rechte vorbehalten
Printed in Hungary
Gedruckt auf säurefreiem und alterungsbeständigem Papier
Umschlagentwurf: Prof. Paul König, Hildesheim
Karten: Werbegraphik Bruno Kämmerling, Düsseldorf
ISBN 3-487-08415-5
ISSN 0175-9108

Inhaltsverzeichnis

Vorwort	7
1. Odins Ritt	9
2. Der heilige Arnold und sein Ritt um den Bürgewald	13
3. Der „Königsritt" Konrads II.	23
4. „... so weit der Huf des Mongolenpferdes trägt ...": Vom Onon zur Oder	39
5. Ein blinder Reiter: Johann Graf von Luxemburg, König von Böhmen	69
6. Der Vorritt – eine Kuriosität der Oberlausitz	81
7. König Karl XII. von Schweden und der Ritt nach Stralsund	95
8. Reitende Prediger schreiben Geschichte	111
9. Der nordamerikanische Pony-Expreß	141
10. Die Schlacht bei Königgrätz „Getrennt marschieren, vereint schlagen!"	157
11. Die Fernpatrouille Graf Zeppelins ins Untere Elsaß 1870	173
12. Der große Distanzritt 1892	185
13. Eine Dienstreise zu Pferde: Dr. Werner Otto von Hentigs Diplomatenfahrt	201
14. Trakehnen: Wie ein Paradies entstand und verging – und der Flucht-Ritt seiner Hengste	219
Abbildungsverzeichnis	255

Danksagung

Es war mir eine große Freude, Herrn Studiendirektor Hans Eschenbach aus Rheine, Gefährten aus alter Zeit, für die kritische Durchsicht des Manuskriptes gewinnen zu können. Sein Weg zum Germanisten war zeitgemäß nicht problemlos. Ihm gilt mein besonderer Dank.

Dank schulde ich auch Frau Ilsemari Mackensen, Leiterin der Bibliothek des Pferdemuseums Verden. Die Erinnerung an den Fluchtritt der Hengste im Kapitel über Trakehnen wäre ohne ihre detektivische, freundlichst gewährte Mithilfe wahrscheinlich vergessen und verschollen!

Professor Albrecht Graf Finck von Finckenstein verdanke ich die Kenntnis vom Melderitt seines Vorfahren und die Genehmigung, die Lithographie des Nachtrittes aus Familienbesitz zu publizieren.

Frau Gabriele Mohrmann-Pochhammer, Hamburg und Windeby, fühle ich mich verpflichtet für bereitwillig gewährten Zugriff auf Literatur aus ihrer Privatbibliothek für das Kapitel über den „Großen Distanzritt 1892".

Freundlicherweise wurde ich durch die Ostpreußin Frau Irmgard Hoffmeister, Düsseldorf auf das Bild der „Abschiedsparade" im Kapitel Trakehnen und durch Obstl. a.D. Bertram von Schmiterlöw, Hannover, auf das Bild von der „Heimkehr des toten Königs" im Abschnitt über Karl XII., hingewiesen.

Vorwort

Am Anfang stand die Begeisterung des Autors für den Distanzritt, bezogen nur auf die Leistungen von Pferd und Reiter und betrachtet unter dem engen, aber faszinierenden Blickwinkel von Zeit und Entfernung. Bei intensiverer Beschäftigung mit der Materie zeigte sich bald, daß auch andere, nämlich historische Dimensionen dazugehören – wenn nicht nur rein sportliche Anforderungen und Rekorde beschrieben werden sollten. Schließlich drängte sich das Interesse am historischen Rahmen selbst so stark in den Vordergrund, daß als Konzeption nur noch die Kombination von Ritt und geschichtlichem Hintergrund möglich und befriedigend schien.

Den jeweils in sich abgeschlossenen Abschnitten gehören Ereignisse vieler Jahrhunderte an. Entsprechend der uralten Verbindung von Reiter und Pferd, die auch in alten Mythen ihren Niederschlag gefunden hat, gründet *eine* im mythologischen Bereich. In einigen der Streifzüge herrscht das Geschichtsbild vor, in anderen das reiterliche Ereignis. Die Motivationen für die Ritte und ihre Ursachen sind jeweils verschieden. Die letzte der Erzählungen, Trakehnen betreffend, hat einen besonders bedrückenden Hintergrund.

Bedauert wird in gewisser Hinsicht die Wiederkehr kriegerischer Bezüge in einigen der Kapitel. Doch die überlieferte Geschichte ist reich an Kämpfen, und das Pferd spielt darin eine besondere Rolle. Bedauert wird auch die größere Reihe hochgestellter Persönlichkeiten. Den Namen des einfachen Reiters, der vielleicht die gleichen, wenn nicht sogar die größeren körperlichen Leistungen vollbrachte als z. B. sein König, hat natürlich kein Chronist für besonders überlieferungswürdig gehalten. Dafür aber ist ein Kapitel der sehr jungen „Dynastie" der amerikanischen Cowboys gewidmet. Die Ereignisse dazu liegen noch nicht zu lange zurück. Das begünstigte die Überlieferung.

Wie extrem schwer auch manche der reiterlichen Leistungen eingeschätzt werden müssen: in einer Erzählung, König Karl XII. von

Schweden betreffend, konnten sie nicht in der ganzen Ausschmückung, vor allem späterer Berichte, belassen werden. Selbst mit Abzügen fordern sie uns noch Anteilnahme und Anerkennung ab.

Genealogien müssen gelegentlich mehr ausgebreitet werden, als es für die Darstellung einer eingeschlossenen Individualgeschichte nötig erscheinen mag. Sie zu erwähnen läßt sich aber nicht vermeiden, will man die Zeitumstände objektiv würdigen.

Eingefügte Jahreszahlen, geograpische Karten und Skizzen sollen Zeit und Orte der Ereignisse erklären helfen und überhaupt erst in die richtige Vorstellungswelt versetzen. Eine bloße Aufzählung von Ländern und Namen, ohne Anschauung, kann nur geringes Interesse wecken.

Odins Ritt

Ist es nicht gut zu wissen, daß sich auch im skandinavisch-germanischen Raum in Sagas die Begeisterung sowohl für das Pferd, für sein Leistungsvermögen, seinen Charakter wie auch für den „Wilden Reiter" findet? Naturgewalten gaben die Anregung für mythische Ausgestaltungen. Das Pferd galt den Germanen bis in das späteste Heidentum als heiliges Tier. Es sollte für uns Nachgeborene keine Rolle spielen, daß wir uns in das überschäumende Temperament jener Pferde nicht so recht einfühlen können, weil wir uns unter nordischen Pferden eher eine dem Fjordpferd ähnliche Rasse vorstellen. Erst nachfolgende, schreibende Generationen haben hochedle Pferde daraus entstehen lassen. Es sollte auch nicht so wichtig sein, daß Mythenerzähler anderer Völker ihre Dichtungen schon Jahrhunderte zuvor aufgezeichnet haben, und daß andere Völker längst aus dem Dunkel mythischer Vergangenheit in die überlieferte und datierte Geschichte eingetreten waren. Zwischen den Niederschriften Homers im 8. Jahrhundert v. Chr. und der Aufzeichnung der Mythen um die nordische Gottheit Odin liegen annähernd achtzehn Jahrhunderte. Berücksichtigt werden sollte, daß die Zeit der Entstehung und die Zeit der Niederschrift nicht gleich sein müssen und daß lange Abschnitte zwischen der ersten mündlichen Erzählung und der schriftlichen Gestaltung liegen können. Während im westgermanischen Raum das vordringende Christentum die weitere Ausbildung der heidnischen Sagas stoppte, drang die Christianisierung in den skandinavischen Raum viel später ein. Hier standen Sängern und Dichtern einige Jahrhunderte mehr an Zeit zur Verfügung, „wilde Schößlinge üppig wachsen zu lassen". Wesenseigenschaften der Götter waren zu „einer verwirrenden Vielfalt geworden, in der auch mancherlei Widerspruchsvolles stehen blieb." (DE VRIES 1934, S. 137). Seit den Anfängen verbirgt sich jedoch *ein* Gott hinter den Namen Wotan und Odin. Durch Tacitus (um 53 bis

120 n. Chr.) ist bereits bekannt, daß die Germanen Wotan als oberste Gottheit verehrten.

Beim Ordnen der Welt führte Odin NOTT, die Nacht, und DAGUR, den Tag, hinauf an den Himmel und gab ihnen Roß und Wagen, damit sie jeden Tag die Erde umfahren sollten. Notts Pferd Rimfari betaute die Erde am Morgen mit dem Schaum seines Gebisses. Dagurs Pferd Skinfari erleuchtete mit seiner Mähne Luft und Erde.

Odin, Begründer des Geschlechtes der Asen, überschaute von seinem Thron auf der Burg Asgard, zusammen mit seiner Gemahlin Frigga, die ganze Welt und was auf ihr vorging. Nach der Snorra Edda „ist er der Asen oberster und ältester; er waltet über alle Dinge, und wie auch die anderen Götter mächtig sind, so dienen ihm doch alle, wie Kinder ihrem Vater." (UHLAND 1868, S. 132). Zwei Raben, die er morgens ausschickte, hatten ihm täglich nach ihrer Rückkehr, auf seinen Schultern sitzend, zu berichten, was sich auf der Erde ereignet hatte. Seine drei Töchter, die Walküren Gudr, Nota und Norn Skulda ritten auf sein Geheiß über die Schlachtfelder, um die zum Tode bestimmten Ritter, die Einherjern, auszuwählen und nach Walhall zu führen. Odin, obgleich Kriegsgott, war nicht unsterblich. So sollten jene Krieger ihm eines Tages beistehen in dem erwarteten Kampf mit dem Fenriswolf, dem Zerstörer der Weltordnung. „Unter Blitz, Sturm und Regen" ritt er mit ihnen hoch in den Lüften zur „Wilden Jagd" auf den Eber und anderes Wild. Dann „glaubte man noch das Hundegebell, den Hörnerklang, das Hallorufen der wilden Gesellen zu hören (...)". Sie ritten auch aus, um sich im Kampf für die Entscheidungsschlacht zu üben. Abends „schmausten, zechten und würfelten" sie in Gemeinschaft der Asen (GÖLL 1991, 461–462). Odin und sein Pferd waren schnell; in Augenblicken konnte er bis in fernste Länder reiten. Von Asgard griff er auch selbst in die Kämpfe auf Erden ein. Er ritt dann Sleipnir, das unter Göttern und Menschen beste Pferd ungewöhnlicher Abstammung.

Einen dieser gewaltigen Ritte hat sich W. A. Schreiber mit dichterischer Freiheit vorgestellt und in ein beeindruckendes Gedicht gefaßt, das Carl Loewe dramatisch vertont hat:

Meister Oluf, der Schmied auf Helgoland,
stand noch vor dem Amboß um Mitternacht;
laut heulte der Wind am Meeresstrand,
da pocht es an seiner Tür mit Macht.

„Heraus, heraus, beschlag mir mein Roß,
ich muß noch weit, und der Tag ist nah!"
Meister Oluf öffnet der Türe Schloß,
ein stattlicher Reiter steht vor ihm da.

Schwarz ist sein Panzer, sein Helm und Schild,
an der Hüfte hängt ihm ein breites Schwert;
sein Rappe schüttelt die Mähne gar wild
und stampfet mit Ungeduld die Erd'.

„Woher so spät? Wohin so schnell?"
„Auf Norderney kehrt ich gestern ein,
mein Pferd ist rasch, die Nacht ist hell,
vor der Sonn' muß ich in Norwegen sein."

„Hättet Ihr Flügel, so glaubt ich's gern!"
„Mein Rappe läuft wohl mit dem Wind!
Doch bleichet schon da und dort ein Stern,
Drum her mit dem Eisen, und mach geschwind!"

Meister Oluf nimmt das Eisen zur Hand,
es ist zu klein, doch dehnt es sich aus,
und wie es wächst um des Hufes Rand,
da fassen den Meister Angst und Graus.

Der Reiter sitzt auf, es klirrt das Schwert.
„Nun, Meister Oluf, gute Nacht!
Wohl hast du beschlagen Odins Pferd,
ich eile hinüber zur blutigen Schlacht."

Der Rappe schießt fort über Land und Meer,
um Odins Haupt erglänzet ein Licht;
zwölf Adler fliegen hinter ihm her,
sie fliegen schnell und erreichen ihn nicht.

Es erübrigt sich, Entfernungen zwischen Helgoland und Norwegen zu relativieren und in ein Reitermaß zwängen zu wollen. Mythen haben ihre eigenen schönen Regeln.

LITERATUR:
GÖLL, HERMANN: *Illustrierte Geschichte der Mythologie*, 1991.
HELM, K.: *Altgermanische Religionsgeschichte*. Band 1. Heidelberg, Winter 1913.
JÄHNS, MAX: *Roß und Reiter*, Leipzig, Grunow 1872. Unveränd. Neudruck Walluf, Sändig 1973.
VON DER LEYEN: *Die Götter und Göttersagen der Germanen*, München, Beck 1909.
MOGK, EUGEN: *Germanische Religionsgeschichte und Mythologie*, Berlin/Leipzig, de Gruyter 1921.
SPAMER, OTTO: *Illustriertes Konversations-Lexikon für das Volk*, Leipzig/Berlin 1877.
UHLAND, LUDWIG: *Schriften zur Geschichte der Dichtung und Sage*, Band 6, Stuttgart, Cotta 1868.
DE VRIES, JAN: *Die Welt der Germanen*, Leipzig, Quelle und Meyer 1939.
ZEDLER, JOHANN HEINRICH: *Universal-Lexikon*, 1748.

Der heilige Arnold und sein Ritt um den Bürgewald

> *„Uns ist in alten maeren wunders vil geseit*
> *von heleden lobebaeren, von grozer arebeit [...]"*
> (HENNING 1977, S. 2).

So beginnt das Epos von der Nibelungen Not. Es wurde zu Beginn des 12. Jahrhunderts in mittelhochdeutscher Sprache in schriftliche Form gegossen und schildert uns Vorgänge, die vielleicht 700 Jahre zuvor stattgefunden hatten und in mündlicher Überlieferung von zahlreichen Generationen im Laufe mehrerer Jahrhunderte weitergegeben, abgewandelt und ausgeschmückt worden waren.

Etwa zu gleicher Zeit wurde in lateinischer Sprache eine andere Mär niedergeschrieben, die Legende des Harfenspielers Arnold. Sie soll sich in einem vergleichsweise viel kürzerem zeitlichen Abstand vor der Niederschrift, nur 300 Jahre zuvor, um 800 n. Chr. am Hofe Karls des Großen zugetragen haben. Was ist in *dieser* Erzählung der geschichtliche Wahrheitsgehalt, und was ist hier dichterische Freiheit? Niemand kann es mehr klären. Aber bis in die jüngste Vergangenheit geübte Bräuche und ausgeübte Rechte, ein steinernes Hochgrab aus gotischer Zeit, kaum veränderte geographische Bezirke, und die schon vor 1168 geübte Heiligenverehrung am gleichen Orte weisen auf einen wahren historischen Kern hin.

Das Harfenspiel, die Musikform auf einem Saiteninstrument altgriechischer Zeit, war durch die Vermittlung bereits zivilisierterer Herrscher in die Länder nördlich der Alpen gebracht worden. Am hunnischen Hofe sangen Berufssänger Preislieder auf König Attila. Theoderich, „Dietrich von Bern", sandte einen „Citharoeden" an den Frankenkönig Chlodwig, damit dieser „als zweiter Orpheus durch süße Weisen den rohen Sinn der Barbaren bezwingen" möge, als Gegenpart zu den dort üblichen derben Spaßmachern. Dieser Gesandte Theoderichs war ein Berufssänger römischer Abstammung. Der harfenspielende Sänger an den germanischen Höfen späterer Zeit gehörte zumeist dem Adelsstand an. Er nahm als solcher am Kampfe teil wie der nordische Skalde und war nicht nur Unterhalter, sondern anerkannter Genosse.

Ein solcher Genosse soll nach der Überlieferung Arnold gewesen sein. Es ist unsicher, woher er stammte. War er Grieche, wie die meisten der Berufssänger, oder stammte er aus Graz? Es sind die Einblicke in die kleinen menschlichen Schwächen, welche die Frage reizvoll machen. Spätere Abschriften des verlorenen Orginals beschreiben nämlich seine Herkunft einmal „e graeciae partibus", also aus der Gegend Griechenlands, ein anderes Mal „e graetiae partibus", also aus der Gegend von Graz. Welcher der beiden Mönche war wohl beim Abschreiben bei schlechter Beleuchtung in seiner Zelle müde geworden und hatte dabei die beiden Buchstaben „c" und „t" verwechselt? Auch der germanische Name „Arnold" kann die Herkunft nicht klären. Aber schließlich ist sie nicht das Wichtige an der Legende. Wissen wir doch, „daß alle Länder gute Menschen tragen [...]" können – wie wir sehen werden (LESSING 1965, Band 2, S. 53).

Die Legende berichtet von einem guten, offenherzigen Manne, sei er nun aus Griechenland oder aus der Steiermark. Ermöglicht wurde seine Tat allerdings, wenn wir der Legende folgen dürfen, nur durch die Großmut eines Großen der Geschichte: Kaiser Karls. Bei der genealogischen Unbedeutendheit Arnolds ist es nicht verwunderlich, daß er in zeitgenössischen Berichten aus dem 8. oder 9. Jahrhundert nicht bekannt geworden ist. Die älteste, in das 12. Jahrhundert datierte, sogenannte Lebensbeschreibung, ging verloren und ist nur durch mehrere Abschriften bekannt. Zusätzlich fand die Erzählung in Abwandlungen und auch in Neuschöpfungen Niederschlag in lokalen und völkischen Märchenerzählungen. Unserer Schilderung der Ereignisse liegt der lateinisch niedergeschriebene und von A. Steffens ins Deutsche übertragene Paderborner Kodex zugrunde. Er wurde im 14. Jahrhundert vom heute verschollenen Original abgeschrieben. Darin heißt es:

„Zu der Zeit des glorreichen Königs Karl kam aus der Gegend Griechenlands ein gewisser Lautenspieler, namens Arnoldus, in diese Provinz und wurde wegen seiner außerordentlichen Kunstfertigkeit am königlichen Hofe aufgenommen. Gleich einem zweiten David wußte er durch Cither und anderes sanfttönendes Saitenspiel den König häufig zu ergötzen; und in kurzer Zeit war er allen wohlgefällig und liebenswürdig geworden. Er war sohin darauf bedacht, wie er sein Leben ändern, die Sitten verbessern und sowohl Gott im Innern des Herzens als auch den Menschen äußerlich gefallen möchte. Seine Hauptsorge ging jedoch dahin, den Armen und Waisen beizustehen. Und alles, was er mit seinem Saitenspiel erwarb, theilte er getreulich mit denselben. Übrigens, wie tugendhaft und edelmüthig Arnoldus war, ist demjenigen allein bekannt, der ihm die Gnade dazu verliehen hat [...]. In jener Zeit trug es sich zu, daß der vorerwähnte König Karl mit seinem Gefolge bei dem Dorfe Ginnezwilre, das jetzt aus Ehrfurcht gegen den Heiligen Arnoldswilre genannt wird, auf der Jagd beschäftigt war. Nicht weit von jenem Orte lag der Wald, welcher Bürgel genannt wird." (STEFFENS 1887, S. 22).

Könige und Kaiser des Mittelalters herrschten über ihre Gebiete nicht von einem zentralen Regierungssitz, sondern ritten mit Hof und Gefolge von Pfalz zu Pfalz und übten so ihre Verwaltung aus. Der bevorzugte Aufenthaltsort Kaiser Karls war in seinen späten Jahren der Krönungsort Aachen. Auch in seiner Pfalz Düren weilten er und auch schon sein Vorgänger Pippin gern. Von hier übten sie die königliche „Große Jagd" aus. Die Wälder, in denen sie jagten, sind nur noch in Resten vorhanden. Der Name Bürgel ist dagegen im Namen Bürgewald erhalten geblieben.

Bereits die merowingischen Könige hatten die eroberten linksrheinisch gelegenen großen Wälder ihrem Königsgut angegliedert. Hier richteten sie ihre Bannforste ein. Die Jagd war in diesen Wäldern „gebannt", und das ausschließliche Nutzungsrecht besaß nur der König. Andere Nutzungsrechte, wie Holznutzung, Mastberechtigung, Viehweide und Kleinwildjagd waren in aller Regel auch den Waldangrenzern gestattet, auch dann noch, als die Besitzrechte an geistliche oder weltliche Herren übergingen. Dieses Recht dürfte mit seinen Wurzeln bis in die römische Zeit zurückreichen, als infolge von ausgedehnten Rodungen für römische Güter keine größeren zusammenhängenden Waldflächen mehr bestanden hatten. In den 200 Jahren der Kämpfe zwischen Römern und den andrängenden Franken und Alemannen um den Besitz des Landes sind dann ausgedehnte Acker- und Weidegebiete vom Wald wieder überwachsen worden. Gewisse Waldrechte blieben jedoch für die Anwohner, die nun fränkisch-alemannische Bauernschaft, als lebenswichtig, auch in merowingischer und karolingischer Zeit erhalten.

Nicht so scheint es den Dörfern um den Bürgewald ergangen zu sein. Denn, so heißt es im Kodex weiter:

> „Um diesen Wald herum lagen viele Ortschaften, deren Bewohner am notwendigen Holz großen Mangel litten, und auch nichts aus dem Walde zu ihrer Bedürfnis zu nehmen wagten, weil derselbe zum königlichen Fiskus gehörte. Hierob wurde der Mann Gottes, Arnoldus, gar sehr von Mitleid gerührt, und er sann auf Mittel, wie er denen, so er dergestalt darben sah, mit seiner Hülfe beispringen könnte. Christus der Herr, welcher seine Herzensgüte kannte, unterstützte mildiglich mit seinem Beistande, um den Wünschen seines edlen Herzens zu schleuniger Verwirklichung zu verhelfen."
> (STEFFENS 1887, S. 22).

Als sich König Karl eines Tages zum Mittagsmahl vorbereitete, wagte Arnold, den König um die Gewährung einer Bitte anzusprechen. Wiederholt hatte Karl zuvor den Sänger ermutigt, zum Dank für seine Dienste einen Wunsch zu äußern. Bisher war er zu bescheiden gewesen, das zu tun. Nun aber, nachdem er die Not der Bauern gesehen hatte, überwand er seine Scheu und ließ sich vom König ermuntern: „Ich bitte, mein Gebieter, Du mögest mir vom benachbarten Walde denjenigen Theil schenken, den ich während der Zeit Deines Mittagsmahles umreiten werde." Der König erwiderte: „Deine Bitte sei Dir gewährt, und vom Walde sollst Du soviel für Dich erhalten, als Du imstande sein wirst, während meiner Mahlzeit zu umreiten." (STEFFENS 1887, S. 23).

Was nun geschehen sollte, konnte Karl nicht geahnt haben: Arnold hatte sich nämlich überlegt, wie er möglichst vielen werde helfen können, ohne jemandem Schaden zuzufügen und hatte inzwischen „die seit langem ausgesuchten kräftigsten und flinksten Reitpferde rund um den Wald in gewissen Abständen aufstellen lassen" (STEFFENS 1887, S. 23). Er bediente sich des Relaissystems mit Pferdewechsel, um möglichst große Teile des Waldes umreiten zu können. In größter Schnelligkeit gelang es ihm damit, einen Komplex von 2 x 0,5 Meilen abzustecken (ca. 15 x 4 km). Jedesmal, wenn Arnold abstieg, um das Pferd zu wechseln, markierte er mit seinem Schwert die höchste Eiche zum Beweise seines Rittes. Der Chronist aus dem 12. Jahrhundert informiert: „Dieselben sind noch heute für diejenigen erkenntlich, welche Verständnis vom Forstwesen haben." (STEFFENS 1887, S. 24).

Nach erfolgtem Umritt kehrte Arnold in Eile zum König zurück. Er traf ihn noch bei Tische an. Der König wunderte sich sehr über die schnelle Rückkehr, meinend, Arnold sei sehr bescheiden gewesen. Wie würde er reagieren, wenn er die List erfuhr? Nach der Legende mit Großmut. Denn was Arnold sich auserbeten und er, Karl, überdies zu geben versprochen hatte, konnte er ihm nicht länger vorenthalten. Er verzieh die List um so leichter, als er erfuhr, aus welch uneigennützigem Grunde und für wen Arnold sich den reiterlichen Trick ausgedacht hatte. Zwanzig Ortschaften konnte der Sänger mit der Nutzung des Waldes beschenken. In den heute gebräuchlichen kann man die Benennungsgründe für die alten Namen im Umkreis des Bürgewalds noch erkennen.

Der König zog einen Ring vom Finger und übergab mit demselben nach königlicher Sitte in Gegenwart des gesamten Hofstaates den umrittenen Wald dem Arnold zum vollen Eigentum. Arnold seinerseits verneigte sich vor dem König mit Dankesbezeigung und Wünschen für ein langes Leben und himmlische Vergeltung. Er fügte hinzu, so sagt die Legende: „Wisse, mein Herr, daß dieses großartige Geschenk ein immerdauerndes Denkmal Deines Namens bleiben wird; denn ich will dasselbe dem himmlischen Könige darbringen sowohl zu Deinem als zu meinem Seelenheil." (STEFFENS 1887, S. 24).

Über die historische Größe des abendländischen Kaisers Karl gibt es keinen Historikerstreit – wäre sein Reich doch nie geteilt worden! Aber auch der so weit nachgeordnete, aus unbedeutender Familie stammende Sänger ging durch seine gute Gesinnung und durch einen besonderen Ritt in die Geschichte ein. Vor 1168 verehrte man ihn bereits als lokalen Heiligen. Ihm zu Ehren wurde der Ort Ginnizweiler in jenem Jahre zu Arnoldsweiler, genauer zu *Wilre sancti Arnoldi*, später *Arnoltswilre*, umbenannt. Die Verehrung als Heiliger für die gesamte Erzdiözese Köln erfolgte durch ein Dekret Leos XIII. erst im Jahre 1868. Der 18. Juli darf seither in der Pfarrkirche zu Arnoldsweiler unter dem Ritus eines *festum duplex majus* gefeiert werden. Dort liegen in einer der Pfarrkirche benachbarten Grabeskapelle, deren Anfänge bis in karolingische Bauzeit zurückreichen, seine Gebeine in einem Sarkophag gotischer Steinmetzkunst. Das Steinbild des Sängers zeigt ihn, ruhend in fränkischer Tracht, die Symbole seines Standes, Schwert und Harfe, in den Händen haltend.

Zum Dank für die Übereignung des Waldes bestand für eben jene 20 Gemeinden die Verpflichtung, jährlich in genau festgelegter Menge Kerzenwachs für den Altar Arnolds an die Kirche zu Arnoldsweiler für „ewige Zeiten" zum Geschenk zu machen.* Urkundlich gesichert, bestand diese Pflicht mindestens seit 1360. Wahrscheinlich ist sie älter. Erst nach etwa einem halben Jahrtausend weigerten sich einzelne Gemeinden, dieser Auflage nachzukommen. Im „Wachszinsprozeß" wurden sie 1833 verurteilt mit der Begründung, daß die Verpflichtung aus frommer Stiftung herstamme. Sie konnten aber, wie schließlich alle 20 Gemeinden, die Naturalzinsen durch eine zinslich zugunsten der Kirche angelegte Geldzuwendung ablösen.

Die Heiligsprechung erfolgte nicht, wie es frühen Zeiten ausschließlich vorbehalten war, für einen Märtyrer, sondern für einen Wohltäter, der nach Ansicht des Volkes auch nach seinem Tode noch Wunder vollbracht haben soll. „Seine Geschichte hat sich in die Herzen der Bevölkerung eingeschrieben. Deshalb hat sie sich im Bewußtsein erhalten, wenngleich sie in der Sprache des Volkes nicht aufgezeichnet wurde." (STEFFENS 1887, S. 16).

LITERATUR:
BECHSTEIN, LUDWIG: *Deutsches Sagenbuch*, Leipzig 1853.
ENGELS, HEINZ: *Das Nibelungenlied und die Klage*, Müller und Schindler 1968.
HAMACHER, THEO: „Der Bürgewald in seiner landschaftlichen und kulturellwirtschaftlichen Entwicklung zur ersten Karolingerzeit." In: *Heimatblätter, Beilage zur Dürener Zeitung*, 6. Jahrg. Nr. 14, 17.5.29, Nr. 15, 24.5.29, Nr. 16, 31.5.29.
JÄHNS, MAX: *Roß und Reiter*. Leipzig, Grunow 1872. Unveränd. Neudruck Walluf, Sändig 1973.
LESSING, G. E.: *Gesammelte Werke*, Berlin/Weimar, Aufbau Verlag 1965.
Meyers Conversations-Lexikon 1843.

---

* Die 20 wachszinspflichtigen Orte um den Bürgewald:
Arnoldsweiler, Ellen, Oberzier, Niederzier, Lich, Oberempt, Niederempt, Angelsdorf, Elsdorf, Paffendorf, Glesch, Heppendorf, Sindorf, Manheim, Kerpen, Blatzheim, Golzheim, Buir, Morschenich, Merzenich.

STEFFENS, ARNOLD: *Der heilige Arnoldus von Arnoldsweiler*, Aachen, Barth 1887.

WEITERSHAGEN, PAUL: *Zwischen Dom und Münster*, Köln, Greven 1859, Neuaufl. 1913.

WERNER, JOACHIM: „Leier und Harfe im germanischen Mittelalter." In: *Verfassungs- und Landesgeschichte*, Jan Thorbecke, Verlag Lindau (Konstanz).

WYRSCH, RUDOLF A. H.: *Der heilige Arnold von Arnoldsweiler*, Joseph-Kuhl-Gesellschaft, Jülich 1994.

Abb. 1: In der Arnolduskapelle findet sich das Hochgrab Arnolds. Es ist die älteste noch vorhandene Darstellung (um 1400–1450). Es zeigt ihn in fränkischer Tracht und mit Leier und Schwert als Symbolen des höfischen Harfenspielers.

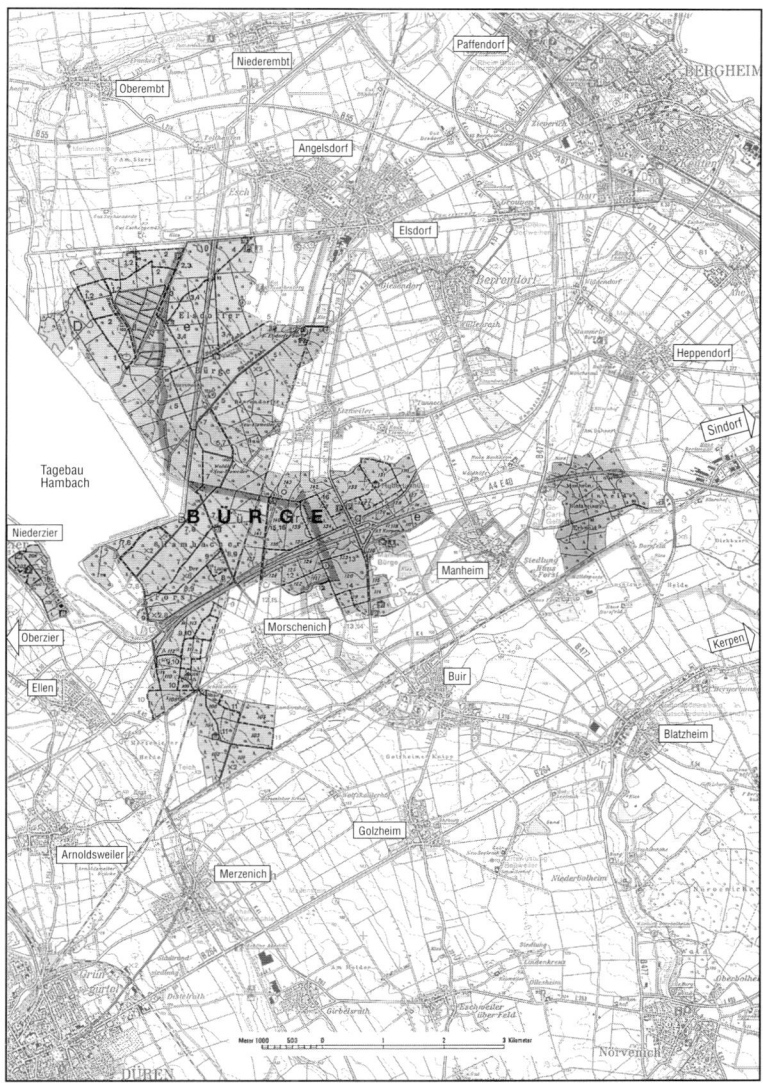

Abb. 2: Auf dem Ausschnitt der verkleinert wiedergegebenen topographischen Karte 1 : 50.000, Düren, erkennt man den einst großen Bürgewald nur noch in Resten. Das historische Jagdgebiet Kaiser Karls ist heute zersiedelt und vom Hambacher Braunkohleabbau teilweise zerstört. Die markierten Ortsnamen weisen die möglichen ehemaligen Außengrenzen aus. Sie entsprechen den wachszinspflichtigen Siedlungen.

Der „Königsritt" Konrads II.

Heinrich, der letzte Sachsenkaiser, starb am 13. Juli 1024, ohne eine Nachfolge vorbereitet zu haben. Er hinterließ weder Kinder noch nähere Verwandte. Der einzige Bruder stand im geistlichen Amt und kam dadurch für eine Nachfolge nicht in Betracht. „Nach des Kaisers Heimgang fing der Staat, wie durch den Verlust eines Vaters verwaist, in kurzem zu wanken an." (WATTENBACH 1888, S. 10). Der nächste Satz, auch geschrieben vom zeitgenössischen Biographen Wipo, ist noch im 20. Jahrhundert modern: „Daher hatte jeder Gutgesinnte Angst und Sorge, die Schlechtesten aber wünschten die Zerrüttung des Staates." (ebd.) Die Kaiserwitwe Kunigunde suchte mit Hilfe von Getreuen die Stabilität gegen Egoismen innerhalb des Staates und Anfeindungen von außen zu erhalten. In weniger als zwei Monaten, in den ersten Septembertagen bereits, konnte die Wahl des neuen Königs stattfinden – eine organisatorische Meisterleistung des Mittelalters unter einer großen Frau. Die Ortswahl war getroffen, die Bewerber waren inzwischen gesichtet, die Einladungen verbreitet und die weltlichen und kirchlichen Würdenträger angereist.

Zwei Kandidaten, die beiden Konrade, waren übriggeblieben. Beider Linien gingen auf alten fränkischen Hochadel zurück, beide stammten über die Ehe des Lothringers Konrad des Roten mit der Tochter Kaiser Ottos I. auch von den Ottonen ab, sie waren Brudersöhne.

In der Rheinniederung zwischen dem Gebiet von Mainz und Worms, die Raum bot für die Versammlung einer großen Menschenmenge, traf man sich für die Wahl des neuen Königs. Kleinere Inseln im Flußverlauf boten die Möglichkeit für geheime Besprechungen. Der Wahlort Kamba, in der Nähe des heutigen Oppenheim gelegen, existiert nicht mehr. Auf der einen Seite des Rheins lagerten die Vertreter der rechtsrheinischen Stämme, Sachsen, Slawen und Ostfranken, Noriker und Alemannen, auf der linksrheinischen diejenigen der gallischen Franken, der Ripuarier und Lothringer. Was nun geschah war ungewöhnlich und unüblich: die beiden konkurrierenden Vettern trafen sich auf einer der Inseln unter vier Augen. Was sie besprachen, ist mit ihnen vergangen. Wahrscheinlich erfolgte eine Absprache, daß der in der Wahl Unterlegene den anderen unterstützen und akzeptieren wolle.

Die Wahl fiel auf den Älteren der beiden Konrade. Von den Franken der Karolingerzeit ausgehend, war die Königswürde auf die Franken zurückgefallen. Wer war der ältere Konrad, der um 990 geboren worden war? Vom Schicksal nicht verwöhnt – der Vater war früh und noch vor dem Großvater gestorben – waren die Erbanteile fast völlig an ihm vorbei an die Vetternlinie gefallen. Eine besondere Fürsorge der Mutter um den Sohn ist nie erwähnt worden. So nahm sich Bischof Burchard von Worms seiner Erziehung und seines Unterhaltes am Bischofshof an. Die Erziehung kann nicht in allen Bereichen tiefgründig gewesen sein, denn Konrad konnte weder schreiben noch lesen. Allerdings war das selbst für einen König der damaligen Zeit nichts Ungewöhnliches. Durch die Widerwärtigkeiten gefordert, reifte er früh zu einem ernsten, besonnenen und willensstarken Mann heran, der sich durch Rechtschaffenheit und Ritterlichkeit hervortat. Sein Verhältnis zum regierenden Kaiser Heinrich wurde getrübt, als er die verwitwete Gisela heiratete. Nach kanonischem Recht galt sie als zu nahe mit ihm verwandt. Daraus ergab sich nun nach seiner Wahl am 4. September 1024 die erste eigenartige Situation. Er selbst wurde am 8. September in Mainz durch Erzbischof Aribo zum König geweiht, nicht jedoch Gisela zur Königin. Aribo wollte sich nicht über das kanonische Recht hinwegsetzen. Gisela wurde erst am 21. September in Köln durch Erzbischof Pilgrim geweiht. „Durch den Neid gewisser Menschen, der gar oft von den Niederen zu den Höheren wie ein Rauch hinaufsteigt, wurde sie einige Tage lang an ihrer Weihe verhindert." (WATTENBACH 1888, S. 28).

Die Völker Mitteleuropas traten viel später in die Geschichte ein als die „alten" Völker. Glücklicherweise wissen wir aber aus schriftlichen Zeugnissen von Vorgängen, die sich vor vielen Jahrhunderten hier abspielten. Trotz zahlreicher Kriege mit ihren Zerstörungen konnte ein Teil in Dokumenten als Original oder als alte Abschrift erhalten werden. Männer wie Wipo, oder auch der spätere Peter von Zittau, bescheiden in der Mönchskutte, aber doch mit eigener Meinung, haben Geschichte aufgeschrieben. Wipo war aus mehreren Gründen ein Glücksfall für die Geschichtsschreibung. Durch seine herausgehobene Stellung in nächster Nähe der Machtzentren konnte er von hoher Warte Gehörtes und Selbstbeobachtetes mitteilen. Wahrscheinlich wurde er in der Mitte des 10. Jahrhunderts im damaligen Burgund geboren und im Aargau zum geistlichen Beruf ausgebildet. Auf Grund seiner politischen Ambitionen und seiner Persönlichkeit muß er zur Kanzlei Heinrichs II. gerufen worden sein. Später wurde er Hofkaplan Konrads II., Hofdichter und Erzieher des jungen Heinrich, des späteren Kaisers. Er war „als Patriot geliebt, als Priester geehrt und als Gelehrter bewundert" (WATTENBACH 1888, S. VI). Seinen Vorsatz, die Biographie des Vaters und des Sohnes zu schreiben, begründete er in der ihm eigenen, wohlgesetzten Sprache: „Vergänglicher Zeiten flüchtige Kunde mit des Griffels Bande zu fesseln und das Lob zumal einer christlichen Regierung nicht lässig mit Stillschweigen zu übergehen [...] das habe ich für passend und geziemend erachtet. [...] Das also ist der Beweggrund zum Schreiben, daß keine Religion es verbietet und der Zweck es empfiehlt, und es dem Vaterlande nützen und der Nachwelt Segen bringen wird." (WATTENBACH 1888, S. 5, 8). So wissen wir über Konrads Jugend, seinen Charakter, die Königswahl, die politischen Vorgänge seiner Regierungszeit und schließlich über den Ritt Bescheid, der als „Königsritt" ein Geschichtsbegriff geworden ist.

Die Umkreisung eines Besitzes, die „Circuition", hat als alte Rechtsform eine lange Vorgeschichte. Sie erfolgte vorzugsweise zu Pferde und diente zur rechtlichen Besitzergreifung. Schon alten germanischen Stammeskönigen galt ein Umritt als erste Amtspflicht. Noch Jahrhunderte später wurde die Circuition verschiedenen Ortes ausgeübt, so durch die Landgrafen von Thüringen. Ihr Ritt, als symbolischer Akt gedacht, ging über die ganze Länge des Rennsteiges im Thüringer Wald. Im begrenzten lokalen Rahmen erfolgten in Mittelfranken noch im 19. Jahrhundert Grenzumritte zur Besitzbestätigung durch die Gemeindegenossen, jeweils unter Führung des ebenfalls berittenen Pfarrers. Die damit verbundene Segnung der Gemarkungen weist auf einen zusätzlichen religiösen Inhalt derartiger Ritte hin. Auch dieser gründet auf uralten Gebräuchen. In vorchristlicher Zeit erhoffte man die Zuneigung Wotans, in christlicher Zeit den Segen durch den Christengott. Auch zu einer Vermischung heidnischer Bräuche mit christlichen kam es. Das Osterreiten im alten lausitzisch-böhmischen Raum wurde aus slawischen Bräuchen direkt in christliches Brauchtum übernommen. Noch heute umreiten die katholischen Bauern der Lausitz am Ostersonntag nach der Messe die Felder.

Der „Königsritt" Konrads war weder das eine noch das andere. Es mag sein, daß symbolisch auch an eine Inbesitznahme gedacht war. In erster Linie diente er der praktischen Politik. In einer Zeit, in der es keinen ständigen Verwaltungssitz gab, wurde das Land aus dem Sattel regiert. Dabei nahm der König Quartier und hielt Hof in seinen Pfalzen, auf seinen Königsgütern oder auch in Klöstern. Bedeutende Klöster hielten für den Regenten Königsgemächer bereit. Allein die Erneuerung von Besitzständen und Lehnsverhältnissen war eine gewaltige Aufgabe bei einem Regierungsantritt.

Über den Ritt selbst zeichnete Wipo nur die Eckereignisse auf. Zusätzliche Schriften, wie die Hildesheimer Annalen und andere Dokumente, lassen des Königs Weg bis in viele Einzelheiten erfassen und datieren. Aufenthaltsorte und Dauer der Visitationen sind fast lückenlos bekannt. Sein Ritt war nicht so schnell wie der Ottos III. Otto war in kurzer Zeit ca. 1.000 km zwischen Gnesen und dem Westen des Reiches geritten. Sein Ritt war auch nicht so beschwerlich wie die winterliche Alpenquerung Heinrichs IV. auf dem Wege nach Canossa ein halbes Jahrhundert später. Er führte ihn vielmehr in ungefähr 10 Monaten durch die Landschaften des Reiches über mehr als 1.000 km und ließ viel Zeit für problematische Verhandlungen wie auch zum Feiern der Jahresfeste.

Königswahl, Huldigung und Treueschwur bei der Krönung sagten keineswegs etwas aus über Loyalität, Gefolgschaft und Gemeinsinn oder gar Treue um Treue, wie beim alten Heerbann. Die Wahlbündnisse der Großen im Reiche wechselten oft mit dem eigenen Vorteil. Haben nicht die Romantiker in ihrem Idealismus ein falsches Bild vom Mittelalter vermittelt? Der Dichter Uhland begeisterte sich mit den Versen „von dem einen großen Brudervolk", das bei Kamba „zu gleichem Zwecke festlich vereint" war (FISCHER-FABIAN 1987, S. 69). Die Wirklichkeit sah anders aus. Schon bei Kamba waren nicht alle Großen des Reiches und nicht mehr alle „festlich vereint". Der einflußreiche Erzbischof Pilgrim von Köln, der Vornehmste unter den niederlothringischen Bischöfen, hatte mit seinem Gefolge den Wahlort im Zorn verlassen, als sich die Wahl zugunsten des älteren Konrad zu entscheiden schien. Sein Kandidat war der jüngere Konrad gewesen. Bald darauf lenkte er allerdings ein, als er die zuvor von Aribo in Mainz verweigerte Krönung der Königin in Köln vornahm. Die Aussöhnung mit ihm bedeutete bei den zahlreichen weiteren Animositäten im Reich einen bedeutenden ersten Erfolg für Konrad. Im Nordwesten hatte er einen Gegner weniger in seinem Rücken. Nun konnte er seinen Königsritt beginnen.

„Nachdem der König Konrad also sein königliches Gefolge um sich versammelt hatte, kam er zuerst durch das Gebiet der Ripuarier bis an den Ort, der die Pfalz Aachen genannt wird, wo von den alten Königen und von Karl vorzüglich ein Königsstuhl erbaut ist, der für den Erzstuhl des ganzen Reiches gilt. Dort sitzend ordnete er die Angelegenheiten des Reiches in ausgezeichnetster Weise und berief Fürsten und Volk zu öffentlicher Verhandlung, wo er des göttlichen und menschlichen Rechtes trefflich waltete." (WATTENBACH 1888, S. 32). Die Stimmung des Volkes spiegelte Wipos Reim wider:

„Konrad besteigt sein Roß auf Karl des Königs Bügeln." (WATTENBACH 1888, S. 33).

Aber nicht alle sahen das so; viele Schwierigkeiten standen bevor. Hier in Aachen war der König bereits um den 23. September 1024, zwei Tage nach der Krönung Giselas. Über Lüttich gelangte er, der Maas abwärts folgend, nach Nymwegen. Diese Pfalz nahm eine besondere Stellung wegen ihrer Schönheit und der ihr angegliederten Königsgüter ein. Als er um die Monatswende vom Oktober zum November von hier nach Sachsen aufbrach, hatte er seine ehemaligen Gegner im Herzogtum Niederlothringen, außer den Herzog selbst, als Parteigänger gewonnen. Der Nordwesten des Reiches hatte sich für ihn entschieden, der Verschwörer Herzog Gozelo war im eigenen Herzogtum isoliert.

Ein Umweg aus besonderem Grunde brachte ihn nach Vreden im Münsterland. Hier war eine Tochter Ottos II. Äbtissin. Auch deren Schwester, die Äbtissin Sophie von Gandersheim und Essen, hatte sich in Vreden eingefunden. Ein herzlicher Empfang bedeutete die symbolische Anerkennung des Saliers durch die würdigen Vertreterinnen des sächsischen Königshauses. Das Treffen hatte wohl auch eine weniger angenehme Nebenbedeutung. Hier wurde, so darf angenommen werden, das politische Spiel um den seit langem schwelenden Streit wegen der geistlichen Jurisdiktion über das reiche und hochangesehene Frauenkloster Gandersheim wieder eröffnet. Sollte diese dem Erzbistum Mainz und Aribo zustehen oder dem Bistum Hildesheim mit Bischof Godehard? Schon unter Otto III. ein Streitfall, zu Lebzeiten Heinrichs zugunsten Hildesheims entschieden, hat dieses durch familiäre Parteinahmen komplizierte und an Varianten reiche Spiel den König mehr beschäftigt als bewegt. Später, auf der Synode zu Grona im März 1025, wurde in diesem „Gandersheimer Streit" von Godehard ein Stellungsvorteil erreicht.

Viel wichtiger war Anfang Dezember die Station Dortmund. Dort gesellte sich eine größere Zahl sächsischer Bischöfe und Fürsten zu seinem Gefolge. Es war die Einleitung zu der großen Versammlung in Minden, wo Weihnachten begangen werden sollte. Hier traf man auf die entscheidende Versammlung derjenigen sächsischen Würdenträger, die in Kamba nicht zugegen gewesen waren und deren Huldigung noch ausstand. Von eben diesem Gremium war es schon Heinrich II. – damals zu Merseburg – nicht leicht gemacht worden. Herzog Bernhard von Sachsen, als Wortführer, war zur Huldigung erst bereit, nachdem Heinrich feierlich versprochen hatte, das alte Recht der Sachsen, die *Lex Saxonum*, anzuerkennen. Das Gleiche wiederholte sich nun nach 22 Jahren in Minden. Der Unterschied war der, daß seinerzeit ein Sachsenkönig zu Zugeständnissen von Sachsen gezwungen worden war, daß nun aber ein König aus dem Frankenstamm in Vorleistung gegenüber den Sachsen treten mußte.

Der Jahreswechsel wurde auf Einladung des Bischofs Meinwerk in Paderborn begangen. Anfang Januar 1025 hielt man sich mit großem Gefolge mehrere Tage in Korvey auf. Es folgten Besuche von Hildesheim, (um den 18. Januar 1025), Goslar (22. Januar 1025), ein kurzer Gegenbesuch in Gandersheim und weiter Halberstadt, Quedlinburg, Magdeburg (2. Februar 1025) und schließlich Merseburg (8. Februar 1025). Damit waren fast alle Bistümer des Sachsenlandes besucht und reichlich Schenkungen, Bestätigungen und Beurkundungen vorgenommen worden. Vor allem aber war die Stellung des neuen Königs bei den Sachsen nun gefestigt.

Von dort setzte er seine Reise in die sächsisch-thüringischen Marken fort. Es vergeht aber fast ein voller Monat, bis weitere seiner Bewegungen bekannt werden. Dies ist der einzige Abschnitt, über den nicht berichtet wird, in dem er aber sicher nicht untätig war. Etwas Besonderes und für die Ostgrenze Gefährliches war vorgefallen: Der Polenherzog Boleslaw Chrobry, obgleich im Vasallenverhältnis zum deutschen König, hatte die Gunst der Stunde, den beinahe gleichzeitigen Tod des Kaisers und des Papstes Benedikt VIII., genutzt und sich selbst zum König ausgerufen. Er verwirklichte den alten Traum vom Königreich Polen. Die frömmelnde, reichsfeindliche Politik Ottos III. hatte ihre Konsequenz gefunden! Eine kriegerische Aktion gegen diesen Bruch des Bautzener Friedens von 1018 konnte sich Konrad nicht erlauben. Das war auch die Überlegung Boleslaws gewesen. Aber Konrad wird über den Februar mit politischen Verhandlungen beschäftigt gewesen sein. Das Ergebnis war für ihn positiv. Die bisher schon freundlich gesonnenen Elbslawen, Liutizen und Abodriten, blieben in der Dienstbarkeit des Reiches. Ihr Zusammengehen mit den Polen war nicht zu befürchten. Mit Beginn des März weilte Konrad schon wieder weiter westlich, in der Pfalz Wallhausen in der Goldenen Aue. Von hier zog er weiter durch Thüringen und Ostfranken nach Fulda (29. März 1025) und zu Bischof Bruno in Augsburg (18. April 1025). Zwei Ereignisse waren hier von besonderer Wichtigkeit: Das eine war der Besuch des Abtes Ambrosius. Sein Kloster lag nahe Lucca im italienisch-lombardischen Gebiet. Die Huldigung des Abtes bedeutete eine Unterstützung des Königs und einen Einbruch in das Hauptnest des norditalienischen Widerstandes. Das andere Ereignis war das erste Zusammentreffen seit Kamba mit dem jüngeren Konrad. Bisher hatte dieser keine Gunstbezeigungen vom König erhalten und mußte sich wohl übervorteilt gefühlt haben. Ganz im Gegensatz zu dem seinerzeitigen, friedlichen Inselgespräch unter vier Augen kam es hier am Ostertage zum öffentlichen Streit. Später sollte es sogar zur offenen Auflehnung gegen den König kommen, in dessen Folge der Jüngere zeitweilig Lehen und Freiheit verlor.

Die nächste herausragende Station war Regensburg. Hier traf er Anfang Mai ein und blieb mindestens bis zum 3. Mai 1025. Auf diesem Hoftag mit den Großen des Herzogtums wurden wichtige politische Entscheidungen gefällt, deren wohl wesentlichste die Entmachtung des Herzoges von Kärnten einleitete. Mit der Verleihung von wichtigen Landesteilen im kärntnisch-steyrischen Raum an den loyalen Grafen Wilhelm II. von Friesach wurde der Herzog übergangen und das Reich nach Drau und Save ausgedehnt. Neben dieser in die Zukunft weisenden politischen Entscheidung wurden wiederum zahlreiche Beurkundungen vorgenommen. Hier ereignete sich aber noch etwas sehr Persönliches, ein Vorgang, der nicht nur den Menschen des Mittelalters anrühren konnte: Die Witwe Heinrichs II. nimmt an der Messe teil. Zum letzten Male trägt sie die kaiserliche Tracht und übergibt am Altar als Geschenk die Reliquie eines Splitters vom Heiligen Kreuz. Während der biblischen Lesung legt sie das weltliche Prunkgewand ab und läßt sich die einfache Kleidung der Ordensfrauen anlegen. Den Rest ihres noch längeren Lebens – sie starb am 3. März 1033 – sollte sie in unauffälliger Bescheidenheit als Pförtnerin im Kloster Kaufungen verbringen.

Am 5. Mai bereits weilte der König in Beratzhausen, nordwestlich von Regensburg, einen Tag später in Schwarzenbrück, südostwärts von Nürnberg und auch in Mögelsdorf und am 10. Mai in Bamberg. Ehe er am 20. Mai die Pfalz Tribur erreichte, hatte er wahrscheinlich auch das am Wege liegende Würzburg besucht.

Eine fast vollständige Umrundung des Reiches war getan, aber der Ritt war damit noch nicht beendet. Noch waren die südlichen Teile des Reiches nördlich der Alpen nicht visitiert. Hier warteten die Probleme Norditaliens, Mittelitaliens und Burgunds auf ihn, sie wurden in Konstanz besprochen (6. Juni und Pfingsten 1025). Mit der Abordnung oppositioneller Bürger Pavias kam es nicht zur Einigung. Dem ihm zugeneigten Erzbischof Aribert von Mailand und dem weltlichen Verbündeten Peter von Navarra versprach er baldmöglichst, mit Heeresmacht in Italien Beistand zu leisten. Zu lösen waren die norditalienischen Probleme von dort aus nicht.

Über Zürich erreichte er Basel, das Streitobjekt zwischen ihm und Rudolf von Burgund. Noch zu Lebzeiten Heinrichs war dem erbenlosen König von Burgund die Zusicherung abgerungen worden, daß Burgund nach seinem Tode an das Reich fallen sollte. Nun aber war Heinrich II. überraschend vor dem wesentlich älteren Rudolf gestorben. Es kam zu Auslegungsdifferenzen der Verträge, ob nämlich die Besitzfolge nur an die Person des Kaisers Heinrich gebunden war oder auch für jeden Nachfolger in der Reichsgewalt gelten sollte. Dieser Streit zwischen Konrad und Rudolf wurde noch komplizierter durch Erbfolgeansprüche aus weitläufiger Verwandtschaft von gleich zwei Bewerbern. Der eine war Konrads streitbarer Stiefsohn Ernst von Schwaben und der andere der Graf von Champagne. Mit *einem* Problem hatte sich Konrad *drei* Gegner eingehandelt. Um seinen Anspruch eigens zu betonen, hielt er in Basel einen Landtag ab und ließ die Stadt zur Deckung der Reichsgrenzen befestigen. Dieser Affront galt natürlich dem König von Burgund. Wieder rheinabwärts ziehend, passierte er Straßburg (8. Juli 1025) und erreichte am 14. Juli 1025 Speyer.

König Konrad war wieder zu Hause in Rheinfranken. Der Königsritt war beendet. Fast alle Provinzen nördlich der Alpen hatte er besucht: Lothringen, Sachsen, Bayern, Franken und Schwaben. Nicht allen Widerstand gegen seine Thronerhebung hatte er brechen können, aber er hatte in zehn Monaten Großes zustandegebracht. Seine Person war anerkannt, die Reichsgrenzen waren gesichert. Nun stand ihm noch eine Dankabstattung bevor: Er ehrte in Rheinfranken diejenigen Bischöfe, die ihm vor seiner Wahl am nächsten gestanden hatten, und ließ sich bei dem greisen Lehrer seiner Jugend, bei seinem Pflegevater Bischof Burchard von Worms, anmelden. War es vielleicht nicht nur eine besondere Gunsterweisung, sondern auch ein wirkliches Anliegen? Seine Boten trafen einen von Alter und Krankheit gezeichneten Mann, der befürchtete, Konrad nicht gebührend empfangen zu können. Gebete, wie sein Biograph berichtet, oder aber die Vorfreude und die belebende Wirkung der bevorstehenden Anforderungen mögen der Grund gewesen sein dafür, daß er trotz seiner Hinfälligkeit an allen Tagen seinem hohen

Besuch ein guter Wirt war und sogar am Hoftag von Tribur teilnehmen konnte.

Die Versammlung in Tribur beschäftigte sich mit dem Zug nach Rom. Der aber sollte sich wegen neuer Schwierigkeiten mit Schwaben, mit Polen und mit Dänemark um Jahre verzögern.

Zu Ostern des Jahres 1027 wurde Konrad in Rom von Papst Johannes XIX. zum Kaiser gekrönt. Nach Zahl und Rang der Teilnehmer und nach Pomp und Glanz soll diese Krönung die bedeutendste aller Krönungen vor und nach ihm gewesen sein. Unter den Gästen waren zwei Könige. Einst waren sie seine Feinde gewesen, jetzt standen sie in gutem Einvernehmen zu ihm: Rudolf von Burgund und Knut von Dänemark. Die Kaiserkrone, die ihm aufgesetzt wurde, stammte noch aus Ottonischer Zeit. Eigens für ihn war sie mit einem Hochbügel versehen worden. Die lateinische Inschrift darauf, durch Perlen dargestellt, lautet übersetzt: „Konrad von Gottes Gnaden Kaiser der Römer und Augustus". Sie hat die Zeiten überdauert und wird in Wien verwahrt.

Als Kaiser hatte Konrad noch viele Ritte auszuführen. Am 4. April 1039 starb er. Beigesetzt wurde er im noch unvollendeten, von ihm zum Bau veranlaßten Dom zu Speyer als erster einer Folge von deutschen Königen und Königinnen.

Nur durch eine architektonische Sonderheit seiner Grabstätte, eine zusätzlich eingebaute Wand, blieb ihm 1689 die Schändung durch französische Truppen unter Melac erspart; den meisten anderen Toten in den Grüften des Domes leider nicht.

Auf seinem Ritt hatte Konrad Knoten entwirren können. Nur seine starke Persönlichkeit und sein diplomatisches Geschick hatten während seiner ganzen Regierungszeit verhindern können, daß die Fäden, die er in Händen behielt, sich aufs neue verknoteten. Er hat es zu verhindern gewußt, daß die latent vorhandenen Schwelfeuer wieder aufflammten. Seinem Sohn Heinrich III. konnte er ein Kaiserreich und drei Kronen überlassen. Das Reich schloß Burgund bis zur Mittelmeerküste, Lothringen, Ober- und Mittelitalien und alles Gebiet bis zur Elbe ein.

LITERATUR:
Allgemeine Deutsche Biographie, Band 16, Duncker und Humblot, Berlin 1969 (Neudruck der Ausgabe von 1882).
BREßLAU, HANS: *Jahrbücher des deutschen Reiches unter Konrad II.*, Band 1, Leipzig, Dunker und Humblot, 1879.
BÜHLER, JOHANNES: *Die sächsischen und salischen Kaiser*, Leipzig, Insel 1924.
FISCHER-FABIAN, S.: *Die deutschen Kaiser des Mittelalters*, RVG 1987.
GEHL, WALTER: *Deutsche Geschichte in Stichworten*, Breslau, Hirt 1939.
JAECKEL, GERHARD: *Die deutschen Kaiser*, Stalling, 1958.
JAEHNS, MAX: *Roß und Reiter*, Leipzig, Grunow 1872, unveränd. Neudruck, Walluf, Sändig 1973.
KOEHNE, KARL-ERNST: *Sie trugen die Krone*, Limburg, Starke 1978.
LAUTEMANN, WOLFGANG: *Geschichte in Quellen, Mittelalter*, Band 2, München 1970.
WATTENBACH, W.: *Geschichtsschreiber der deutschen Vergangenheit, Wipo: Vita Chuonradi imperatoris*, 1888.

Abb. 3: Die Witwe Kaiser Heinrich II., Kaiserin Kunigunde, trat nach der Wahl Konrads in das von ihr (1017) gegründete Kloster Kaufungen als Ordensfrau ein. An der Außenmauer des Klosters wurde dieser Teilabguß ihrer Grabplatte vom Bamberger Dom (T. Riemenschneider) angebracht.

Mitteleuropa um 1000

Der "Königsritt" durch die Stammes-Herzogtümer

Abb. 4: Politische Karte von Mitteleuropa um 1000 mit den Stammesherzogtümern und dem eingezeichneten 'Königsritt'. Schwarz-weiß Ausschnitt aus Westermanns Geschichtsatlas. Bearbeitet von Prof. Dr. Wolfgang Birkenfeld.

Abb. 5: Die Reichsinsignien des 11.–14. Jahrhunderts. Die Kaiserkrone wurde wahrscheinlich für Otto I. als Krönungskrone angefertigt. Für Konrad ließ man den Bogen mit seinem, mit Perlen geschriebenen Namen zufügen.

„... So weit der Huf des Mongolenpferdes trägt ..."

Vom Onon zur Oder

Es heißt, die Steppe sei die Heimat des Pferdes. „Man sagt, der Mann in der Steppe sei ohne Pferd so gut wie ein toter Mann." (HAENISCH 1948, S. 151). Und schließlich ist überliefert, daß das Pferde seine große Rolle in der Weltgeschichte im Krieg spiele. Der Wahrheitsgehalt dieser drei Aussagen trifft für keinen Geschichtsabschnitt und für kein Volk mehr zu als für die Mongolen und ihre Pferde aus den Steppen der Gobi.

In einem breiten, nur von wenigen Gebirgszügen unterbrochenen Steppengürtel Eurasiens blieb das Seßhaftwerden des Menschen über Jahrtausende aus. Der Gürtel erstreckt sich von Ungarn im Westen durch den Süden Rußlands, durch Mittelasien und bis über die Gobi hinaus nach dem Osten Asiens. „Die Notwendigkeiten des Hirtenlebens mit den Zufällen der Herdenwanderungen haben ihr Nomadentum bestimmt, und die Gegebenheiten der Nomadenwirtschaft haben ihre wechselvollen Beziehungen zu den seßhaften (Nachbar-)Völkern geprägt, Beziehungen, die sowohl zu zaghaften Anleihen als auch zu blutigen Raubüberfällen führten." (GROUSSET 1970, S. 7, 8). Besonders gefährdet waren die jeweiligen Grenzen zu kulturell hochstehenden Völkern Persiens, Indiens und Chinas. Denn die Völker der Steppe, obgleich primitiv, besaßen die Waffenüberlegenheit durch ihre leichtbeweglichen Reiterverbände und die Geschicklichkeit als unübertreffliche Bogenschützen. So kam es, daß alte Kulturen durch Hirtenvölker zerstört und die Bewohner dieser Länder für lange Zeit beherrscht werden konnten. Die kriegerischen Auseinandersetzungen, die sich über Jahrhunderte hinzogen und in deren Verlauf das Nomadenvolk der Hunnen bis Mitteleuropa vordrang und seßhaft wurde, fanden ihren Höhepunkt in den Eroberungen der Mongolen im 13. Jahrhundert. Die herausragende Persönlichkeit war Dschingis Khan vom Stamme der Moghul.

Wie überall in den Steppen seit unbestimmbaren Zeiten, also auch um das Gebiet der Gobi, führte das Nomadenleben zu Streitigkeiten um Weidegründe und zum Vieh- und Frauenraub mit nachfolgenden Rachezügen. Die Vergeltungsmaßnahmen konnten mit der Ausrottung oder Versklavung ganzer Stämme enden. Im Gegensatz zu anderen Steppengebieten waren am Rande der Wüste Gobi die Lebensbedingungen für Mensch und Tier besonders hart. Weit abgelegen vom Wärmeausgleich der Meere und in einer Höhenlage zwischen 1.000 bis 2.000 m bestand ein extremes Kontinentalklima mit heißen, trockenen Sommern und bitterkalten Wintern mit häufigen, eisigen Stürmen. Die Temperaturextreme schwanken in dieser Zone zwischen -42° und +38° C. Die Menschen hatten sich in Behausung, Kleidung und Lebensführung anpassen müssen. Von kleinerem Körperbau, mit schmalen Augen und breiten Wangenknochen, schwarzem Haar und von Wind, Kälte und Sonne gegerbter Haut, schützen sie sich gegen die Kälte mit Doppelfellen. Diese waren so zusammengenäht, daß die eine Haarseite körperwärts und die andere nach außen zeigte. Aus reiterlich begründeter Zweckmäßigkeit trugen Männer wie Frauen weite Hosen, über die Stiefel wurden im Winter Filzsocken gezogen. Weil nach ihrem schamanischem Glauben die Kleidung nur nachts gewaschen werden durfte, geschah dies kaum. Ihre Haut pflegten sie mit Talg, Körperwäsche kannte man nicht. Die Nomaden wohnten in Rundzelten. In ein rundes Weidengeflecht verschiedener Größe waren Weidenschößlinge senkrecht nach oben eingeflochten und an der Spitze unter Aussparung eines Loches für Belüftung und Rauchabzug zusammengebunden. Außen war das Zelt mit Filz abgedeckt, innen konnte es in Räume unterteilt werden. Beim Ortswechsel waren sowohl ein schneller Abbau wie auch ein Transport in unzerlegtem Zustand auf entsprechenden Karren möglich. Das Hirtenvolk ernährte sich fast ausschließlich von den Produkten, die Weidevieh und Pferde lieferten. Das Pferd war ihr Reittier, Fleischlieferant und Milcherzeuger zugleich. In der Not wurden ein paar Schlucke seines Blutes getrunken. Danach drückte man die Ader wieder zu. Alles wurde verwertet, die Felle zur Kleidung, Knochen für Pfeile, Schweifhaare für Seile und Lasso, Dung als Brennmaterial. Fleisch wurde frisch und gekocht oder salzfrei luftgetrocknet gegessen. In gedörrtem Zustand trug es jeder Reiter als Verpflegung mit sich. Als üblichstes Getränk galt der Kumis, eine entsahnte Pferdemilch. Kumis wurde frisch oder sauer getrunken; in vergorenem Zustand war er alkoholhaltig und berauschend. Käse konnte als Notration steinhart getrocknet mitgeführt werden. Für die dafür notwendigen Arbeiten waren die Frauen der Nomaden zuständig.

Den Tieren erging es im Winter noch schlechter als den Menschen: es war eine entbehrungsreiche Jahreszeit. So mußten die Pferde anspruchslos und gewohnt sein, das dürre Gras unter dem Schnee mit den Hufen freizukratzen. Sie kannten weder Gerste noch Hafer wie die Pferde ackerbauender Völker. In dieser Jahreszeit magerten sie ab und bekamen ihre Leistungsfähigkeit erst mit dem neuen Grün zurück. Schwache Tiere wurden verzehrt. Aber auch die Dürre des Hochsommers konnte nur in den Flußniederungen überlebt werden.

In Frühjahr und Sommer, wenn die Weiden saftig waren, lebten die Sippen weit auseinandergezogen. Im Winter, in der Zeit der Gefahr und Entbehrungen, schloß man sich aus Schutzgründen zusammen. Die Männer gingen zur Jagd oder auch auf Raubzüge. Starke Persönlichkeiten konnten fremde Stämme unterwerfen. Aus Gründen der größeren Sicherheit unterstellte man sich auch freiwillig dem Stärkeren. So hatten sich Völker und eine Art von Steppenaristokratie bilden können, die auch größere Reichsbildungen ermöglicht hatten. Die Stammesführer waren für das Auffinden und die Sicherung von Weidegründen, von denen ihre Existenz abhing, verantwortlich. In manchen der Völker war ein Kastensystem der Krieger, der „Bürger" und der Sklaven entstanden.

Irgendwo im Nordosten der Gobi, im Gebiet des Onon, eines Quellflusses des Amur, hatte Jessughei, der Stammeshäuptling der

Moghul, eine Frau von einem Nachbarstamm geraubt. Sie wurde im Jahre 1162 die Mutter seines Sohnes Temudschin. Vierundvierzig Jahre später war aus diesem Temudschin der Großkhan Dschingis Khan geworden, dessen Reich nun vom Altaigebirge bis zum Schingangebirge über 1.500 km und vom Baikalsee bis südlich der Gobi über 1.000 km reichte. Er vereinte darin „alle Völker, die in Filzzelten wohnten" (HEISSIG 1964, S. 47). Dies war der Beginn des späteren Riesenreiches. Aber bis zum Jahre 1206 hatte er zunächst einmal Schwierigkeiten, Kämpfe, Niederlagen und Verwundungen hinnehmen müssen, die zu überwinden und zu überleben einer starken Persönlichkeit bedurft hatten. Aus Anlaß des ersten Reichstages gab der gewählte Großkhan seinen vereinten Stämmen den Namen *Kökö-Mongol,* was soviel heißt wie die Blauen Mongolen. Diese Namengebung für *alle* Stämme verschiedener turkmongolischer Herkunft sollte ein Nationalgefühl vermitteln und die alten Feindschaften vergessen lassen. Auf jenem *Kürültai,* wie die Reichstage genannt wurden, beauftragte er seine Völker, sich die Erde untertan zu machen „[...] so weit der Huf des Mongolenpferdes trägt" (PRAWDIN 1935, S. 75). Das war ein großes Wort, aber es sollte sich in erschreckendem Maße erfüllen.

Daß wir das Leben des Temudschin oder Dschingis Khan bis in viele Einzelheiten kennen, verdanken wir dem Zusammentreffen mehrerer historischer Zufälle. Ögödei, Sohn Dschingis Khans und Nachfolger als Großkhan, hatte den Auftrag zu einer „Geheimen Geschichte der Mongolen" gegeben. *Geheim* wohl deshalb, weil sie nur für das Herrscherhaus und für die Regierung bestimmt war. Auf dem Reichstag 1240, 13 Jahre nach Dschingis Khans Tod, wurde sie verkündet. Danach schien sie für einige Jahrhunderte verschollen. Ihr Verfasser ist unbekannt geblieben. Entsprechend des kunstvollen Stils und der blumenreichen Darstellung jedoch dürfte der Tatare Schigi-Kutuku, ein Adoptivbruder des Khans und Großrichter im Staate, der Autor sein. Dschingis Khan hatte übrigens mit ihm eine ideale Besetzung für das Amt des höchsten Richters getroffen.

Wegen seines Gerechtigkeitssinnes und seiner Ehrlichkeit wurde er berühmt. Im Erzählerstil beschreibt das Werk chronologisch das Leben Dschingis Khans, die kriegerischen Auseinandersetzungen mit den Nachbarvölkern in der Steppe, die Kriege mit den großen Kulturstaaten und den Aufbau des riesigen Reiches unter ihm und seinem Nachfolger Ögödai. Wie bei anderen Herrschern, Pharaonen oder auch Religionsgründern beginnt die Geschichte mit einem mythologisch umkleideten Stammbaum. Über eine Vielzahl von Generationen wird Tschemudins Herkunft darin von dem vom Himmel erzeugten Grauen Wolf und seiner Gattin, einer weißen Hirschkuh, abgeleitet. Trotz der Vielehe war den Mongolen die Abstammung wichtig, bei den Migliedern der Steppenaristokratie vor allem für die Kinder der Hauptfrau.

Wie die Mongolen zu einer Schrift kamen und wie dadurch ein primitives Nomadenvolk in die Lage versetzt wurde, die eigene Geschichte selbst aufzuschreiben, ist als Kulturleistung einer ausführlicheren Darstellung wert. Die Sprache der Mongolen konnte bis zur Zeit Dschingis Khans nur mündlich überliefert werden. Der westlich wohnende, mäßig weit entfernte, seßhaft gewordene Stamm der Uighuren, besaß seit langer Zeit bereits eine Schrift. Im Jahre 1204 fiel der uighurische Siegelbewahrer Tatatungo bei einem Feldzug in mongolische Hand. Er wurde in Dienst genommen und mußte die mongolische *Sprache* in die uighurische *Schrift* übertragen. Von den Aramäern stammend, war sie auf dem Umweg über eine iranische Völkerschaft zum Turkvolk der Uighuren gekommen. Nur der zunächst waagerechte Schriftverlauf wurde zum senkrechten verändert. Dies sollte die gleichfalls von oben nach unten gelesenen, späteren chinesischen Zusätze erleichtern. Die Originale der „Geheimen Geschichte" gingen verloren, aber ein zunächst nicht übersetzbares, zweisprachiges altes Papier wurde durch mancherlei Zufälle aufgefunden. Das Problem war, daß chinesische Paraphrasen dem inzwischen verlorenen Original im 14. Jahrhundert zugefügt worden waren. Diese gaben jedoch nicht den Inhalt an, sondern nur die Laute der mongolischen Schrift wieder. Dies war insofern nichts Ungewöhnliches, weil die Zweisprachigkeit aller Dokumente nach der Unterwerfung Chinas üblich geworden war. Der chinesische Text konnte solange keinen Sinn ergeben, bis sich ein Fachmann fand, der sowohl der altmongolischen Sprache wie der chinesischen Volkssprache jenes Jahrhunderts mächtig war. Erich Haenisch konnte 1940 die vollständige Dekodierung und die Übersetzung in die deutsche Sprache vorstellen. Das Erkennen der vielen Fehler der des Mongolischen unkundig gewesenen chinesischen Kopisten war bei dieser riesigen Aufgabe nicht der Schwierigkeiten kleinste. Ein Unikum: in später zugefügter chinesischer Umkleidung haben Abschriften eines vor 700 Jahren geschriebenen Buches Dynastiensturz und Kulturrevolution nicht in Bibliotheken, sondern in den Bücherkästen einzelner Gelehrter überlebt.

Als Temudschin 13 Jahre alt war, starb sein Vater. Die Verantwortung für die Stämme des Vaters ging auf ihn über. Aber alle versagten ihm, dem halben Kind, die Gefolgschaft. Mit Mutter und Geschwistern war er allein gelassen worden. Eines Tages entführte man ihn. Um eine Flucht zu verhindern, schloß man ihm Hals und Hände in die *Karge,* ein hölzernes Joch, ein. Dennoch gelang es ihm zu fliehen, nachdem er mit einem kräftigen Schwung des Holzes seinen Bewacher hatte besinnungslos schlagen können. In einem nahegelegenen Fluß, mit dem Kopf aus dem Schilf herausguckend, konnte er sich seinen Verfolgern entziehen. Nur einer sah ihn, meldete dies aber nicht. Dessen Zelt suchte Temudschin bei Nacht auf und zwang ihn damit indirekt, das Zwangsgerät abzunehmen. Auf einem gestohlenen Pferd konnte er entkommen. Ein anderes Mal wurden der Mutter acht der letzten Pferde gestohlen. Allein machte er sich auf und holte sie mit List und Mut aus der Herde des feindlichen Stammes heraus. Diese und ähnliche Geschichten einer jugendlichen Entschlossenheit kreisten an den Feuern der Zelte und brachten Anerkennung, aber gleichzeitig auch abgefallene Gefolgsleute zurück. Er begann, seine Anhänger in eiserner Kampfdisziplin zu schulen und zu unbedingter Gefolgstreue zu erziehen. Mit ständig wachsender Zahl seiner „Zelte" konnte er nach und nach in jahrelangen, wechselvollen Kämpfen alle verfeindeten und befreundeten Nachbarstämme unter seine Herrschaft bringen: im Norden die Kirgisen, im Osten Tataren, Chungiraten und Onguten, im Süden die Keraiten, im Westen Merkiten, Uighuren und Naimanen. Die geheime Geschichte berichtet ausführlich über alle diese kriegerischen Handlungen, über Frauenraub und Pferdediebstahl, Bündnisse und Verrat, Intrigen und Freundschaft, über Beute machen, rücksichtslose Tötung der Feinde und Versklavung der Gefangenen.

Trotz der unter gegenseitiger Brutalität ausgeführten Auseinandersetzungen traf man sich 1206 zu dem eingangs bereits erwähnten Kürültai am Onon, im Stammgebiet der Moghul. Dieser Reichstag ist ein Muster einer in die Zukunft weisenden Versammlung aller Würdenträger. Wie an allen folgenden Reichstagen mussten alle Großen und alle höheren Offiziere des Reiches teilnehmen. Wesentliche organisatorische Veränderungen wurden bekanntgegeben, Pläne für künftige Unternehmungen gemacht. Nach feststehender Regel fragte man den Jüngsten zuerst nach seiner Meinung. Es ist die Geburtsstunde auch der *Jassa*, des „vom Himmel gewollten" Disziplinarkodex. Neben der Einführung der Schriftsprache bedeutete dies eine weitere große Leistung. Leider ging die Urschrift bis auf Bruchstücke verloren. Die niedergelegten Richtlinien galten in den erhaltenen Teilreichen noch über Generationen. Die Todesstrafe stand z. B. auf Mord, Plünderung ohne Erlaubnis, schwerem Diebstahl, Ehebruch (der Frau!), Sodomie, Hexerei, Unterschlagung und schwerer Lüge. Der Pferdedieb wurde mit dem Schwert zweigeteilt. Auch für heutige Zeiten unbedeutende Dinge wurden geregelt. So durften Tiere nie an Quellen getränkt werden. War es eine Anordnung aus schamanistischer Einstellung oder eine hygienisch begründete Vorschrift? Die Wehrpflicht wurde verbindlich für alle 17 bis 60jährigen eingeführt. Nur wenige Ausnahmen wurden zugelassen. Die Ausgemusterten hatten je nach Kräften Ersatzdienste ohne Entgelt zu leisten als Hirten, beim Zureiten der Pferde oder auch bei der Herstellung von Waffen. Für die Flucht auch nur eines Soldaten einer Zehnergruppe sah die Jassa die Tötung aller zehn Männer vor, für die Verweigerung eines Angriffsbefehls die der gesamten verweigernden Einheit. Der Prügelstrafe bei Vergehen unterlagen auch Prinzen. Die damit erreichte Disziplin der Mongolen wurde sogar von fremden Chronisten hervorgehoben. Nach dem Mönch Johann de Plano Carpini sollen sie gehorsamer als Ordensbrüder gegenüber ihren Oberen gewesen sein. Verloren wie das Original der Jassa gingen auch die *Edikte* Dschingis Khans. Ihre Durchsetzung wurde bei der Versammlung am Onon dem Großrichter Schigi-Kutuku aufgetragen. Er hatte alle Prozeßausgänge zu protokollieren, damit die Entscheidungen späterer Generationen Vorbild und Hilfe sein konnten. Schließlich bedankte sich Dschingis Khan bei allen, die ihm in den vergangenen Jahren beigestanden hatten, mit freundlichen Worten auf das großzügigste unter Erwähnung der jeweiligen Verdienste. Für das Heer wurde eine Reform nach dem Dezimalsystem eingeführt. In den bisherigen Kämpfen um seine Vormachtstellung hatte sich ihm eine Einteilung bewährt. Die kleinste Einheit war die Zehnerschaft, die jeweils nächstgrößeren wurden die Hundertschaft und Tausendschaft und schließlich, als selbständig operierende und kämpfende Formation, die Zehntausendschaft. Etwa 90 Tausendschaftsführer wurden bestimmt und fünf *Örluks*, Feldherren, ernannt. Etwas Besonderes war die Aufstellung einer Zehntausendschaft als Garde zu des Khans eigener Verfügung. Aus dieser wiederum bildete eine Tausendschaft seine persönliche Leibwache. Sie hatte von niemandem als von ihm Befehle zu empfangen. Aus ihr, die als besonders loyal galt, sollte später der Nachwuchs für hohe militärische und zivile Stellungen hervorgehen. Ihr Führer war Zagan-Noyon, ein einst von seiner Mutter adoptiertes und aufgezogenes Tangutenkind. Die Besetzungen der Posten im Reiche erfolgten nicht nach Stand und Geburt, sondern unabhängig auch von

Stammeszugehörigkeit, nur nach persönlichem Verdienst. Der erste Kürültai war also auch die Geburtsstunde eines Schwertadels.

Wie die meisten der Steppenvölker, hatte auch Dschingis Khan seine Kämpfe nach der alten Taktik der Nomaden ausgeführt: Beobachten ohne selbst gesehen zu werden, plötzlich auftauchen, sich abwechseln, immer neue Abteilungen attackieren, den Gegner mit einem Pfeilhagel überschütten, abdrehen. Einem Angriff weichen die Reiter aus, schießen ihre Pfeile auch nach rückwärts ab, umschwärmen den Feind von allen Seiten und greifen wieder an. So erschöpft sich der Gegner in nutzlosen Gegenangriffen in alle Richtungen, bis er dann zum gegebenen Zeitpunkt mit einem massierten Angriff vernichtet werden kann. Auch kann er durch vorgetäuschte Flucht zur Verfolgung verleitet und seine Formation dadurch aufgelöst werden. Dann erfolgt nach blitzschnellen Wendungen ein sofortiger erneuter Angriff gegen die Flanke oder die Vernichtung in einem zuvor gelegten Hinterhalt. Alle Wendungen und Formationsänderungen erfolgen dabei lautlos und nur auf Zeichen der Standarten.

Im Gegensatz zu den alten Griechen, Römern oder Persern, die auch zahlenmäßig starke Fußtruppen einsetzten, waren sämtliche Soldaten Dschingis Kahns beritten. Jeder einzelne war an das Pferd seit Kindheit gewöhnt. Von ihren Vorgängern, den Hunnen, heißt es, daß sie „als Reiter unübertrefflich sind, ebenso als Pfeilschützen. [...] In der Schlacht sind sie so gut geschult, daß jeder von ihnen, selbst ohne Führer, genau seine Aufgabe kennt und dieselbe mit Erfolg durchführt. [...] bei ihnen bringt auch Flucht keine Schande, wenn sie nur Nutzen verschafft. Überhaupt verstehen sie es, den Kampf so einzurichten, daß es nur, wenn *sie* es wollen, zum Schlagen kommt, und nicht, wenn der *Feind* es will." (ALTUNIAN 1965, S. 80). Was schon für das Steppenvolk der Hunnen gegolten hatte, galt in besonderem Maße für die Mongolen. Auch sie „[...] saßen wie festgenagelt auf ihren kleinen, häßlichen aber unermüdlichen und blitzschnellen Pferden." (GROUSSET 1970, S. 124).

Der junge Mongole begann schon mit drei Jahren zu Pferde mit Pfeil und Bogen auf das flüchtende Wild zu jagen. Er lernte im vollen Galopp den Pfeil nach vorn, im Vorbeireiten seitwärts und sogar rückwärts zu schießen! Die besten der ausgebildeten Schützen sollen bis zu 200 und 300 Meter weit zielsicher geschossen haben. Das erste bekannte Denkmal in der neuen uighurisch-mongolischen Schrift, ein Stein aus dem Jahre 1225, enthält die Anerkennung Dschingis Khans für den Bogenschützen Yisünke. Der schoß seinen Pfeil „dreihundertfünfunddreißig Schritt weit". Auch Dschingis Khan selbst soll besonders geschickt gewesen sein. Der Reiter konnte den Pfeil so kraftvoll absenden, daß er auch Lederpanzer und Kettenhemden durchschlug. Pfeil und Bogen waren die gefährlichen Hauptwaffen der Mongolen. Zur weiteren Ausstattung gehörten zwei Köcher, von denen der Reserveköcher wasserdicht verschlossen sein mußte. Sein Krummschwert verwendete der Mongole beim Nahkampf – und für die entsetzlichen Massaker nach der Schlacht. Eine ebenfalls mitgeführte Lanze mit einem Widerhaken an der Spitze ermöglichte ihnen, einen Reiter vom Pferd zu reißen. Mit einer Wurfschlinge konnten sie gezielt einen Gegner aus einem Trupp herausfangen und aus der Nahkampfzone herausschleifen.

Dschingis Khan hatte die taktische Kriegsführung zu größter Perfektion entwickelt. Voraussetzung für seine Erfolge war eine perfekte Nachrichtenübermittlung. Auf sie wird ausführlich zurückzukommen sein.

Aber nachdem der Mongolenherrscher nun seine Stellung in der Steppe befestigt hatte, entstand der Plan, den Norden Chinas, den Staat Chin, zu erobern. Es sind vergebliche Vermutungen angestellt worden, warum er wohl seine gewohnte Steppenwelt verlassen habe. Weder ein Klimawechsel, noch eine Dürreperiode oder eine Übervölkerung zwangen ihn dazu. Ob es nur die Lust am Raubzug war? Abenteuerliche Geschichten über den Reichtum des Südens waren durch Kaufleute, die mit ihren Karawanen auf den alten Wegen von Ost nach West für den Hirten ungewohnte Schätze beförderten, in der kargen Steppe verbreitet worden. Oder mußte der Khan nur seine Armee beschäftigen? Hatte die Inschrift auf seinem neu erworbenen Siegel ein Sendungsbewußtsein zu bedeuten: „Gott im Himmel. Der Großkhan auf Erden, die Kraft Gottes. Das Siegel des Herrschers aller Menschen"? Doch blieb er im Gegensatz zu seiner Umgebung zeitlebens bescheiden und trug nur seine einfache Kleidung. Im Abscheu gegen das Tragen persönlichen Schmuckes, in der Ablehnung städtischer Sitten und in seinem Lebensverhalten blieb er Nomade. Den Bau von Palästen lehnte er ab, das Zelt genügte ihm. Sein chinesischer Ratgeber Ye Liu-Tschutsai konnte ihm nur mit Mühe ein Prunkzelt aufdrängen, das er zur Dokumentation der Macht denn doch für notwendig hielt. Das Denken der Städter blieb dem Großkhan fremd. Dennoch, es wäre kein Einzelfall in der Weltgeschichte, wenn nicht „....Dschingis Khan und seine Nachfolger, die Männer, die diese schreckliche Kriegsmaschinerie immer wieder in Bewegung setzten, sich vom Himmel berufen fühlten, sich alle Länder der Welt zu unterwerfen." (GÖCKENJAN 1985, S. 7, 8).

Der Krieg gegen die Chin wurde bis in alle jene Einzelheiten, die er beurteilen konnte, vorbereitet. Aber trotz der Informationen hatte er sich aus der Steppe heraus nicht alles vorstellen können. Ein Kriegsgrund wurde gefunden: es galt Rache zu nehmen für die Ermordung früherer mongolischer Khane. Im Frühjahr des Jahres 1211 versammelten sich im Flußtal des Kerulen, eines Nachbarflusses des Onon, 200.000 Reiter. Aufgeteilt in drei getrennt marschierende Armeen bricht man noch vor der Schneeschmelze in Richtung auf das 1.200 km in der Luftlinie entfernte Peking auf. Man will die östliche Gobi passieren solange dort noch Gras und Wasser vorhanden sind. Wie üblich werden Viehherden zur Ernährung mitgetrieben. Mit gewohnter List und Reitertaktik überwindet Dschingis Khan das System der Großen Mauer und die ebenen Flächen Nordchinas. Eines der Mauertore bewachen zum chinesischen Vasallendienst gezwungene Onguten. Der Stamm ist mit ihm befreundet. Und tatsächlich: es wird ihm kampflos geöffnet. Aber dann kam er sich, konfrontiert mit den menschenreichen Ballungszentren Chinas und befestigten Städten und mit den geographischen Schwierigkeiten der tief eingeschnittenen Täler und der vielen Flüsse, welche die Entfaltung seiner Reitermassen verhinderten, verloren vor. So ließ er ausgedehnte Landstriche verwüsten; einzelne Städte konnten erobert, viele aber mußten umgangen werden. Sie stellten eine Gefahr in seinem Rücken dar. Dann stand er vor dem gewaltigen Befestigungssystem Pekings. Alle zuvor im Kriegszug gegen die Hsi-Hsia (1209) erworbenen Kenntnisse in der Belagerungskunst führten nicht zur Einnahme der Stadt. Weder die Katapultmaschinen noch die Belagerungstürme, deren mit Bogenschützen besetzten Plattformen bis auf Mauerhöhe ausgefahren werden konnten, brachten die Entscheidung. Auch nicht durch Untergraben von Mauern oder Abbrennen von hölzernen Mauerteilen und nicht durch Vortreiben und Opfern von Gefangenen, deren Leiber die Gräber füllten, konnten Einbrüche erzielt werden. Der Bewegungskrieg, den er zu führen gewohnt war, wurde zum Belagerungskrieg, ungewohnt für ihn und sein Reiterheer. Offenbar desillusioniert, gab er die Belagerung auf, zog sich zurück und begnügte sich damit, im Zwischenland der beiden Großen Mauern die vieltausendköpfigen Pferdeherden der dort angesiedelten chinesischen Gestüte zu requirieren. Dadurch hatte *er* frische Pferde, die *Chin* aber konnten große Teile ihrer Armee nicht beritten machen. An den schon Jahrhunderte alten, bis acht Meter hohen Mauern des frühen China, ließ er seine Soldaten in der Belagerungstechnik und im Erstürmen von Befestigungen weiter ausbilden.

Auch seine Abschreckungs- und Vernichtungstaktik war in diesem Lande zunächst nicht erfolgreich. Dem Nomaden galt ein Menschenleben nicht viel. Landwirtschaft brauchte er ebensowenig wie geistige Nahrung und die Wohnkultur der Städte. Volksstämme in seinem Rücken konnten nur Probleme und Aufstände bringen. Er, der Nomade, benötigte ausschließlich Weideland für seine Tiere. So wurden Städte rücksichtslos zerstört, in Asche gelegt, Agrikulturen vernichtet, Vieh und Vorräte geplündert, wurde die Bevölkerung erschlagen. Handwerker, die man fachlich, und Gefangene, die man als Soldaten oder Sklaven gebrauchen konnte, wurden am Leben gelassen. Frauen wurden geraubt und mitgeführt, die schönsten den Oberen überlassen. Plündern und Erschlagen waren nicht Auswüchse Einzelner sondern Teil der Einschüchterungsstrategie. Bei Dschingis Khan wurden jedoch Zeit und Durchführung befohlen. Bekannt ist das Beispiel eines seiner Schwiegersöhne, der seine Einheit eigenmächtig plündern ließ. Er wurde degradiert, nahm die disziplinarische Strafe widerspruchslos an und fiel bald darauf als einfacher Soldat bei der Belagerung einer Stadt. Die freiwillige Übergabe einer Stadt konnte mit Verschonung von Gut und Leben der Bevölkerung belohnt werden. Diese Zusage wurde nicht immer gehalten. In der Zeit von 1211 bis 1223 sollen allein im Raum Nordchina und Hsi-Hsia nach chinesischen Quellen 18,5 Millionen Menschen umgebracht worden sein.

Der Großkhan selbst leitete den Krieg gegen die Chin von 1211 bis 1215, dann kehrte er nach der Gobi zurück und überließ den Kriegsschauplatz einem seiner Feldherrn. Karakorum als Regierungssitz wurde nun aufgebaut, eine riesige, hierarchisch und planvoll aufgeteilte Zeltstadt. Die Ausdehnung der gesamten Anlage einschließlich der Lagerhäuser, Karawansereien und Stallungen betrug bald mehrere Meilen. Hier wurden fortan die Reichstage abgehalten. Karakorum wurde die Anlaufstelle für Gesandtschaften, die Verwaltungszentrale und der Mittelpunkt des Nachrichtendienstes. Vom Franziskanerpater Wilhelm Rubruk, der im Auftrage des Papstes zu den Mongolen geschickt worden war und dort um 1254 weilte, haben wir einen umfassenden Bericht über die Anlage des Regierungssitzes und das Leben am Hofe. Aber jetzt, 1215, wurde erst einmal mehrere Wochen lang die Heimkehr der Krieger nach 5jähriger Abwesenheit mit Jagd, Falkenbeiz, Tanz und Ringwettkämpfen gefeiert. Verdienste wurden belohnt, die Beute wurde gerecht verteilt und auch die Familien der Gefallenen erhielten ihren Anteil.

Peking fiel noch im Jahre 1215, jedoch nicht durch unmittelbare Waffengewalt, sondern durch innere Revolten. Der Kaiser floh nach Süden. Das Schicksal der Stadt war dem anderer bedauernswerter Städte gleich. Bis zur endgültigen Unterwerfung der Chin – durch den Enkel Kublai Khan – sollten aber noch Jahre vergehen.

Wie Nachrichten über ferne Länder im Osten auf den alten Karawanenwegen zu Dschinghis Khan gedrungen waren, so hatte er auch aus westlichen Gebieten Informationen erhalten. Er empfing gern Kaufleute, fragte sie aus und hörte ihren Erzählungen zu. Darüber hinaus hatte er seine eigenen Kundschafter. So wußte er von einem fernen Land unter einem islamischen Herrscher Mohammed, Schah von Chorasan. Es hatte gewaltige Ausmaße und umfaßte Westteile Indiens, das heutige Afghanistan, Persien, Mesopotamien mit dem Kalifat Bagdad und südliche Teile des heutigen Rußlands bis zum Aralsee. Bedeutende, kulturtragende Städte wie Buchara, Samarkand und Herat gehörten dazu. Der Schah war ein Nachfahre versklavter nomadischer Türken, selbstherrlich, grausam und wetterwendisch. Und er hatte ein Heer von 400.000 Soldaten mit Kriegselefanten. Das war beinahe die doppelte Zahl der Soldaten Dschingis Khans und seiner Hilfsvölker. Die Grenzen begannen weit entfernt vom Mongolenreich, bis zu den Städten Buchara und Samarkand waren es weit über 3.000 km. So konnten sich die Interessen der beiden Reiche eigentlich nicht in feindlichem Sinne berühren, zumal zwischen ihnen Handelsverträge bestanden. Doch der Schah machte in Überschätzung der eigenen Stärke einen unverzeihlichen Fehler. Er ließ Kaufleute einer Karawane töten, in der Spione des Großkhans vermutet wurden. Schlimmer noch war, daß er in gleicher Weise mit einer Protestgesandtschaft des Khans verfuhr. Gesandtenmord war nach dem Gesetz der Steppe Kriegsgrund. Also mußte es Krieg geben. Nach intensiver Vorbereitung begann das gewaltige Unternehmen.

Im Frühjahr 1219 sammelt sich ein Heer von etwa 230.000 Mann in den Flußniederungen des oberen Irtysch. Auf jeden Reiter kommen 4–5 Pferde. Diese und 200.000 Stück Vieh, zusammen etwa 1.000.000 Tiere, werden den Sommer über gemästet. Die Rinder werden als lebendige Nahrungsquelle für den Marsch mitgeführt. In den ersten Herbsttagen erfolgt der Aufbruch, in mehrere Marschsäulen unterteilt, in der für den Khan üblichen Weise: Den Anfang machen fächerförmig ausgesendete Kundschafter. Sie suchen Lagerplätze, Quellen und Weiden aus. Dann folgt der Vortrupp, der auch zu kleineren selbständigen Kampfhandlungen ermächtigt ist. Durch ihn werden die Lager und Wasserstellen verteilt. An einen folgenden Haupttrupp schließt sich das weit auseinandergezogene Gros der Wagen und des Viehs an, evtl. mit den Familien. Den Abschluß bildet eine Nachhut. Sie hat auch die Aufgabe, Versprengte, verlorenes Material und verlaufenes Vieh zu sammeln und nachzuführen. Gegebenenfalls ist noch in einem Abstand, aus dem man „den Staub der Armee nicht mehr sehen konnte" (WOLFF 1872, S. 128), eine kampfkräftige Einheit eingeteilt, die zur Anlegung eines Hinterhaltes vorgesehen ist. So oder ähnlich erfolgten alle Bewegungen der Mongolen. *Dieser* Feldzug wurde nicht von Familien begleitet wie mancher andere. Nur des Khans zweite Frau Chulan-Chatun war im Gefolge. Alles war durchorganisiert: Zahlmeister, Quartiermeister, für die Verwaltung der eroberten Länder vorgesehene Verwaltungsbeamte, Brücken- und Wegemeister, selbst Postmeister für die Besetzung zu errichtender Relaisstationen begleiteten den Heerzug. Auch Kaufleute zogen mit. Nichts sollte dem Zufall überlassen bleiben. Für die Belagerung von befestigten Städten war eine spezielle Zehntausendschaft aufgestellt und mit Belagerungsgerät ausgestattet worden. Anordnungen, Lehren und Aussprüche Dschingis Khans wurden unterwegs den analphabetischen Soldaten zur Gedächtnisstütze möglichst in Stabreimform vorgetragen. Zur Überwindung der Monotonie langer Ritte und zur Erziehung wurden sie häufig als „Sattellieder" gesungen. Sie waren so „eingehämmert" worden, daß sie noch im 17. Jahrhundert aufgezeichnet werden konnten.

Das Ziel für den jetzt 57jährigen Khan und seine Armee lag vom Versammlungsort noch 1.500 km hinter den Bergketten Mittelasiens und hinter einer wasserarmen Öde. Zu erreichen war es nur durch einen einzigen Durchgang, die Dsungarische Pforte. Ungewiß war der lange Weg und unberechenbar die zahlenmäßige Überlegenheit der Truppen des Schah. Daran aber war Dschingis Khan gewöhnt: mit einer Ausnahme hatte er alle seine Kriege gegen zahlenmäßig überlegene Feinde führen müssen, und nur zwei Schlachten hatte er verloren. Sein überragendes taktisches Gespür sollte ihn auch dieses Mal nicht verlassen. Aber von seinen 250.000 Mann kehrte fünf Jahre später nur die Hälfte in die Mongolei zurück.

Einen viel dramatischeren Weg als die Hauptmacht hatten die 30.000 Reiter von Dschutchi und Dschebe vor sich. Nachdem nämlich von dem Feldherrn Dschebe aus Kaschgar die Meldung eingetroffen war, er habe einen Übergang durch eine Senke zwischen dem eigentlichen Pamir und dem Tien-Schan gefunden, ermöglichte dies den Mongolen Einfälle nicht nur vom Norden, sondern zugleich auch vom Osten. Seine Chance erkennend, zögerte Dschingis Khan nicht, den Ritt über die vereisten, an die 4.000 m hohen Pässe des Kisil-Art und Terek-Dawan anzuordnen. Durch das fruchtbare Ferganatal auf der anderen Seite des Gebirges sollte dann der obere Oxus erreicht werden. Über das, was folgte, urteilte Prawdin, daß keine Gebirgsquerung mit diesem Ritt der drei Zehntausendschaften auch nur im entferntesten vergleichbar sei. Auch nicht der Zug Hannibals über die Alpen. Bei bitterer Kälte und eisigen Schneestürmen werden Gletscher, Abgründe und Eisfelder in Montblanc-Höhe überwunden. Der Pfad muß durch meterhohen Schnee gebahnt werden. Den Pferden frieren die unbeschlagenen Hufe ab, sie müssen durch Fellschuhe geschützt werden. Das Vieh hat bald kein Futter mehr, magert ab und verendet. Nur Gerippe bleiben von den Tieren übrig und markieren über mehr als 150 km die Hochgebirgspfade, die von Roß und Reiter ausgetreten waren. Das restliche Fleisch war bis auf die Knochen verzehrt worden. Die Pferde fraßen

Flechten und aus Schnee und Eis herausgekratztes Moos. Je länger der Zug dauerte, desto mehr erfrorene und an Erschöpfung gestorbene Soldaten lagen am Wege. Alles überflüssige Gerät blieb liegen. Im Ferganatal auf der anderen Gebirgsseite war bereits der Frühling eingezogen. Es gab das erste Grünfutter für die Pferde, geraubtes Vieh war die erste Nahrung der ausgemergelten Soldaten. Aber an diesem Ort wurde Dschutchi von der Armee des Schah erwartet. Die abgerissenen und erschöpften Mongolen mußten sich der ungewollten Schlacht stellen. Nach großen Verlusten auf beiden Seiten räumten sie im Schutz der Nacht, vom Schah unbemerkt, auf ihren Reservepferden das Schlachtfeld und zogen sich, durch Plünderungen frisch verproviantiert und unter Mitnahme der Verwundeten, in die Berge zurück. Als der Abzug bemerkt wurde, waren die Mongolen bereits einen Tagesmarsch entfernt. Sie hatten zur Täuschung Lagerfeuer brennen lassen: eine alte Mongolenlist.

Über mehrere tausend Kilometer funktionierte die Nachrichtenübermittlung zum Großkhan. So gelangte auch die Nachricht über die Kämpfe im Ferganatal zu ihm. Ein neuer Befehl, den Pamir zu überschreiten und mit 5.000 Reitern zum Oberlauf des Oxus und dann stromab zu reiten, erreichte Dschebe. Während der Schah noch untätig auf Anzeichen der Pläne Dschingis Khans wartet, hat dieser ihn bereits in einem riesigen Kessel eingekreist: im Süden Dschebe, im Osten Dschutchi, im Norden die beiden Armeen Tschagatais und Ögödeis und – zur völligen Überraschung – im Westen erscheint der Großkhan selbst mit 50.000 Mann. Er hatte die für unüberwindbar eingeschätzte Sandwüste Kisil-Kum westlich des Balkaschsees durchquert. Jahrhunderte später verdursteten einer russischen Invasionsarmee hier sämtliche Pferde. *Er* hatte mit für uns unvorstellbarer Logistik fünf Zehntausendschaften mit ihren Pferden hindurchgeführt und einsatzfähig gehalten.

Samarkand und Buchara fallen, der Schah flüchtet. Der Taktiker Dschingis Khan weiß, daß die Stämme des Chorasan nur widerwillig Mohammed gehorchen und daß sie auseinanderfallen würden, wenn er die Person des Schah ausschalten könnte und er sich außerdem, ganz gegen seine sonstigen Gewohnheiten, dem Lande gegenüber nachsichtig verhielte. Söbötai und Dschebe erhalten den Auftrag, den Schah mit einer Zehntausendschaft zu verfolgen und zu fangen. Die Jagd geht los: 3.000 km über Balch und Herat nach Merw und über Nischapur in den Westen Persiens und nach Hamadan, an der Grenze des Zwischenstromlandes. Söbötai, der seinen Soldaten stets zur Schonung der Pferde unnötiges Galoppieren verboten hatte und der überflüssigen Zwang auf das Pferdemaul bestrafte, schonte in dieser Situation Pferd und Reiter nicht. Bis zu 120 km täglich wurden zurückgelegt. Dennoch kam man zu spät an das Ufer des Kaspischen Meeres. Der Schah war mit einem Segelschiff entkommen. Über das Meer konnten ihm auch Mongolenpferde nicht folgen. Auf einer entlegenen Insel des Meeres starb der Schah bald darauf im Elend, verlassen von seinen Günstlingen. Seinem Sohn gelang es, ein Heer aufzustellen. Der Khan verfolgte es über den Hindukusch bis zum Indus und schlug es dort am 9. Dezember 1221.

Nun aber zog Dschingis Khan Bilanz. Er befahl Söbötai zu sich. Der Feldherr, der zur Erholung von Mann und Pferd in den Niederungen südlich des Kaspischen Meeres lagerte, brach sofort auf. Wie die Meldereiter, so bandagierte auch er sich Körper und Kopf, um den Dauergalopp aushalten zu können. Etwa alle 50 km wurde das Pferd gewechselt. Nur die nötigsten Pausen legte er ein, und nach etwas über einer Woche hatte er die 2.000 km bis Samarkand hinter sich gebracht. Für den Rückritt nahm er sich etwas mehr Zeit: 14 Tage. Es war eine von den nicht zählbaren, für die Mongolen schon beinahe zur Selbstverständlichkeit gewordenen, fast alltäglichen reiterlichen Leistungen. Die Besprechung der beiden Strategen im Lager bei Samarkand besiegelte das Schicksal Rußlands und die Vermischung seiner Bevölkerung mit den Mongolen für die nächsten Jahrhunderte. Für die nächsten Jahrzehnte sollte sie auch Mitteleuropa beeinflussen. Der Auftrag für Söbötai und Dschebe lautete, das Gebiet Aserbaidschans und des Gebirgslandes Georgien, den Süden Rußlands, Dnjepr und Wolga querend, und das Land nördlich des Kaspischen Meeres auszukundschaften. In dieser, als Ausgangsbasis für eine spätere Invasion Europas gedachten Erkundung war nichts Geringeres als die Überwindung des Kaukasus eingeschlossen. Dessen höchste Erhebungen reichen bis 5.600 m. Für die Orientierung über das Gebirge erzwang man vom Fürsten von Georgien zehn sichere Führer aus hochgestellten Familien. Einer von ihnen wurde zur Vorwarnung sofort geköpft. Ähnlich wie im Pamir mußte man sich aller nicht unbedingt notwendigen Ausrüstungsteile entledigen. Hier siedelten kriegerische Stämme, geübt im Kampf im Gebirge und bereit, ihre Freiheit zu verteidigen; hier lagen auch wehrhafte Befestigungen, geschützt von Felsen und Natur. An sich sollte Söbötai nur erkunden und keinen Krieg führen, wurde dann aber doch nördlich des Gebirges von russischen Fürsten zur Schlacht gezwungen. Die weit überlegenen Truppen der Russen und der Komanen konnte er mit Diplomatie entzweien und nacheinander schlagen. Am 31. Mai 1223 siegt er in der Schlacht an der Kalka am Asowschen Meer über 80.000 Mann der russischen Fürsten. Drei Jahre Zeit und etwa 25.000 Soldaten hatte Söbötai für diese Aufgabe bekommen. Nach drei Jahren und einem Ritt über 6.000 km durch die verschiedensten geologischen Formationen hatte er seine Aufgabe erfüllt und nebenbei ein Dutzend Schlachten gewonnen und ebensoviele Völker besiegt.

Seine Informationen über die Geographie, aber auch über die Eigenschaften der Völker und ganz persönliche Beziehungen der Fürstenhäuser untereinander waren so fundiert, daß 15 Jahre später der Vorstoß nach Europa darauf aufgebaut werden konnte. Dschebe konnte er nicht mit zurückbringen, er war kurz zuvor verstorben. Damit hatte Dschingis Khan einen seiner treusten und fähigsten Feldherrn und engsten Vertrauten verloren. Durch Großmütigkeit hatte er einst den Feind zum Freund gemacht. Obgleich er durch ihn schwer verwundet worden war, hatte er ihm wegen der gezeigten Tapferkeit verziehen und das Leben belassen. Seine Menschenkenntnis hatte ihn auch in der Person des Dschebe nicht getäuscht.

Der Heimzug der Mongolen von Chorasan nach Karakorum im Jahre 1223 glich einer Völkerwanderung. Scharen von Gefangenen, Handwerkern, Viehherden und mit der üppigsten Beute beladenen Kamelkarawanen begleiteten die von Kämpfen reduzierten Zehntausendschaften von Reitern. Man nahm sich ein ganzes Jahr Zeit für den Heimweg, der, statt wie zunächst über Tibet geplant, doch entlang der alten Einfallswege führte.

Am 25. August 1227 starb Dschingis Khan, möglicherweise an den Folgen eines Sturzes vom Pferd bei der Jagd auf den Eber. Über ihn ist viel geschrieben worden, besonders über seine Gewalttätigkeit, Rücksichtslosigkeit und erschreckende Grausamkeit. Lamb versucht diese mit der „primitiven Einfachheit des Mongolencharakters" zu erklären. Aber gibt es nicht seit biblischen Zeiten bei allen Völkern grausame Ereignisse? Der Historiker Altunian stellt bezüglich der Darstellung historischer Zustände fest, „[...] daß in der Weltgeschichte kein Platz ist für Vorliebe und Abneigung für dieses oder jenes Volk [...]" (ALTUNIAN 1965, S. 14). Der Gesamtpersönlichkeit Dschingis Khan kann eine Klischeevorstellung nicht gerecht werden. Von Körperbau war er groß und stark, er hatte graue Augen und rotbraunes Haar. Demnach war sein Äußeres nicht typisch mongolisch. Was war von Mutterseite in seinem Erbe erhalten? Er war ein besonnener Geist mit sicherem gesunden Menschenverstand. Selbst die Chinesen, die ihn fürchten gelernt hatten, waren von „[...] seiner natürlichen Größe, hohen Ritterlichkeit und Adel in Staunen gesetzt [...]" (GROUSSET 1970, S. 320). Er besaß große administrative und überlegene, ideenreiche taktische Fähigkeiten, er haßte Verräter, war selbst loyal und dankbar Mitkämpfern gegenüber. Zuverlässig als Freund, religiös absolut tolerant, persönlich bescheiden, so wird er charakterisiert. Er konnte zuhören und Rat annehmen. Einst, nach der Einnahme Pekings, war ihm unter den Gefangenen eine beeindruckende Gestalt aufgefallen. Seine Befragung ergab, daß es sich um einen sinisierten Prinzen turkmongolischer Abstammung handelte. Der belehrte den Großkhan trotz seiner eher bedauernswerten Lage mit dem historisch gewordenen Satz, daß das Reich zwar zu Pferde geschaffen worden sei, aber nicht zu Pferde regiert werden könne. Dschingis Khan nahm die Belehrung an und Ye Liu-Tschutsai, so hieß der aufrechte Mann, wurde sein langjähriger loyaler Vertrauter und Organisator der Verwaltung des Riesenreiches, der auch den Nachfolger Ögödai in das Wesen der Verwaltung und des politischen Lebens einführte. Darüber hinaus gelang es ihm, das eine oder andere Massaker zu verhindern und den Khan zu überzeugen, daß lebende Untertanen dem Staat mehr nutzen könnten als ermordete. Daß mancher kostbare Gegenstand von Plünderungen verschont blieb und mancher alte wertvolle Text auf die Nachwelt überkam, ist sein Verdienst. Als er starb, fand man in seinen Hinterlassenschaften statt Schätzen nur alte Musikinstrumente, Landkarten, Steine mit Inschriften und alte Manuskripte. Sein Name verdient es, in Erinnerung gehalten zu werden. Obgleich autokratischer Herrscher über Leben und Tod und einfacher Sohn der Steppe, nahm Dschingis Khan auch von anderen Lehren an. Jener Siegelbewahrer der besiegten Uighuren wurde der Lehrer seiner Kinder, der Tatare Schigi-Kutuku sein Rechtsberater.

Sein Sohn Ögödai führte die Expansionspolitik fort. In der großen Reichsversammlung von 1236 wurde der schicksalsschwere Plan gefaßt, innerhalb von 17 Jahren Europa, einschließlich Italien, zu erobern. Nach einem Stufenplan sollte zuerst das Land der Kumanen angegriffen werden. Wolgabulgarien sollte folgen, danach Ostungarn, die russischen Fürstentümer und schließlich Polen und ganz Europa. Die Ausmaße dieses Plans sind unfaßbar und erscheinen deshalb phantastisch, weil dem Europäer in der Regel die Entfernungen innerhalb Asiens nicht vorstellbar sind. Doch Europas Entfernungen sind klein im Vergleich zu denen, welche die Mongolen bereits überwunden hatten.

Der alterfahrene Söbötai wurde zum Heerführer unter Batu bestimmt, einem Enkel Dschingis Khans. Das Heer versammelte sich 1237 ostwärts der Wolga. Im Herbst ritt man in verschiedenen Richtungen ab: ein Stoßkeil in südlicher Richtung nach Ungarn, ein anderer gegen die russischen Fürstentümer nach Norden. Wie bei Söbötai gewohnt, war alles sorgsam vorbereitet. Einzelheiten über örtliche Gegebenheiten, Straßen, Brücken, über Animositäten der Fürsten untereinander, Stärke der Heere und Kampfmoral waren ausgekundschaftet. Die Probleme König Belas von Ungarn mit seinen Magnaten waren ebenso bekannt wie die Schwächung Polens durch die Aufteilung in neun Herzogtümer. Polen brauchte deshalb nur als Nebenkampfplatz betrachtet zu werden. Der Mongole Baidar erhielt die Aufgabe, die gegen Ungarn vorrückende Hauptarmee durch seinen Einfall vor Verstärkungen aus Polen, Schlesien und Böhmen zu schützen. Am 6. Dezember 1240 fällt Kiew, am 16. März 1241 Chmielnik, kurz darauf brennt Krakau. Die Oder wird bei Ratibor überschritten; am 2. April 1241 ist Breslau erreicht. Die Bevölkerung hatte die Stadt selbst in Brand gesteckt, sich in die Festung auf der Dominsel zurückgezogen und damit gerettet. Auf dem linken Oderufer ziehen die Mongolen weiter. *Nun* sind die Mongolenhufe vor Liegnitz. Am 9. April 1241 findet die Schlacht statt, von der niemand übriggeblieben ist, um darüber zu berichten. Wahrscheinlich verlief der Kampf so, daß Heinrich, zweiter Herzog von Schlesien, einen Ausfall aus der Festung gemacht hatte und dabei, mit der mongolischen Kampftaktik nicht vertraut und in der traditionellen Kampfesweise der Ritter verhaftet, auf freiem Felde vernichtet wurde.

Man hatte ihn allein gelassen. Auch sein böhmischer Schwager, König Wenzel, der am Tage des Kampfes nur einen Tagesmarsch entfernt war, hatte es vorgezogen, sich zurückzuhalten. Die Zahlenangaben über die von schlesischen Bauern und Bürgern unterstützten deutschen und polnischen Ritter schwanken zwischen 2.000 und 20.000 Kämpfern. Wohl alle kamen um. Namentlich bekannt sind nur die 500 Gefallenen des Templerordens. Auf der Gegenseite stand eine Zehntausendschaft. Sie führte kein Belagerungsgerät mit. Ohne sich auf eine Belagerung der Festung Liegnitz einzulassen, in deren Mauern Heinrich sicherer gewesen wäre, ritten die Mongolen unter Verwüstung des Landes über Jauer, Schweidnitz und Troppau nach Ungarn ab. Schwere Kämpfe folgten in Ungarn. Der ungarische König floh bis an die Adria. Aber bevor noch das ganze Land unterworfen werden konnte, geschah das Unerwartete. Am 11. Dezember 1241 starb der Großkhan Ögödei. Wieviele Tage, wieviele Reiter und wieviele Pferde für die Übermittlung der Nachricht von Karakorum über die 8.000 km benötigt worden sind, ist nicht bekannt. Waren es vier Wochen? Entsprechend der Gesetze der Jassa und des Vermächtnisses von Dschingis Khan mußten alle seine Nachkommen für die Wahl des neuen Khan in Karakorum zusammenkommen. Zwar war das Reich von ihm in vier Khanate eingeteilt und jedem seiner vier Söhne eines übergeben worden, aber über den Khanen *mußte* ein als Fähigster und Würdigster anerkannter Großkhan stehen und von allen gewählt werden. Bürgerkrieg, Wahl eines Gegenkönigs und auch Erbteilungen des Großreiches sollten dadurch vermieden werden. Die Idee war gut, der spätere Zerfall in Einzelreiche ließ sich aber, wie bei allen Großreichen vor und nach Dschingis Khan, nicht verhindern. Während das Khanat der Goldenen Horde in Rußland noch drei Jahrhunderte fortbestand, hat die Vorschrift aus der Jassa das übrige Europa gerettet. Nach ihrem Rückzug beließen es die Mongolen später nur bei einzelnen Vorstößen bis Polen. Das Heilige Römische Reich hätte mit seinen auf schweren Pferden sitzenden, mit Lanze und Schwert in Kurzdistanz kämpfenden Rittern den Reitern mit Pfeil und Bogen und deren Taktik des Kampfes auf Distanz im freien Felde nichts Entscheidendes entgegenzusetzen gehabt. Klug geführt war der seit früher Kindheit ausgebildete Bogenschütze aus der Steppe auf dem ausdauernden, wendigen Pferd dem im ritterlichen Zweikampf höfisch erzogenen Kämpfer überlegen.

Die Reiterwellen aus dem Osten kamen nicht wie ein überraschender Gewittersturm ohne Vorzeichen, wenn auch manche Darstellungen dies so erscheinen lassen. Den Kriegszügen der Mongolen gingen stets längere Planungen voraus. Die einzelnen Schlachten innerhalb des Feldzuges dagegen wurden überraschend durchgeführt. Nach einem Gewaltritt von ein bis zwei Tagen zur Annäherung griff man meist auf den mitgeführten Reservepferden blitzartig an. Für jeden Soldaten waren auf Kriegszügen ein bis zwei Ersatzpferde vorgesehen. Unerklärlich bleibt, weshalb die Ritterheere und ihre Fürsten so wenig von der drohenden Gefahr und der fremden Kampfesweise zur Kenntnis nehmen wollten. Die Mongolen hatten gezielt Informationen über den Westen gesammelt; im Westen dagegen schien man uninteressiert an den Hirtenvölkern aus der Steppe. Von dem Mönch Julian weiß man, daß er bereits 1236 über die mongolischen Kriegsvorbereitungen nach Rom berichtet hatte. Der Staufenkaiser Friedrich II. war vom Khan Ögödai bereits nach dem Reichstag von 1236 zur Unterwerfung aufgefordert worden. Später schrieb der Kaiser an seine Stände, er habe die Gefahr unterschätzt. Leider könne er aber selbst nicht zu Hilfe kommen, weil ihn der Streit mit dem Papst in Italien festhielte. Zu der Zeit war es noch Gregor IX., ab 1243 dessen Nachfolger Innozenz IV. Wenn auch ohne eigene Verdienste, ist Europa trotz der unglücklichen, Jahrhunderte dauernden Rivalität zwischen den beiden christlichen Exponenten noch einmal davon gekommen.

Von der Übermittlung der Nachrichten hing der Erfolg aller kriegerischer Aktionen ab. Unter Dschingis Khan begonnen und von Ögödai zur Perfektion ausgebaut, beruhte sie auf einem Relaissystem mit Stationen. Bis zu 300.000 Pferde standen über das Reich verteilt in etwa 10.000 Poststationen. In Abständen von ca. 50 km wurden sie unmittelbar nach der Eroberung eines Gebietes eingerichtet. Sie bekamen noch beim Vormarsch ihren eigenen Aufseher und ihre Besatzung. Die Botenwege waren nicht wie bei den Römern befestigt. Sie wurden beaufsichtigt von Beamten. Brückenmeister waren verantwortlich für den Zustand der Brücken, Bootsmeister für das Überqueren von Flüssen und Seen auf Schiffen. Entscheidend war die Geschwindigkeit der Nachrichtenübermittlung. Der Reiter ritt die kaum glaubliche Strecke von bis zu 375 Kilometern in 24 Stunden. Für die Stützung des Skelettsystems mußte er bandagiert werden, wie es auch Söbötai auf seinem Ritt vom Kaspischen Meer nach Samarkand hatte tun müssen. Fiel ein Pferd aus, so hatte der Bote das Recht, jedes beliebige Pferd aufzugreifen. Die Gangart war der Galopp. Es wurde mit Steigbügeln geritten. Glöckchen an der Kleidung sollten andere Passanten veranlassen, den Weg freizugeben. Weite Wegstrecken waren alte und damit belebte Karawanenstraßen. Später wurden Ortschaften und stark benutzte Wege umgangen, um die Geschwindigkeit steigern zu können und die bunt zusammengesetzten Benutzer der Wege weniger zu belästigen. Das Erstaunlichste ist, daß sich der Khan auf die Nachrichtenübermittlung trotz größter geographischer Schwierigkeiten so verlassen konnte, daß Schlachtenpläne über eine Entfernung von mehreren tausend Kilometern zu disponieren waren. So mußten bei der großen Einkreisung des Schah im transoxanischen Raum die Boten den Kessel über Gebirge und durch Trockenzonen umreiten, um Meldungen von Dschebe zum Khan und umgekehrt zu überbringen. Man vergleiche damit die Verläßlichkeit der Nachrichtenübermittlung über knappe 100 km an der Marne 1914, als wahrscheinlich über den Ausgang des Ersten Weltkrieges entschieden wurde. Der Khan stand zu jeder Zeit in engster Verbindung mit allen Teilen seines Reiches. War ein Land besetzt, so bestand eine vollständige Sicherheit auf den Wegen für jedermann, für Kaufleute und natürlich für die reitenden Boten. Die Bevölkerung mußte zwar Tribut zahlen, aber der Handel blühte auf. Die Pax Mongolica sicherte absoluten Frieden und Sicherheit des Handels über 8.000 km zu. Es gab eine volle Religionsfreiheit. Räuber und Pferdediebe waren verschwunden. Das Strafmaß war wenig variabel, aber abschrekkend. Unterschiede bestanden nur in der Ausführung der Todesstrafe.

Der Aufbau des mongolischen Weltreiches vom Pazifik bis Europa wäre nicht möglich gewesen ohne das beschriebene durchorganisierte System seiner reitenden Boten, doch ebenso wenig ohne das in der Steppe und für die Steppe herausgebildete, ausdauernde Mongolenpferd. Wie sah es aus? „Ihre Pferde sind nicht groß, aber zähe und ausdauernd, trotz Hunger und Anstrengung; über Fels, Stock und Steine klettern sie ohne Hufeisen wie die Ziegen [...]. Ihre Pferde sind so gut dressiert, daß, wohin sich der Mensch wendet, alle ihm wie Hunde folgen." Und „[...] sie sind ebenso genügsam wie ihre Herren. Drei Tage ununterbrochen in Anspruch genommen, sind sie mit kleinen Mengen schlechten Heus vollkommen zufrieden [...]" (ALTUNIAN 1965, S. 82). Bei Fernand Grenard finden wir die zusätzlichen Eigenschaften: gedrungen, starke Knochen, breite Schulter, widerstandsfähig, ohne Eleganz, starker Hals, dichtes Haar. Das Pferd ist „[...] wunderbar in seinem Feuer, seiner Kraft, seiner Ausdauer, seiner Genügsamkeit und der Sicherheit seines Fußes" (GROUSSET 1970, S. 312). Dschingis Khan selbst ließ sich aus den eroberten Ländern die besten und ausdauerndsten Pferde bringen. So kamen im Laufe seiner Regierungszeit Hunderttausende von Tieren aller Spielarten in die Steppen des Hochlandes. Das „Zuchtziel" unterstand rein pragmatischen Gesichtspunkten. Es war das für seine Kriege zweckmäßigste: das schnellste, ausdauerndste Pferd, das bei magerer Kost noch höchste Leistung zeigte und gegenüber klimatischen Schwankungen unempfindlich war. Das Ziel wurde erreicht. Die Geschichte der Mongolenkriege, in denen innerhalb von 70 Jahren ein Riesenreich vom Pferderücken aus aufgebaut worden war, hat es bewiesen.

LITERATUR:

ALTUNIAN, GEORG: *Die Mongolen und ihre Eroberungen in kaukasischen und kleinasiatischen Ländern im XIII. Jahrhundert*, Reprint: Vaduz, Kraus 1965.

DIEM, CARL: *Asiatische Reiterspiele*, Berlin 1942, Reprint: Hildesheim, Olms 1982.

GÖCKENJAN, HANS GERD/SWEENEY, JAMES R.: *Der Mongolensturm. Berichte von Augenzeugen und Zeitgenossen 1235–1250*, Graz/Wien/Köln, Styria 1985.

GROUSSET, RENÉ: *Die Steppenvölker. Attila, Dschingis Khan und Tamerlan*, Kindler 1970.

HAENISCH, ERICH: *Die geheime Geschichte der Mongolen*, Leipzig, Harrassowitz 1941.

HEISSIG, WALTER: *Ein Volk sucht seine Geschichte. Die Mongolen und die verlorenen Dokumente ihrer großen Zeit*, Wien/Düsseldorf, Econ 1964.

LAMB, HAROLD: *Dschingis Khan*, London, Thornton Butterworth 1934.

MARCO POLO, *Die Reisen des Venetianers Marco Polo*, München, Heyne 1983.

PAWLIKOWSKI-CHOLEWA, ALFRED VON: *Heer und Völkerschicksal*, Hans Eckart Rübesamen (Hrsg.), München/Berlin, Oldenbourg 1936.

PRAWDIN, MICHAEL: *Tschingis-Chan*, Stuttgart/Berlin, Deutsche Verlags-Anstalt 1935.

DERS.: *Das Erbe Tschingis-Chans*, Stuttgart/Berlin, Deutsche Verlag-Anstalt 1935.

RISCH, FRIEDRICH: *Wilhelm von Rubruck. Reise zu den Mongolen 1253–1255*, Leipzig, Deichertsche Verlagsbuchhandlung 1934.

SCHMILEWSKI, ULRICH: *Wahlstatt 1241*, Lorch, Weber 1991.

SCHÜTZ, EDUARD: »Tatarenstürme in Gebirgsgelände«, In: *Central-Asiatic-Journal 17*, 1973.

SPULER, BERTHOLD: *Die Goldene Horde. Die Mongolen in Rußland 1223–1502*. Leipzig, Harrassowitz 1943.

WOLFF, O.: *Geschichte der Mongolen*, Breslau, Dülfer 1872.

Abbildungen auf den folgenden Seiten:

auf S. 66:

Abb. 6: In die Reliefkarte Asiens und Europas sind die Heimat Dschingis Khans vom Stamme der Moghul und einige seiner Kriegszüge sowie die seiner Generale eingetragen.

auf S. 67:

Abb. 7: Den mongolischen Truppen, die mit bester chinesischer Belagerungstechnik ausgerüstet waren, hielten die mit hölzernen Stadtmauern umgebenen russischen Städte nicht stand.

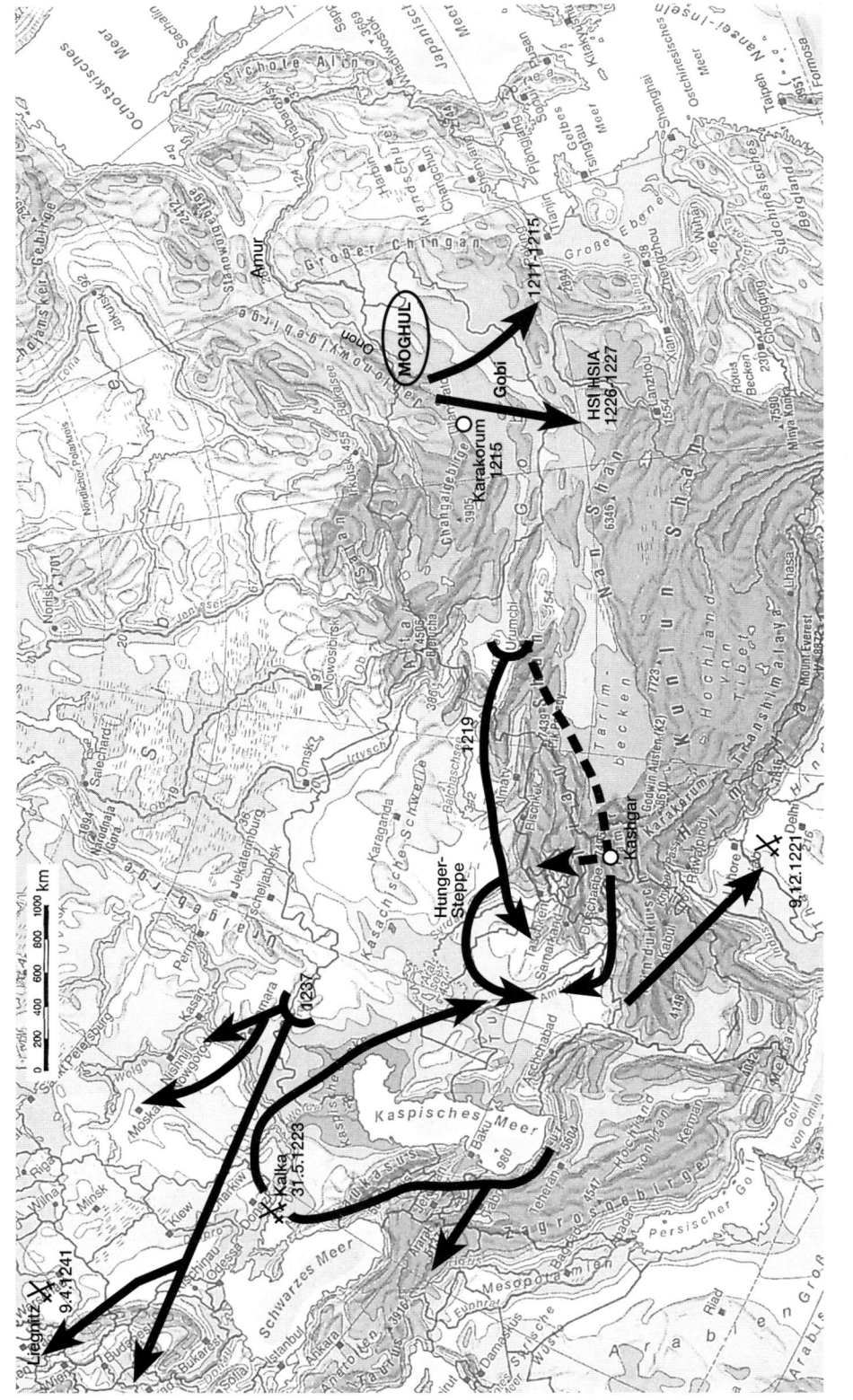

Abb. 8: Einfangen des Pferdes aus der Steppenherde.

Abb. 9: Verfolgungsritt des Schah von Choresm durch den Heerführer Söbötai.

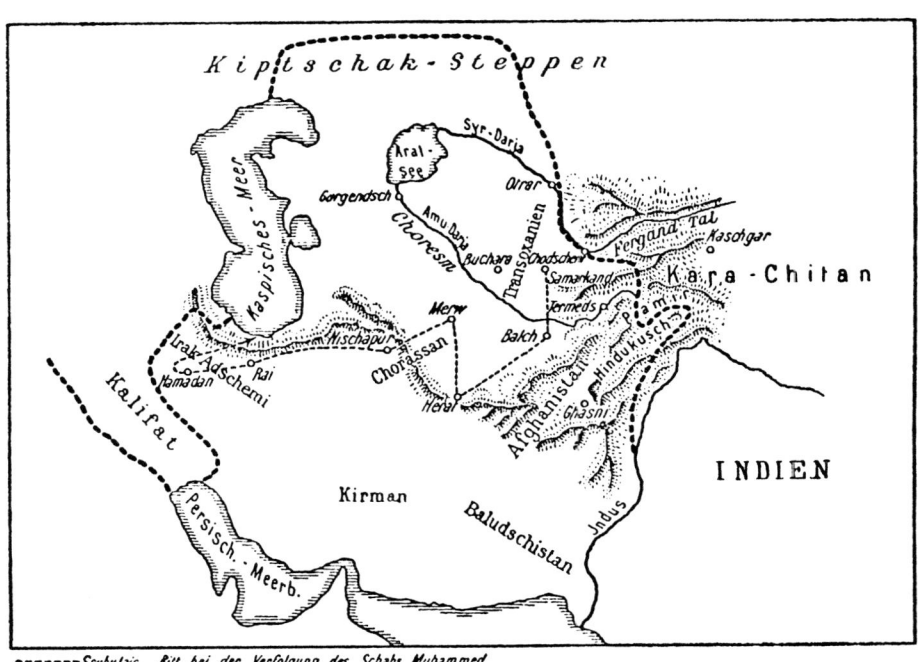

------- Ssubutais Ritt bei der Verfolgung des Schahs Muhammed.

Das Choresm-Reich

Ein blinder Reiter:

Johann Graf von Luxemburg, König von Böhmen

Das Stauferreich war zerfallen. Zwar war die „kaiserlose, die schreckliche Zeit" wenige Jahre vor seiner Geburt (geboren um 1295) schon zu Ende gegangen, aber dennoch galt das alte reichseinheitliche Königsrecht nicht mehr. Statt dessen wurden Grafenrecht, Grundherrliches Hofrecht, Bischofsrecht, Lehnsrecht oder auch Stadtrecht gesprochen. Zersplittert wie die Rechtsordnung war auch das innere Gefüge des Heiligen Römischen Reiches Deutscher Nation. Das alte Band zwischen Kaiser und Fürsten war schon lange zerrissen, die Treue der Lehnsgefolgschaft war ausgelöscht. Egoismen der Landesherrn trachteten nach Vergrößerung des eigenen Gebietes durch Heirat, Erbe, Kauf oder Gewalt. Bei der Wahl des Kaisers entschieden nicht nur die Stärke der Persönlichkeit, sondern auch Eigeninteressen. Zwar erwies sich Rudolf I., Graf von Habsburg, der 1273 zum König gewählt wurde, als – von vielen unerwünscht – starker Regent. Er versuchte, das alte Reichsgut zurückzuerobern. Aber bereits um seine Nachfolge gab es blutige Streitigkeiten. Der gewählte Adolf von Nassau fiel im Kampf gegen den in der Nachfolge übergangenen Sohn Rudolfs von Habsburg. Dieser wiederum, als Kaiser Albrecht I., wurde, nach langjährigen Kämpfen mit Fürsten und Papst, im Jahre 1308 ermordet. Nachfolger wurde Heinrich Graf von Luxemburg, als Kaiser Heinrich VII. Er ist der Vater unseres blinden Reiters Johann. Johann selbst war bei der Wahl seines Vaters gerade zwölf Jahre alt.

Auch Johanns Vater mußte zur Stärkung der Krone eine Hausmachtpolitik betreiben. Unterstützung erfuhr er von unerwarteter Seite insofern, als innenpolitische Turbulenzen in Böhmen das Land an den Rand des Chaos gebracht hatten und Bürger und Stände Böhmens sich vom deutschen Kaiser Hilfe erhofften. Die Folge war 1310 die Heirat der 17jährigen Elisabeth von Böhmen, Tochter des letzten Přemyslidenkönigs, mit dem kaum 15jährigen Johann. Als Sohn des deutschen Kaisers ist dieser nun gleichzeitig Graf von Luxemburg und König von Böhmen. Aber schon 1313, mit 17 Jahren, war er Vollwaise und regierender Fürst. Um bei der folgenden Kaiserwahl berücksichtigt zu werden, war er zu jung. Uneinigkeit unter den Fürsten und Parteinahme des Papstes führten zur Wahl von *zwei* deutschen Königen. Ähnlich wie bei den beiden Konraden im Jahre 1024 waren sie eng miteinander verwandt, waren sie doch Enkelsöhne Rudolfs von Habsburg. Bedauernswerte Ereignisse sollten folgen: rechtsmainisch wird bei Frankfurt am 19. Oktober 1314 Herzog Friedrich der Schöne von Österreich und einen Tag später, gegenüber von Frankfurt am linken Mainufer, Herzog Ludwig der Bayer zum König gewählt. Johann nimmt Partei für den Bayernherzog, Frankfurt verschließt seine Tore vor beiden. Bis zum Tode Friedrichs, 1330, befehdeten sich beide in Raub- und Beutezügen und regierten als Gegenkönige. Es ist nicht schwer, sich das daraus ergebende traurige Spiel wechselnder Parteinahmen und Bündniskonstellationen vorzustellen. Länger als ein Vierteljahrhundert hatte die deutsche Waage zwischen gleich drei Gewichten, zwischen Habsburg-Österreich, Bayern und Luxemburg abzuwägen.

Die Inbesitznahme Böhmens erwies sich für Johann als schwierig. Sein Hauptgegner außerhalb Böhmens war Heinrich von Kärnten. Er machte ihm die Thronfolge streitig. Sein Hauptgegner im Lande war Heinrich von Lippa. Ehe er am 7. Februar 1311 im Dom zu Prag gekrönt werden konnte, mußte er zuvor Böhmen und die Stadt Prag freikämpfen. Darüber hinaus galt es, die Markgrafenschaft Mähren von den Herzögen Österreichs wiederzugewinnen.

In diesem sehr komplizierten Umfeld entwickelte sich Johann, der ohnehin nicht zu dauernden, loyalen Freundschaftsbeziehungen fähig war, zu dem wohl wichtigsten und nach allen Seiten offenen Unterhändler im europäischen Abendland. Bald galt die Erfahrung, daß nichts ohne den König von Böhmen zustande gebracht werden konnte. Er konnte erhöhen, wen er wollte, und er konnte erniedrigen, wen er wollte. Unstet, unruhig, ständig unterwegs zwischen seinen Ländern Luxemburg und Böhmen wie auch im ganzen westlichen Europa zwischen Polen, Schlesien, Norditalien und Frankreich, ausgestattet mit persönlicher Liebenswürdigkeit, großer Freigebigkeit, klug und pragmatisch handelnd, persönlich tapfer, ehrgeizig und lebenslustig galt er als der „größte Held und der einflußreichste Monarch des XIV. Jahrhunderts". Immer wieder führten ihn Feste und Turnierveranstaltungen auch an den französischen Hof, die einzige Institution, der er sich in dauernder Loyalität verbunden fühlte. Das sollte auch sein Schicksal werden. Die Jahre der Erziehung im französischen höfischen Leben als Knabe blieben eine starke Verbindung. So fühlte er sich später noch als Blinder zur Waffenhilfe gegen die Engländer verpflichtet und fand als blinder Ritter für Frankreich kämpfend bei Crecy den Tod.

Seiner Familie gegenüber zeigte er weniger Loyalität, seinem Königreich Böhmen wenig Fürsorge und Verantwortung. Für seine aktive Teilnahme an ritterlichen Turnieren, für seinen aufwendigen Lebensstil und für seine Kriegszüge benötigte er große Summen Geldes. Meist preßte er diese aus Böhmen. Dies führte dazu, daß er in westlichen Landen geachtet und gern gesehen, in seinen böhmischen Besitzungen aber gefürchtet war. Sowohl mit den Ständen wie auch innerhalb der Familie ergaben sich dadurch Probleme. Große Spannungen entstanden zwischen ihm und seiner böhmischen Frau und zu seinem erstgeborenen Sohn Karl. Dieser wurde später Kaiser und ging als der bedeutende Kaiser Karl IV. in die Geschichte des deutschen Reiches und Böhmens ein.

Alle Reisen des Königs erfolgten zu Pferde, Fahrten in der Kutsche waren im Mittelalter Damen und Sträflingen vorbehalten. Die zu Pferde auf Kriegszügen, für Verwaltungsaufgaben, aber auch für Turniere und bei Jagden zurückgelegten Entfernungen waren in der damaligen Zeit gewaltig. Von Kaiser Barbarossa z. B. ist bekannt, daß er allein aus Gründen der Verwaltung des Reiches von August 1157 bis Januar 1158 etwa 2.500 km im Sattel zurückgelegt hat. Für

Johann lassen sich für das Jahr 1335, nur für nachvollziehbare Ritte und nur für die Luftlinie ermittelt, mehr als 5.000 km addieren. Bei Reisen in kleineren Gruppen war der Tagesdurchschnitt 70–75 km; mit höfischem größeren Gefolge, wozu die Transportwagen der Damen, aber auch Fahrzeuge für Proviant und Materialien gehörten, 20–30 km.

Was Johann aus allen Regenten des Mittelalters heraushebt, ist die Tatsache, daß er die letzten sechs Jahre seines Lebens völlig erblindet seine Regierungsgeschäfte und seine Kriegszüge weiterführte. Wie war es zu seiner Erblindung gekommen? Die Begleitumstände sind so eigenartig, daß die Entwicklung ausführlicher dargestellt werden soll.

Gegen Ende des Jahres 1336 folgte er einem Hilfegesuch des Deutschen Ordens gegen die Litauer. Der Winter war milde; der sumpfige Boden nicht, wie erwartet, gefroren. Große Strecken waren deshalb nicht passierbar, der Vormarsch mißglückte. Während dieses Feldzuges begann eine schmerzhafte Entzündung des einen Auges. Nach heutigen Erfahrungen muß aus den Schilderungen auf eine Art Entzündung des Augeninneren geschlossen werden, eine Erkrankung, die erst seit der zweiten Hälfte des 20. Jahrhunderts wirksam behandelt werden kann. So ist es verständlich, daß ein französischer Augenarzt, den Johann in Breslau konsultierte (1337), den Zustand nicht bessern konnte, sondern daß er sich weiter verschlechterte. Dies der Behandlung zuschreibend, ließ der König den Franzosen in einen Sack einnähen und in der Oder ertränken. Bald darauf ließ er sich in Prag von einem arabischen Arzt behandeln. Aber auch dessen Bemühungen konnten keine Besserung seines Zustandes erreichen: das Auge erblindete völlig. Dieser zweite Arzt hatte jedoch, vorgewarnt durch das Schicksal des ersten, vor Beginn der Behandlung mit dem König die Straflosigkeit für den Fall eines Mißerfolges ausgehandelt. Also mußte er nicht das Schicksal in der Moldau erleiden, das seinem Vorgänger in der Oder widerfahren war.

Das erste Auge war seit 1337 blind. In der Folge begann die Erkrankung auch auf dem zweiten Auge. Im Winter 1339/40 suchte Johann deshalb die Ärzte der renommierten Universität Montpellier auf. Sein Sohn Karl traf bald nach ihm dort ein; er fand seinen 44jährigen Vater vollständig erblindet vor. Von nun an trug Johann den Beinamen „der blinde König".

Der Verlust des Augenlichtes änderte, wie nicht anders zu erwarten, einige Züge seines Wesens. Er wurde ernsthafter, auch frömmer, und machte sich mehr Sorgen um seine Nachfolge. Schließlich, vor einer erwarteten Schlacht an der Brücke zu Bouvignies bei Lille, diktierte er sein umfangreiches Testament (9. September 1340). Seine allgemeine Lebensführung dagegen änderte sich durch sein Unglück nicht. Sein lebhafter Geist und seine kriegerische Gesinnung wurden nicht gelähmt. Er wollte auch nicht, daß man ihn für einen Blinden hielt. Wenn er jemanden empfing, pflegte er ein Buch oder einen Brief in der Hand zu halten, so, als ob er darin lese. In die Zeit der Erblindung fallen eine Reihe positiver Verwaltungsmaßnahmen, aber auch bedrückende kriegerische Aktivitäten. Ludwig von Bayern, der Kaiser, konnte ihn mit einem Netz von Feinden umziehen. In der Folge erhielt Johann im Jahre 1344 innerhalb einer Woche sechs Fehdebriefe: vom Kaiser, von den Königen von Polen und Ungarn, vom Herzog von Österreich, vom Markgrafen von Meißen und vom Herzog von Schweidnitz. Eine deprimierende Situation in seinem Zustand. Ein Unterhandlungsvorstoß aus verzweifelter Stimmung wurde vom Kaiser barsch abgelehnt. Sein Sohn Karl hat Johanns Reaktion, die wieder in alter Entschlossenheit erfolgte, schriftlich festgehalten: „In Gottes Namen! Je mehr Feinde, desto mehr Beute; ich aber schwöre bei Jesus Christus, den ersten, der mich angreift, so zu Boden zu schmettern, daß alle übrigen erschrocken sein sollen!" Er hielt dieses Versprechen. Kasimir von Polen, einst einer seiner besten Freunde, war der erste Angreifer. Auf einem Heerzug nach Krakau verwüstet Johann das Land so schlimm, daß Kasimir, um die Schrecken abzukürzen, Johann zum

Zweikampf aufforderte. Einen Blinden zum Zweikampf herauszufordern, setzt eine merkwürdige Kampfauffassung voraus. Selbst dann, wenn er in einem Zimmer stattfinden sollte. Johann nahm die Forderung an. In grimmiger Gesinnung stellte er aber die Bedingung, daß Kasimir sich zuvor zum Zwecke der Chancengleichheit die Augen ausstechen lassen müsse. Der Kampf fand nie statt. Statt dessen gelang es Johann in Friedensverhandlungen, alle Gegner Böhmens, mit Ausnahme des Kaisers selbst, wieder auf seine Seite zu bringen – ein diplomatisches Meisterstück!

Die Sucht zur Verschwendung legte er auch nach seiner Erblindung nicht ab. Nachdem sein Sohn ihm einen zweijährigen Verzicht auf eine Steuererhebung in Böhmen abgetrotzt hatte, mußte er, stets von Geldsorgen geplagt, andere Geldquellen erschließen. Es kam zu einer großen Zahl von Landverpfändungen, Verkäufen, Rückerwerbungen und Wiederverpfändungen. Als er 1346 vom französischen König gegen die Engländer zu Hilfe gerufen wurde, waren die Einkünfte und bedeutende Teile des Luxemburger Landes für große Summen verpfändet.

Für Kriegszüge – auch ein weiterer „Heidenfeldzug" fand statt –, für Bündnisverhandlungen, Beurkundungen, für einen Besuch des Papstes in Avignon und für höfische Veranstaltungen, denen er als „Zuschauer" beiwohnte, durchquerte er wiederholt Europa. Unvorstellbar sind die Willensleistungen eines Blinden und die Art und Weise, in diesem Zustand große Entfernungen zu Pferde zu überwinden. Einzelheiten darüber sind nicht bekannt. Weder die Königsaaler Geschichtsquellen noch die persönlichen Aufzeichnungen seines Sohnes Karl geben Auskunft. Offenbar hielt man das für selbstverständlich und nicht der Erwähnung wert, was für unsere Zeit unfaßbar erscheint. Einige der Ritte sind in Stunden und Kilometern zu errechnen. Aus den Daten von Beurkundungen und kriegerischen Unternehmungen kann mancher Ablauf konstruiert werden. So soll der König für die 600 km Luftlinienentfernung von Prag nach Luxemburg vier Tage benötigt haben und nur wenige

Tage mehr für die ebenfalls in der Luftlinie gemessenen ca. 1.000 km von Thorn nach Luxemburg. Die gerittenen Entfernungen sind naturgemäß größer. Hinzu kamen die äußeren Umstände. Der Ritt von Thorn mußte teilweise durch öde Wälder und durch die Gebiete der feindlich eingestellten Regenten Polens und Brandenburgs zurückgelegt werden, jederzeit der Entdeckung und gegnerischer Aktionen gewärtig. Ein anderes Mal lagen zwischen Beurkundungen in Prag und Breslau nur ein Tag – und eine Entfernung von 220 km Luftlinie. Alles wurde bewältigt von einem Blinden. Für den heutigen Betrachter ergeben sich viele Fragen. Zwar war in den westlichen Gebieten ein Wegenetz vorhanden. Wie aber waren die Wegeverhältnisse in den ostwärtigen Landstrichen? Gab es Botenwege zwischen den Klöstern? Wie gelang die Orientierung? Die Kenntnis des magnetisch arbeitenden Kompasses, den Chinesen schon mehr als zwei Jahrhunderte vor der Zeitenwende bekannt, war mit den Arabern im 12. Jahrhundert nach Deutschland gekommen und dem König sicher vertraut. Wie groß war Johanns Gefolge? Wie wurde das Pferd des Blinden dirigiert und er selbst beim Ritt durch Wälder und Dickicht geschützt? Gab es Pferdewechsel und wie oft? Wer je durch weglosen Wald mit unübersichtlichem Boden und Bodenbewuchs, Baumwurf und Rankengewächsen geritten ist, wird sich die Schwierigkeiten für einen blinden Reiter besser vorstellen, aber um so weniger erklären können.

Seinen letzten Kampf führte Johann in der Schlacht bei Crecy im Norden Frankreichs als Waffengefährte des französischen Königs vom Pferderücken aus. Diese Schlacht hätte nie gekämpft werden müssen. In Unterschätzung des englischen Gegners und gegen den Befehl König Philipps wurde sie durch den Übermut französischer Ritter begonnen. Noch war die Zeit der Ritterheere. Auf beiden Seiten gab es bereits Armbrust- und Bogenschützen. Beide wurden von den Rittern selbst verachtet. Nach Rittertradition sollte der Zweikampf die Entscheidung bringen, nicht der Kampf mit Geschossen auf Distanz. Die geachtete Kampfart war Ritter gegen Ritter zu Pferde und mit mehreren Waffen. In der Reihenfolge des Einsatzes: Lanze, Schwert, Streitaxt, Keule. Roß und Ritter waren durch Rüstungen geschützt und durch Wappen erkennbar. Anlegen und Verschnallen der Panzer benötigte längere Zeit. Ein Treffen bedurfte damit einiger Vorbereitungen. Zu Pferde waren die Reiter beweglich, abgesessen aber unbeweglich und meist hilflos. Bei der Bekämpfung nicht adliger Verbände wurden auch bei den Franzosen Armbrustschützen eingesetzt. Bei Crecy durchbrachen die Engländer die ritterliche Tradition und verbanden die Kampfweise der Ritter mit derjenigen der gemeinen Krieger, der walisischen Messerkämpfer und der im Bogenschießen geübten Bauern. Sie hatten sich am 26. August 1346 in festen Stellungen eingraben können und verwirrten und dezimierten die angreifenden französischen Ritter zunächst mit einem Pfeilhagel. Die Pfeile waren in ihrer Durchschlagskraft so stark, daß sie die Panzerhemden der Ritter durchdringen konnten. Die Messerkämpfer huschten über das Schlachtfeld und durchschnitten den Pferden die Beinsehnen. Der Vorteil der neuen, unritterlichen Taktik führte zu chaotischen Zuständen unter den Franzosen und ihren Verbündeten. König Johann, der sich vormals in Turnier und Kampf in seinem ureigensten Element gefühlt, den man aber seiner Blindheit wegen abseits des Kampfplatzes gehalten hatte, wurde über den sich abzeichnenden ungünstigen Verlauf der Schlacht informiert. Er verlangte, auf das Schlachtfeld geführt zu werden. Zuvor hatte er noch den Befehl gegeben, seinen Sohn Karl in Sicherheit zu bringen.

Die Namen seiner Begleiter sind bekannt: Heinrich, Mönch von Basel, und Heinrich von Klingenberg mußten den König zwischen sich nehmen. Das Pferd Johanns wurde mit den Zügeln an die Pferde der beiden Ritter gebunden – ein sicher makabrer Anblick, wenn es sich nicht um einen so waffentüchtigen und energischen Kämpfer gehandelt hätte. Mit den Worten: „Ferne sei, daß Böhmens König aus der Schlacht fliehe; führt mich dorthin, wo der größte Kampf tobt!" ließ er sich fortführen (WERUNSKY 1880, S. 67). Er hatte keine Chance, mit dem Leben davonzukommen, und muß sich seines sicheren Todes bewußt gewesen sein. Im traditionellen ritterlichen Kampf hätte kein ehrbarer Gegner die Herausforderung eines Blinden angenommen, zumal seine Gegner Edward III. und dessen Sohn, der Prinz von Wales, ihn besonders schätzten. Über die Umstände seines Todes gibt es verschiedene Aussagen. In der wahrscheinlichsten Version heißt es, daß sein Pferd im Gewühl gestürzt sei, und er von den Hufen anderer Pferde tödlich verletzt worden wäre. Seine beiden Begleiter und fast alle seine Ritter hat er mit in den Tod genommen.

In Ourcamp übergaben die Engländer den toten König mit der größten Ehrerbietung an Karl. Am 7. September 1346 erreichte der Trauerzug Luxemburg. Zwölf trauerbehangene, mit des Königs umgestürztem Wappenschild geschmückte Rappen zogen den Trauerwagen. In der Benediktinerabtei Münster, dicht an der Burgmauer Luxemburgs gelegen, wurde er am gleichen Tage beigesetzt.

Wie der Lebende nie Ruhe gefunden hatte, so ging es auch mit seinen sterblichen Resten. Die abenteuerlichen, teils makabren Stationen seiner Totenreise spiegeln die wechselvolle Geschichte der Region wider. In eine würdigere Grabstelle als es die Zwischenstationen gewesen waren, ließ ihn der spätere Preußenkönig Friedrich Wilhelm IV. im Jahre 1838 überführen. Durch seinen Baumeister Schinkel hatte er beim Dorfe Kastel auf einem steil zur Saar abfallenden Sandsteinfelsen eigens eine Grabeskapelle im romanischen Stil errichten lassen. Nach dem Zweiten Weltkrieg, am 25. August 1946, erfolgte die feierliche Rückführung des Königs in seine Geburtsstadt Luxemburg. Damit schloß sich der Kreis um den blinden König von Böhmen nach zehn Zwischenstationen und 600 Jahre nach seinem Tode an der Somme, am 26. August 1346. Sein festgelegter letzter Wille war erfüllt worden.

LITERATUR

Allgemeine Deutsche Biographie: „Johann, König von Böhmen, Graf von Luxemburg", Neudruck der 1. Auflage von 1882, Berlin, Duncker und Humblot 1969.

ERSCH, J. S./GRÜBER, J. G.: *Allgemeine Enzyklopädie der Wissenschaften und der Künste*, 2. Sektion, Hrsg. A. G. Hoffmann, Leipzig, Brockhaus 1842.

Fontes rerum Austriacarum, 1. Abt. Scriptores, Band 8, hrsg. Johann Losarth, Wien 1875.

Fontes rerum Germanicarum, Band 1, hrsg. Johann Fr. Böhmer, Stuttgart, Cotta 1843.

GRÜNHAGEN, C.: *Geschichte Schlesiens*, Band 1, Gotha, Perthes 1884.

KEERL, GERHARD: *Der blinde König. Johann Graf von Luxemburg und König von Böhmen, Ein Jahrbuch*, Kreis Trier-Saarburg 1992, Trier, Koch.

PAULI, REINHOLD: *Geschichte von England*, Bd. 4, Gotha, Perthes 1885.

SCHADENDORF, WULFF: *Zu Pferde, im Wagen, zu Fuß – 1000 Jahre Reisen*, München 1961.

SCHÖTTER, JOHANN: *Johann Graf von Luxemburg und König von Böhmen*, Band 1, Luxemburg, Bück 1865.

TUCHMANN, BARBARA: *Der ferne Spiegel*, Düsseldorf, Claassen, 1987.

WERUNSKY, EMIL: *Geschichte Karls IV. und seiner Zeit*, Band 1, Innsbruck, Wagnersche Universitäts-Buchhandlung 1880.

WEECH, FRIEDRICH: *Kaiser Ludwig der Baier und König Johann von Böhmen*, Inauguraldissertation, München 1860.

Abb. 10: Hoch über dem Steilufer der Saar, bei Kastel südlich von Trier, erbaute Schinkel 1838 im Auftrag des späteren Preußenkönigs Friedrich Wilhelm IV. die Grabkapelle für Johann. Seine sterblichen Reste lagen hier bis 1946.

Abb. 11: Der „Schwarze Prinz" erweist auf dem Schlachtfeld von Crecy dem toten Gegner Johann von Luxemburg die letzte Ehre. Gemälde von Julian Story (1888).

Der Vorritt – eine Kuriosität in der Oberlausitz

Bis zu einer Enzyklopädie aus dem Jahre 1746 muß man zurückgehen, um zu erfahren, was es mit dem Begriff Vorritt für eine Bewandtnis hat (ZEDLER 1746, S. 1179). Um ihn zu verstehen, ist die Kenntnis der Geschichte der Oberlausitz und die des Lehnsrechtes Voraussetzung.

Die Oberlausitz, der südliche Teil der Lausitzer Mark, bestehend aus dem Budissinischen (Bautzener) und dem Görlitzer Kreis, ist eine von Natur vielfältig und abwechslungsreich gestaltete Provinz. Eingefaßt im Westen zwischen Obersachsen, dem späteren Kursachsen, dem Bistum Meißen und im Osten von Schlesien, fällt es nach Norden von den Wäldern der Lausitzer Gebirgszüge über einen breiteren Gürtel welligen Landes in die Niederungen der Heide- und Teichgebiete ab. Die Nordgrenze zur Niederlausitz verläuft zunächst entlang der Schwarzen Elster und dann südlich der heutigen Städte Senftenberg und Ruhland nach Osten. In den Waldgebirgen des Südens grenzt sie an das alte Königreich Böhmen. Mit ihm war sie nach der meißnischen Zeit, nach 1158, mit nur kurzen Intervallen bis zum Jahre 1620 in guten und schlechten Zeiten verbunden.

Die Blütezeit mit den Städtegründungen entlang des alten Ost-West-Weges, deren Höhepunkt der vom Böhmenkönig mit besonderem Wohlwollen geförderte Sechsstädtebund war (1346), gehört in diese Jahrhunderte. Aber auch die Verwüstungen durch Hussitten (1419–1436), der rechtlich umstrittene „Pönfall" (1546) und der dreißig Jahre währende Religionskrieg fallen in diese Zeit. Der Heerführer Johann von Trocznow, besser bekannt unter seinem tschechischen Namen Jan von Ziska, war in seinen letzten Lebensjahren vollständig blind. Auch in diesem Zustand noch rächte er auf die schrecklichste Weise, u. a. an der Bevölkerung Böhmens und der Oberlausitz, den Tod des Religionsreformers Hus. Hus hatte man unter Bruch des kaiserlichen Wortes in Konstanz verbrannt.

Als Böhmen „inkorporiertem" Land, und damit auch ohne eigenen Hof, entwickelten sich rechtliche, verfassungsmäßige und kulturelle Besonderheiten. „Inkorporiert" bedeutete die unmittelbare Abhängigkeit von der Krone Böhmens. Zwar wurde der böhmische König nur von den böhmischen Standesvertretern gewählt, wurde aber mit der Wahl auch der regierende Fürst der Oberlausitz. Die Inbesitznahme erfolgte in einem besonderen Huldigungsritual.

Nach Abwanderung germanischer Stämme in der Völkerwanderungszeit war die Lausitz um das 7. Jahrhundert von nachrückenden Slawen bewohnt. Sie siedelten vorzugsweise in dem fruchtbaren Gürtel nördlich der Berge bis hinein in die Niederungen der Heide. Der ihnen gebräuchliche Holzpflug eignete sich nicht dazu, Felderwirtschaft in den steinigen Böden der Waldtäler zu betreiben. Hier sollten erst viel später Bauern aus den westlich angrenzenden Ländern angesiedelt werden. Neben anderem beweisen das die dort vorkommenden Ortsnamen germanischen Ursprungs. Mit Ende des 10. Jahrhunderts verloren die Slawen ihre Selbständigkeit an eindringende ostfränkische Stämme unter Heinrich I., Otto I. und dem Markgrafen Ekkehard von Meißen. Unterwerfungswillige und zur Übernahme des christlichen Glaubens bereite Slawen und auch deren Oberen wurden wahrscheinlich auf ihrem Land belassen – allerdings in Abhängigkeit. Da vor dem 13. Jahrhundert Urkunden nicht bekannt sind, ist der Grad der Durchmischung deutschen und slawischen Adels nicht zu bestimmen. Sie hat sicher stattgefunden, wie zur etwa gleichen Zeit auch in Mecklenburg. Die oft für den Adel gebräuchlichen Namensendungen mit slawischen Silben wie „-itz" und „-ow" sind nur ein Hinweis auf den bei der Besiedelung slawisch belassenen Ortsnamen des Rittersitzes und nicht auf die ursprüngliche Herkunft des Namensträgers. Es kam sogar vor, daß ein Familienmitglied bei der Belehnung mit einem anderen Gut seinen eigenen oder seines Vaters Namen ablegte und sich nach dem neuen Rittersitz nannte. In vorausgegangener Zeit waren nur Vornamen ohne nähere Familienbezeichnung üblich gewesen. Im Laufe der

Jahrhunderte entstand eine Vermischung von altslawischen, meißnischen, böhmischen, niederlausitzischen, schlesischen und brandenburgischen Volksteilen sowohl innerhalb des Adels wie auch in der Bürgerschaft der gegründeten Städte und – weniger – in der Bauernschaft des Landes. Die Hauptstadt der Oberlausitz blieb von Beginn der Landnahme bis zum heutigen Tage die Stadt Budissin, das heutige Bautzen. Ihre Lage auf einem steil zur Spree abfallenden Granitplateau war als strategisch wichtiger Platz wohl schon vor der slawischen Zeit genutzt worden. Sie behielt ihre Bedeutung auch in den ca. 70 Jahren der Zugehörigkeit zu den Brandenburgern und der von diesen durchgeführten Abtrennung eines östlichen Teiles. Der Sitz des Landvogtes, des unmittelbaren Vertreters des Königs, war die Burg der Stadt Budissin. Sie sollte der Schauplatz des Vorrittes werden.

Die neuen Herren der Lausitzer Mark brachten die Herrschafts- und Besitzstrukturen des alten Karolingerreiches mit sich: den Lehnsstaat und das Lehnsrecht. Der Lehnsstaat war aus der fränkischen Heeresverfassung entstanden und hatte militärischen Charakter, geprägt durch die Reiterdienste der Vasallen. König und Ritter standen in gegenseitiger Abhängigkeit, und die Anerkennung von Verdiensten führte zur Verleihung von „Wohltaten", Benefizien, „damit die adligen Herren desto mehr angetrieben würden, ihren Herren und dem Vaterland ersprießliche Dienste zu leisten" (ZEDLER 1746). In der vormonetären Zeit vergab der König Grund und Boden aus seinem Königsgut, alles eroberte Land war sein Eigentum. Die Vergabe erfolgte nur auf Zeit, eben als Lehen. Mit dem Tode des Königs, dem Herrenfall, endete die persönliche Belehnung, und umgekehrt auch mit dem Tode des Lehnsnehmers, dem Mannfall. In beiden Fällen fiel das Lehen an den Thron zurück und konnte neu verliehen werden. In der alten, reinen Form des Lehnsrechtes gab es keine Vererbbarkeit und kein Eigentumsrecht am Gut, kein „Allod". Die Belehnung erfolgte unter genau festgelegten Zeremonien an „Ritterbürtige". Lehnsfähig „volkumen an deme Heerschilde" galt, wer von Vater und Großvater von „Ritters Art" war (KOSCHORREK 1970). Er mußte außerdem im Vollbesitz der Ehre und waffenfähig sein. So klar wie im Reiche Karls des Großen waren die Verhältnisse schon unter seinen schwächeren Nachfolgern nicht mehr. Es blieb nicht steuerbar, was die Mentalität des Menschen wünscht und was das Lehnssystem der folgenden Jahrhunderte verwässerte und schließlich völlig veränderte: der Wunsch nach Eigentum und dessen Vererbbarkeit. Aus „Wohltaten" wurden Rechte konstruiert. Die Aufgabe des Adels, eine feste Stütze des Thrones zu sein und dem Landesherrn „in den Kampf, in Not und Tod zu folgen" und dafür „Gut, Gunst und Ehre" als Gegenleistung zu bekommen, wurde im Mittelalter noch von starken Herrschern wie Heinrich I., Otto I. und auch Konrad II. durchgesetzt. Aber auch ihnen blieben Auseinandersetzungen, insbesondere mit den Stammesherzögen als den stärksten der opponierenden Kräfte, nicht erspart. Auf Dauer konnten sich so aus eigener Machtvollkommenheit genommene Rechte, gefolgt von massiver Verschiebung der Eigentumsverhältnisse und vielfältigem, verwirrenden Untervasallentum, nicht aufhalten lassen. Die oft mit der Krone und untereinander rivalisierenden Teilstaaten entstanden auf diese Weise zum Nachteil des Gesamtreiches. Das westfränkische Reich hatte bei seiner Entwicklung zu Frankreich, obwohl aus den gleichen Wurzeln des karolingischen Lehnsstaates stammend, mehr Glück.

Die Oberlausitz wurde, eine wesentliche Sonderheit im ostfränkischen Reich, von den geschilderten Lehnsänderungen wenig betroffen. In einer Mark als erobertem Gebiet gehörte alles Land dem König bzw. dessen Rechtsnachfolgern. Auch in der Mark Lausitz gab es niemanden mehr mit „Erb und Eigen". Aller Adel, der dort ansässig wurde, war Lehnsadel im Sinne des frühen Mittelalters. Im Mannfall fiel zunächst sein Lehen an den König zurück. Dieser belehnte dann einen neuen Bewerber. In der Regel war dies ein ehelicher Sohn des ausgeschiedenen Vasallen. Im Gegensatz zum Reich galt das noch, als Ferdinand I. als König von Böhmen am 21. Februar 1554 der Ritterschaft der Oberlausitz aus „besonderen Gnaden" ein Privileg einrichtete.

Aus der mehrere Abschnitte umfassenden „Decisio" des Königs soll nur der für unser Thema interessierende zitiert werden. Was darin gefordert wird, ist kein eigentlicher Ritt, sondern nur eine bestimmte reiterliche Leistung vor einem Ritt: das Aufsitzen auf ein Pferd unter erschwerten Umständen. Nach geltendem Lehnsrecht fiel das Lehen eines Adelsherren, der keine männlichen Leibeserben hatte, in jedem Falle an den König zu dessen freier Verfügung zurück. Unter Umständen konnte dies noch vor dessen Tod erfolgen. Weder eine Veräußerung noch eine Weitergabe an einen Dritten waren dem Vasallen möglich. Mit der erlassenen Verfügung wurde es jetzt dem Adelsherrn, „[...] wo einer keinen männlichen Leibeserben hätte [...]", erlaubt, das Lehnsgut zu verkaufen, „[...] so er jung, gesund und stark wäre, daß er in seinem Küriss von der Erden auf ein Hengstmässiges Pferd sitzen mag [...]". „Wenn er dasselbige vor dem Landvogte erzeiget, soll er alsdann auch Macht haben, alle seine Güter zu verkaufen, mannigliches unverhindert." (ZEDLER 1746, S. 1179). Der König erwartete seinerseits, daß für diese „besondere Gnade alle, die in Lehen sitzen, und auch die, die männliche Erben haben, der Krone Böhmens unschädlich" sein sollten – vom Belehnten ganz abgesehen (ebd.).

Um Manipulationen oder ungewünschte Erleichterungen auszuschließen, gab es eine Art von Ausführungsbestimmungen:

1. Das Motiv für den Vorritt mußte die „wahre Pflichtleistung und Treue zum Lehns- und Landesherrn" sein, zunächst gegenüber Ferdinand selbst, aber auch „für alle seine Erben im Amte".
2. Der Bewerber mußte im mannhaften Alter oder – bei höherem Alter – entsprechend leistungsfähig sein.

3. Es mußte ein Unvermögen bestehen, und es durfte auch keine Hoffnung mehr darauf sein, in „stehender Ehe" männliche Erben zu zeugen.
4. Der Küraß mußte dem des Jahres 1554 entsprechen, so, wie er damals nötig war zum Beschützen des Landesfürsten und zum eigenen Schutz.

Es durfte kein leichter Harnisch sein. Vielmehr mußte eine „schussfreye" Rüstung über den ganzen Leib getragen werden: Kopf mit starkem Helm, Halskragen, „schussfreyes" Rücken- und Bruststück, desgleichen Schutzbedeckungen für Arme, Schenkel, Beine, Hände und Füße. „Schussfrey" hieß, daß die Rüstung so stark war und entsprechend schwer, daß ein Schuß sie nicht durchschlagen konnte. Der Landvogt soll das hin und wieder am Brustpanzer des aufgesessenen Reiters geprüft haben. Angeblich waren noch lange auf der Burg Budissin Rüstungen zu sehen, die Eindellungen von derartig verursachten Geschoßanschlägen zeigten.

Zur vorgeschriebenen Ausrüstung gehörten außerdem Schild, langes „pantzermässiges" Schwert und Sporen. Die gesamte Ausrüstung dürfte knapp 50 kg gewogen haben – was für das Aufsitzen nicht ganz unerheblich war. Bei der „Mailänderin", die Kaiser Maximilian I. (1493–1519), Ferdinands Großvater, als Panzerung von Roß und Reiter eingeführt hatte, wogen der Ritterpanzer ca. 25 kg, Waffe und Schild etwa 15 kg. Hinzu kamen noch gesteppte Unterkleidung, Kettenhemd und Sporen. Das Pferd mußte ein starker, „feindmutiger" Hengst und zu Königsdiensten tauglich sein. Über die Größe des Pferdes, von der natürlich vieles abhing, sind keine Vorschriften bekannt. Jenes Zeitalter kannte verschiedene Pferderassen. Das Kampfroß, als Gewichtsträger für Königsdienste, war ein anderer Typ als das Gebrauchspferd für die Fortbewegung. Es wurde erst unmittelbar vor dem Kampf bestiegen und zeichnete sich durch Größe und kräftige Statur aus. Mit dem Ausdruck „aufs hohe Pferd setzen" hat der Volksmund die Erinnerung an das Umsitzen bewahrt. Sicher war es kleiner als der heutige Gewichtsträger, aber der damalige Mensch war es auch. Die Proportionen von Roß und Reiter, wie sie in alten Illustrationen, z. B. des Sachsenspiegels oder auf dem Teppich von Bayeux dargestellt sind, sind unwirklich. Realistisch dagegen dürften die Proportionen auf einem zeitgenössischen Holzschnitt von 1518 nach der Vorlage von Burgkmair sein. Er zeigt den Großvater Ferdinands in der „Mailänderin" zu Pferde. Die kraftvollen Tiere mußten nicht nur den Ritter tragen und den Kampf gestatten, sondern auch die Wucht des eigenen Leibes in den Zusammenprall aus vollem Galopp mit einbringen. Die Schätzung auf ein Stockmaß von 1,60 m kann dennoch falsch sein.

Auch für den Sattel gab es Vorschriften. Er durfte nicht flach, sondern sollte „gut, tief und zum Küriss gehörig", also mit Lehne, sein. So ausgerüstet mußte sich der Bewerber vor dem Landvogt auf der Burg Budissin vorstellen und mußte nach den Bedingungen „ohne allen Vorteil von der freyen Erde beschreiten und aufsitzen" (ZEDLER 1746, S. 1179 ff.).

Die Bedingung Ferdinands, vom Boden aufzusitzen, ist schwieriger als eine im Sachsenspiegel erwähnte Prozedur. Dort wird im und vor dem 13. Jahrhundert zum Beweis noch bestehender Geschäftsfähigkeit ebenfalls das Aufsitzen in Rüstung gefordert. Dazu durfte aber eine Aufstiegshilfe, nicht höher als eine Elle, benutzt werden. Mit „allen solchen Stücken" mußte der Bewerber seine völligen „Leibeskräfte, Mannheit und Stärke, auf welche sich ein Landesfürst in Nöthen gegen seinen Feind zu verlassen habe, in guter treuer That dartun und beweisen" (ZEDLER 1746, S. 1179 ff.).

Dem Erlaß lag sicher keine eigene, neue Idee König Ferdinands zugrunde. Die im Sachsenspiegel gesammelten Grundsätze waren noch immer geltendes Recht und selbstverständlich einem Landesherrn in Einzelheiten bekannt. Aber ein alter, überlieferter Brauch war von Ferdinand wieder aufgegriffen und für einen besonderen Vorgang und speziell für die Oberlausitz neu formuliert worden – nach mehr als 300 Jahren.

Wie sah die Praxis aus? Stellte sich jemand in seiner Notlage dem Test? Ob jemand, und wer vielleicht bei der Probe versagt haben könnte, ist nicht überliefert. Es sind aber mehrere bestandene Vorritte bekannt geblieben. Der erste fand schon im Jahre nach dem Erlaß des Gesetzes statt: Nikel von Metzrad ritt um die weitere Verfügung über sein Lehngut Kleinförstchen vor. Mitten im 30jährigen Krieg, am 5. Februar 1626, führte Assmus von Gersdorff für sein Gut Holtzschken um acht Uhr morgens auf dem nun kurfürstlich-sächsischen Schloß in Budissin – die Oberlausitz war bereits unter die Administration des Kurfürsten Johann Georg I. von Kursachsen gekommen – den Vorritt aus. Er tat dies, „indem er sich unter Anschauung einer unzehligen Menge Volkes von Adel und Unadel in einem Küraß auf sein Hengstroß geschwungen, seinen Banddegen ausgezogen, mit demselben unterschiedliche Luftstreiche getan und alsdann wieder in die Scheide gestecket, bey welcher ritterlichen That der dasige Decanus, der Landeshauptmann und die Landes-Ältesten die Schiedsrichter gewesen."

Ein weiterer Vorreiter war Johann Christian von Warnsdorf auf Obertaubenheim und Tauchritz. Die Gründe für seinen Ritt und die Handlung selbst sind genauer und anschaulich beschrieben. Er hatte nur Töchter, sein adliges Rittergut Tauchritz war bereits als heimgefallenes Lehen von einem anderen ausgebeten worden. Im Falle seines Todes würden die Witwe und die Töchter völlig verarmen. Schon sollten „nach seinem Tode Wappen, Schild, Degen und was dem anhängig mit ihm in die Gruft verschlossen werden" (BOETTICHER, Bd. 3, S. 89). Am 11. November 1670 „wagte" er es deshalb aus Fürsorge für seine Familie vor Johann Georg II., Markgraf der Oberlausitz, und anderen Zeugen. „Er sprang in schneller Geschwindigkeit und dem Küraß und Casquet (das ihm später bei seinem Leichenzug auf dem Freudenpferd vorgeritten wurde) auf seinen munteren Hengst. Er trug herrliches Lob davon und rettete aus dem Lehn ins Erbe das Gut Tauchritz." (ebd.). Ein Erbgedicht wurde in der Ichform gereimt und bewahrt:

„Was König Ferdinand dem Lande hat verliehen
Erhielt durch einen Sprung mein vorgeübter Leib
Mein Stammhaus sollte schon in andre Hände fliehen
GOTT aber ändert' es, dem ich mein Werk zuschreib." (ebd.)

Wie sich später ergab, wäre sein Vorritt nicht nötig gewesen. Denn „GOTT änderte" nicht nur sein Geschick, sondern schenkte ihm noch sechs Kinder, darunter drei Söhne als potentielle Lehnsnachfolge.

Am 7. März 1671 erfüllte Maximilian, Freiherr von Schellendorf, seit 1669 zunächst nur im Besitz eines Erbwandlungsbriefes, für die Güter Königsbrück und Cosel die Bedingungen des Vorrittes.

Wie von Reymann berichtet wird, scheint beim Grafen Gotthelf Adolf von Hoym, Lehnherr etwa eines Dutzends von Gütern, das Ereignis wie ein Volksfest abgelaufen zu sein. Der Landherr stellte sich der Prüfung am 25. November 1777, um seiner einzigen Tochter die Nachfolge zu erhalten. 14 Tage vor dem vom Landvogt anberaumten Termin, „erfolgte die übliche Probe der Rüstung und des Pferdes. Im Schloßhof versammelten sich die zur Probierung ernannten Kommisarien [...]".

„Die Rüstung (über den ganzen Leib) zu Dresden gefertigt und auf der Ratswage zu Bautzen gewogen, wurde zusammengestellt, in der Vorbeschiedsstube des Schlosses in Augenschein genommen und mit den aus dem Landesarchiv auf das Schloß gebrachten von Warnsdorfschen und von Schellendorfschen Rüstungen verglichen, das Bruststück wurde vom Amtshauptmann mit einer Pistole probiert und alles für tüchtig anerkannt. Der Harnisch [...] kostete 240 Thaler und war vom blanken Eisen. Das Pferd wurde auch in den Schloßhof gebracht. Es war ein kastanienbraunes, mutiges Roß, das gemessen wurde und die Zufriedenheit der Kommision erhielt. Als der Graf später noch eine Probe mit dem Pferde in Dresden machte, ließ es, gestört von der glänzenden rasselnden Rüstung, nicht aufsitzen, und so wurde noch ein anderes Roß aufgezeigt, geprüft und für tüchtig befunden. Zur Feierlichkeit [...] waren die Schloßstraße vom Landhause bis an die Schloßbrücke mit Stadtsoldaten, die Brücke und das Thor mit landeshauptmannschaftlichen Unterthanen der Seidau, der Zirkel aber, in welchem der Vorritt stattfand, war von beiden gemeinschaftlich besetzt. An der Schloßtreppe waren geschmückte Tribünen und ein mit rotem Samt gezierter Balkon für den Landvogt, den engeren und weiteren Ausschuß, für die Kommissare, die Oberamtskanzler, die Deputierten der Sechsstädte und für den Landsyndikus errichtet. An der Treppe hielten vier Trompeter zu Pferde vom Regiment Prinz Eugen, von denen einer auf das Signal der anderen drei Trompeter den Grafen Hoym holte, welcher im Landhause wartete. Während die Trompeter an der Schloßtreppe einen Marsch bliesen, erschien der Ritter Hoym unter Vorritt des Trompeters auf seinem wohlgeschmückten Roß, in voller schöner Rüstung, mit eisernen Handschuhen und Stiefeln, auch dicken Beinstücken und ganz offen stehendem Helm, mit buntem Federbusche, und ein Panzerschwert an der Seite tragend. Während der vorreitende Trompeter zu den anderen drei an der Schloßtreppe sich aufstellte, hielt der Ritter an auf geebnetem Platze vor dem Landvogt, machte mit Berührung des Helmes eine Verbeugung, stieg nach dem auf Befehl des Landvogtes gegebenen Signal zum Absitzen vom Pferde ab und saß nach kurzer Verweilung behende wieder auf. Jetzt wandte der Graf das Pferd, schloß den Helm und ritt unter Trompetenklang im Kreise herum, und hierbei wurde von ihm der Helm geöffnet, das Schwert gezogen und wieder in die Scheide gebracht. Mit einer Schwenkung gegen den Landvogt und nach erfolgter Verbeugung ritt der Graf unter Fanfaren wieder zum Landhause zurück. Dieser Teil der Feierlichkeit währte über eine halbe Stunde und war mittags zwölf Uhr beendet, worauf der Landvogt großes Diner gab. Graf Hoym veranstaltete im Gasthofe zur Weintraube ein glänzendes Souper mit Ball, bei welchem für den Oberlausitzer Adel 200 Gedecke an solemner Tafel bereitet waren. Am nächsten Tage, den 26. November, war in der Weintraube abermals herrliche Tafel von etwa 50 Gedecken, wobei der Graf sich nochmals wahrhaft ritterlich gezeigt haben soll". (REYMANN 1902, S. 883, 884). Er starb sechs Jahre später im Alter von 52 Jahren.

Interessant wäre es, auch das Alter der übrigen Vorreiter zu kennen. Das Aufspringen auf ein Pferd ist naturgemäß in sperriger Rüstung und mit Schwert und Schild mit 70 Jahren schwieriger als beispielsweise mit 50. Vergleicht man das jeweilige Geburtsjahr und das Datum des Vorrittes, so stellt sich heraus, daß die Vorreiter relativ jung waren. Viel jünger als erwartet und viel jünger, als daß sie nicht mehr in der Lage gewesen sein sollten, in „stehender Ehe" noch männliche Nachkommen zu erhalten. Erasmus von Gersdorff war zwar 46 Jahre, aber M. von Schellendorf erst 26. Auch jener J. C. von Warnsdorf zählte erst 28 Jahre, kein Wunder also, daß er noch sechs weitere Kinder bekam.

Inzwischen waren auch in der Oberlausitz grundlegende Änderungen im Lehnswesen eingetreten. Vererbbarkeit, Kauf und Verkauf waren möglich geworden. Die erste Vergabe eines Landgutes zum Allod hatte an den „wohlhabenden und geachteten" Bürger Johann Frentzel aus Görlitz stattgefunden. Dies geschah nur zwölf Jahre nach der Decisio und ebenfalls durch Ferdinand, auf „ewige Zeiten als freieigen" – aber gegen Zahlung eines Betrages, den wohl der Kaufmann, nicht aber der Angehörige des damals zumeist verarmten Adels hatte aufbringen können. In dem Maße, wie die Fürsten Geld benötigten, wurden in der Folge auch in der Oberlausitz Lehnsgüter in erbliches Eigentum verkauft. Bei diesem Prozeß erwiesen sich häufig Bürger der Städte als kaufkräftiger. Die drei alten Voraussetzungen zur Belehnung, Ritterbürtigkeit, unverletzte Ehre, Waffenfähigkeit und darüber hinaus die Verpflichtung zur Heerfahrt, waren der Macht des Geldes gewichen. Erblichkeit und Eigentum eines Landgutes waren nun auch in der alten Oberlausitzer Mark käuflich geworden.

Aber mit einem Sprung auf das Pferd versuchte als Letzter der Ritterschaft, ein Herr von Schönberg, sein Gut Steinitz bei Königswartha zum Allod zu erhalten. Er bestand die Prüfung am 3. April 1780. Mit 55 Jahren war er zugleich der älteste der uns bekannten Bewerber. Die denkwürdige und merkwürdige Decisio Ferdinands konnte damit über 226 Jahre hinweg lehensabhängigen Rittern zum vererbbaren Eigentum verhelfen.

LITERATUR:
AMIRA, KARL V.: *Die Dresdner Bilderhandschrift des Sachsenspiegels*, Karl W. Hiersemann, Leipzig 1925.
BENDER, WILHELM: *Allgem. Realencyclopädie*, G. J. Manz, Regensburg 1848.
BOETTICHER, WALTER V.: *Geschichte des Oberlausitzer Adels und seiner Güter 1635-1815*, Band 1-4, Oberlausitzer Gesellschaft der Wissenschaften, Görlitz 1912-1923.
BROCKHAUS, Enzyklopädie, Wiesbaden 1970.
BRUNNER, HEINRICH: *Deutsche Rechtsgeschichte*, bearb. von C. Freiherr von Schwerin, 2 Bände, 2. Auflage, Duncker u. Humblot, München/Leipzig 1928.
CARPZOV, J.B.: *Neueröffneter Ehren-Tempel Merckwürdiger Antiquitaeten des Marggrafenthums Ober-Lausitz*, David Richter, Leipzig 1719.
GANSHOF, FRANCOIS LOUIS: *Was ist das Lehnswesen?* Wissenschaftliche Buchgesellschaft, Darmstadt 1961.
GEHL, WALTHER: *Deutsche Geschichte in Stichworten*. F. Hirt, Breslau 1939.
JÄHNS, MAX: *Roß und Reiter*, 2 Bände, Grunow, Leipzig 1872.
Knaurs Weltgeschichte, Knaurs Nachf., Berlin 1935.
KNOTHE, HERMANN: *Geschichte des Oberlausitzer Adels und seiner Güter*, Breitkopf und Härtel, Leipzig 1879.
DERS.: *Fortsetzung der Geschichte des Oberlausitzer Adels und seiner Güter*, aus: Neues Lausitzisches Magazin, Dresden 1887.
KOSCHORREK, WALTER: *Eike v. Repgow, Die Heidelberger Bilderhandschrift des Sachsenspiegels*, 2 Bände, Insel Verlag, Frankfurt a. Main, 1970.
LAUSITZER MAGAZIN, 1781, 1786.
MEYERS ENCYCL. LEXIKON, Bibliographisches Institut, Mannheim 1975 u. 1978.
MITTEIS, HEINRICH: *Lehnsrecht und Staatsgewalt*, Weimar, Böhlaus Nachf. 1933.
PIERER, H. A.: *Universal-Lexikon*, Pierer, Altenburg 1844.
REYMANN: *Geschichte der Stadt Bautzen*, Gebr. Müller, Bautzen 1902.
ZEDLER, J.: Heinrich, *Universallexikon*, Leipzig, Halle 1746.

Abb. 12: Holzschnitt von Jost de Negker, nach einem Stich von H. Burgkmair (1518). Kaiser Maximilian in der von ihm eingeführten Rüstung von Roß und Reiter, der „Mailänderin". Er ist der Großvater von Ferdinand, dem Erlasser des Dekretes.

Abb. 13: Beschießung und Eroberung der Stadt Budissin durch den Kurfürsten von Sachsen im September 1620. (Kupferstich von Merian d. Ä. vor 1634) Links im Bild, auf dem Steilabfall zur Spree, liegt die Ortenburg, Sitz des Landvogtes u. Schauplatz der Vorritte.

König Karl XII. von Schweden und der Ritt nach Stralsund

In einem Geschichtslehrbuch kann man lesen: „Abenteuerlicher 16tägiger Ritt Karls von der Türkei nach Stralsund" (GEHL 1939, S. 103). Anderenorts berichtet ein Autor: „In der neueren Zeit stellt sich der Ritt Karls XII. von Adrianopel nach Stralsund, den Überlieferungen nach, als eine Dauerleistung ersten Ranges dar. Der jugendliche Schwedenkönig war bekanntlich [...] im Februar 1713 in türkische Gefangenschaft geraten [...]. Am 7. November verließ er [...] die Stadt (Adrianopel), schwang sich aufs Pferd und erreichte nach 16tägigem Ritt am 22. November Stralsund." (v. HAESELER).

Wie verhielt es sich wirklich? Unter welchen Umständen konnte ein schwedischer König in türkische Gefangenschaft geraten und wie konnte er als Reiter entkommen? Die geschichtlichen Tatsachen stellen sich wohl als verwickelt, aber doch anders und ungewöhnlich interessant dar:

Im Jahre 1654 hatte sich etwas für die Hochburg des Protestantismus Unerhörtes ereignet: Die Tochter des urprotestantischen Königs Gustav Adolf, Königin Christine von Schweden, verzichtet auf ihre Regentschaft, tritt zum katholischen Glauben über und geht nach Rom. Ein Neffe Gustav Adolfs, der Pfalzgraf Karl Gustav von Zweibrücken, folgt ihr auf den Thron. Dessen Sohn wiederum, Karl XI., ein Herrscher, der Schwedens Großmachtstellung festigte und auch das Land innenpolitisch stabilisierte, stirbt überraschend. Dadurch kommt im Winter 1697 sein einziger Sohn als Karl XII. zur Regierung. Er ist erst 15 Jahre alt. Hier beginnt unsere Geschichte.

Aus seinen Kindertagen sind uns zwei Äußerungen erhalten. Karl wollte werden wie sein Vorbild, der Mazedonier Alexander der Große. Sollte es ihm gelingen, ein ganzes Königreich zu erobern, so hätte auch er, wie Alexander, mit 32 Jahren lange genug gelebt. Ein anderes Mal wünschte er sich, einen Bruder zu haben, der dann für ihn hätte regieren sollen. Er selbst würde dann wie ein altgermanischer König in die Welt ziehen, um Abenteuer zu erleben und fremde Länder zu erobern. Darin bestünde die wahre Aufgabe eines Regenten. Diese kindlichen Vorstellungen darf man der Phantasie eines Knaben getrost überlassen. Karl aber sollten ähnliche Vorstellungen auch in sein Mannesalter begleiten und ihn zu einem Regenten werden lassen, dem nicht die Wohlfahrt des Bürgers oberstes Ziel war, sondern Kriegsruhm der Regimenter und der eigene Ehrgeiz, als Kriegerkönig in die Geschichte einzugehen.

Zunächst aber wurde er von außen zum Handeln gezwungen, und er hatte keine andere Wahl, als Krieg zu führen. Für seine zahlreichen Feinde, Sachsen-Polen, Rußland und Dänemark schien der Regierungsantritt des knapp 16jährigen die Chance zu bieten, alte schwedische Landerwerbungen rückgängig zu machen. Sie schlossen einen Geheimvertrag, wonach die Dänen im Frühjahr 1700 in das mit Karl verbündete Herzogtum Holstein-Gottorp einfallen, die Sachsen gleichzeitig in Livland angreifen und die Russen Ingermanland und die schwedische Garnison Narwa besetzen sollten. Eine beängstigende Situation für den jungen König. Der Nordische Krieg hatte begonnen, er sollte 21 Jahre dauern. Sein Ende hat Karl nicht erlebt.

Karl greift entschlossen zunächst die Dänen an. Er belagert Kopenhagen und kann den Friedensschluß zu Travendal erzwingen. Das erste Glied der Kette ist herausgebrochen. Im Rücken unbedroht, wendet er sich nach Ingermanland gegen Peter von Rußland. Was nun folgt, läßt die intuitiven Fähigkeiten erkennen, die ihn auch in späteren Aktionen auszeichneten und seinen Eigenschaften als Feldherrn von vielen Seiten Bewunderung einbrachten. Weil er den Dänen nicht traut, läßt er zunächst einen Monat verstreichen. Er nutzt diese kurze Zeit jedoch, seine Truppen auf 8.000 Mann aufzufüllen, setzt dann nach Livland über und marschiert rasch in Richtung Narwa. Dort hatte sich die schwedische Besatzung des Einschließungsringes von 40.000 Russen noch erwehren können.

5.000 Mann russischer Kavallerie werden rasch überrannt, und Karl steht vor den Feldbefestigungen des viermal so starken Gegners. Dessen Flanken und Rücken sind durch die Flußbögen der Narwa geschützt. Noch in der Nacht der Ankunft erkundet der König selbst die Lage und greift bereits im Frühnebel an. Die russische Armee wird in zwei Teile gespalten, gegen die Flußbögen gedrängt und vernichtend geschlagen: 8.000 Schweden besiegen 40.000 Russen! Peter lernte so seinen jungen Gegner zum ersten Male kennen. Er soll später gesagt haben, er würde auch mehrere derartiger Niederlagen auf sich nehmen, lerne er doch daraus und könne Karl schließlich mit dessen eigener Taktik schlagen.

Ungeschlagen blieb nur noch der König von Sachsen-Polen: er sollte der schwierigste Gegner werden. Im Sommer 1701 greift Karl die Truppen König Augusts in Riga an. Durch ein taktisch geschicktes Manöver täuscht er den Gegner über seine Übersetzstelle über die Düna. Unter künstlichem Nebel – er hatte Boote mit stark qualmenden, schwelend brennenden Reisigbündeln auf den Fluß gebracht – setzt er an der schwierigsten Stelle über. Obgleich taktisch geschickt angelegt, mißlingt die Vernichtung des Gegners, weil ein während der ersten Gefechtsstunde aufkommender Nordweststurm den Brückenschlag verhindert. Dadurch ist die Kavallerie, die mit der Umfassung des sächsischen Flügels die Entscheidung bringen sollte, nicht zur Stelle. Nach diesem durch unglückliche Wetterbedingungen zumindest mitverursachten Mißerfolg disponiert Karl um und zieht in Etappen in den polnischen Raum nach Süden, um der Vereinigung der polnischen mit der sächsischen Armee zuvorzukommen. Damit entfernt er sich zwangsläufig mehr und mehr von seinem Stammland, seinen mecklenburgischen Festlandsbesitzungen und seinem direkten Nachschub. Im Rückblick betrachtet, beginnen damit seine räumlichen aber auch politischen Irrwege, die erst nach 13jähriger Abwesenheit von seinem Land mit jenem historisch gewordenen Ritt enden sollten.

Zu seiner Überraschung trifft er bei Klissow, nordostwärts von Krakau, im Juli 1702 auf die bereits vereinigte Kronarmee. Rasches Reagieren in sich entwickelnder verzweifelter Lage und scharfsinnige, taktische Züge entscheiden die Schlacht nach wechselvollem Verlauf trotz seiner zahlenmäßigen Unterlegenheit zu seinen Gunsten (9. Juli 1702). Weitere vier Jahre sind trotz militärischer (Pultusk) und politischer Siege (er kann Stanislaus Leszczynski zum König von Polen wählen lassen) notwendig, um August von Sachsen den Frieden aufzuzwingen (Friede von Altranstädt bei Leipzig, September 1706).

Aber auch danach ergab sich kein Frieden für Karl. Inzwischen hatte sich Rußland erholen können und war in Polen einmarschiert. Ein sehr komplizierter Plan sah vor, Peter in seinen Hauptprovinzen um Moskau von Süden und Norden in die Zange zu nehmen. Die Zange sollte von Ingermanland über Südrußland bis zur Krim reichen. Die nördlichen und mittleren Armeen sollten von Schweden, die südlichen durch die Krimtartaren unter Führung des Hetman Mazeppa gestellt werden. Der türkische Großwesir unterstützte den Plan, der für die damalige Zeit ein ungewöhnliches Ausmaß hatte. Seine Unwägbarkeiten lagen außer in der Weiträumigkeit in der Unzuverläßlichkeit und in der fragwürdigen Kampfbereitschaft der Kosakenarmee. Eine Vorschlacht gegen 40.000 Russen in verschanzter Stellung konnte Karl unter höchstem persönlichen Einsatz und geschickter Ausnutzung der Schwachstellen des Gegners für sich entscheiden. Statt nun seinen Generalplan zu ändern, die Russen zu verfolgen und auf Moskau vorzustoßen, folgt er den dringenden Beistandsbitten Mazeppas in die Ukraine. So marschiert er 600 km nach Südosten. Im April 1709 finden wir ihn auf dem westlichen Ufer der Wörskla, gegenüber der von den Russen besetzten Stadt und Festung Poltawa. Hier sollten ihn sein Glück verlassen, eine dramatische Flucht in die Türkei führen und damit eine mehrjährige eigenartige, passive Phase eingeleitet werden. Die Belagerung Poltawas hatte nämlich nicht zum Erfolg geführt. Der Zar war inzwischen selbst dort eingetroffen. Am 8. Juli greift Karl die weit überlegenen Russen an. An der Ferse verwundet, nicht fähig zu reiten, muß er von einer Sänfte aus die Kampfhandlungen leiten. Der Plan, die Russen in ihrem von Steilhängen umgebenen Lagerkessel noch vor einer Entwicklung zur Schlachtformation zu zerdrücken, mißlingt. Zum ersten Male erlebt er das Fiasko einer kompletten Niederlage. Sein taktisches Ziel, mit der Vernichtung der Russen einen Aufstand im Süden des russischen Reiches zu entfachen und damit den ganzen Feldzug zu entscheiden, ist zerstoben. Nur die Flucht bleibt. 9.000 Schweden sind gefallen, die übrigen fliehen dem Dnjepr zu. Ausrüstung und die Kriegskasse mit dem Wert von 4 Millionen Kronen, dem Kurfürsten von Sachsen abgenommen, fallen in die Hände der Sieger. General Poniatowski kann den Schwedenkönig nach Zusammenraffen von 500 Reitern durch die feindlichen Linien retten. Ein Pferd wird unter ihm zusammengeschossen. Man verirrt sich in der Dunkelheit, erreicht aber in der Nacht auf den 10. Juli den Dnjepr. Einen übermüdeten, deprimierten König, dem überdies seine eiternde Fußwunde und Wundfieber schwächten, setzte man noch über den Fluß. Eine große Zahl von Schweden, die den Übergang nicht mehr schaffte, fiel in russische Hand. Ihr Schicksal war die Deportation nach Sibirien. Nach dem Ende des Krieges sollen insgesamt mehr als 100.000 Schweden in den russischen Weiten Zwangsarbeit haben verrichten müssen.

Nach fünf Tagen erreicht der Elendszug die türkische Grenze am Bug, verfolgt von russischen Verbänden. Wegen mangelnder Entscheidungsbefugnisse der türkischen Behörden verzögert sich der Übergang in die Sicherheit, gelingt aber schließlich doch für die Mehrzahl bis auf 500 Mann, die noch im Anblick des rettenden Ufers unglücklicherweise in russische Hand fallen. Von dort von den Türken mit Ehrerbietung geleitet, gelangt der König nach Bender. Er ist zu der Zeit 25 Jahre alt. Für die nächsten fünf Jahre bleibt die Türkei sein mehr oder weniger frei gewählter Aufenthaltsort, zunächst Bender am Dnjester, dann Demotica, gelegen zwischen

Konstantinopel und Adrianopel. Weder kriegsgefangen noch interniert, wie zuweilen irrigerweise berichtet wird, genießen er, sein verbliebener Hofstaat und seine geretteten Soldaten großzügiges Gastrecht und finanzielle Ausstattung. Neben der Zuwendung von Naturalien erhält Karl täglich 500 Silbertaler. Dies ermöglicht den Schweden ein üppiges und sogar ausschweifendes Leben. Der König nimmt daran allerdings nicht teil. Puritaner in jeder Beziehung, widmet er sich in dieser Zeit zum ersten Male in seinem Leben ausgedehnten literarischen Studien, ohne aber diplomatische Aktivitäten zu unterlassen. Insbesondere Poniatowski erweist sich ihm als loyaler Gesandter am Hof in Konstantinopel. Die alte, ewig gültige Regel, daß in einer Administration zwischengeschaltete Personen jeden Vorgang verlängern und komplizieren, galt auch für die Verhandlungen zwischen ihm und dem zuständigen Wesir. Hinzu kam, daß die Wünsche Karls, den Sultan in einen Krieg mit Rußland zu verwickeln, auf taube Ohren stießen. Jedenfalls so lange, bis das eintrat, was Karl dem Sultan vorausgesagt hatte: der Zar fällt in die Türkei ein! Indem Peter den Versprechungen seiner Hilfsvölker vertraut, macht er den gleichen Fehler, den zuvor Karl gemacht hatte, als er sich auf den Beistand der Tataren verließ. Abgeschnitten von jedem Nachschub und von Proviant, dezimiert durch Krankheiten, eingeschlossen von drei Seiten durch die Türken, erwartet der Zar von Rußland am Pruth sein Ende und das seiner 80.000 Soldaten. Ein türkischer Sieg über die Russen hätte für Karl eine unbehinderte Heimkehr nach Schweden bedeutet. Es sollte ganz anders kommen. Eine Vertraute aus des Zaren Umgebung riet diesem, den Wesir durch Bestechung täuschen zu lassen und damit Abzug und Frieden zu erreichen. Das Unglaubliche gelang. Peter mußte zwar einige Bedingungen annehmen, die er später allerdings nicht hielt, aber er konnte abziehen. Dieser Vertrag vom 21. Juli 1711 am Pruth, nahe Jassy, zwischen dem Zaren und dem Wesir Baltadschi Mehmed abgeschlossen, war möglich geworden durch eine kluge Frau einfacher Herkunft und einen bestechlichen Unterhändler des

Wesirs. Er änderte den Lauf der Geschichte. Wer der Unterhändler Osman Aga war, ist nicht so interessant zu wissen wie die Frage, wer Katharina war und woher sie stammte: Protestantisch auf den Namen Martha getauft, wurde sie im schwedischen Estland als Tochter einer leibeigenen Bäuerin geboren. Die Person des Vaters ist unsicher. Aus Mitleid wurde sie von der Gemeinde erzogen. Von ihrem 10. Lebensjahr an arbeitete sie bei einem lutherischen Geistlichen in Marienburg. In ihrem achtzehnten Lebensjahr, heiratete sie 1702 einen schwedischen Dragoner. Dieser blieb nach einer Kampfhandlung mit Russen, die sich am Tage nach der Hochzeit abspielte, verschollen. Einige Tage danach wurde sie vom russischen General Bauer aufgegriffen. Sie diente zunächst bei ihm und später bei Marschall Scheremetow. Bei einer Einladung in das Haus des Fürsten Menschikow sah sie zufällig der Zar. Er verliebte sich in sie und heiratete sie 1707 im geheimen. Aus der protestantisch getauften Magd Martha wurde die zum griechisch-orthodoxen Glauben konvertierte spätere Zarin Katharina. In der Begleitung des Zaren rettete sie am 21. Juli 1711 am Pruth durch Bestechung mit all ihrem mitgeführten Schmuck den Zaren und Rußland.

Der Schwedenkönig war außer sich, als er nach einem 50stündigem Ritt von Bender in Jassy eintraf und erleben mußte, wie der Zar mit Artillerie, Bagage und fliegenden Fahnen, frisch verproviantiert vom türkischen Gegner abzog. Die folgende Auseinandersetzung machte den Großwesir zum Todfeind des Schwedenkönigs. Er trachtete verständlicherweise nun nur noch danach, Karl so schnell wie möglich außer Landes zu wissen. Als erste Maßnahme wurden die Zuwendungen drastisch gekürzt. Schließlich stellte der Sultan selbst am 19. April 1712 das Ultimatum zum Abzug. Er war aber so großzügig, eine dem Rang des Königs entsprechende Eskorte von 10.000 Mann und die Begleichung aller schwedischen Schulden zuzusichern. Die Rafinesse Karls beim Pokern mit dem türkischen Gastgeber um eine zu fordernde Summe und der Betrug am Pascha von Bender, den er unter Versprechungen zur vorzeitigen Auszahlung des Geldes überredete, sind bei der mißlichen Lage des Königs schwer zu begreifen. Auch ein nächstes Stück, der von den Türken nicht gewollte Kampf von Tausenden (?) von Tataren und Janitscharen gegen den von ihnen bewunderten fremden König und seine wenigen Schweden ist eine Kuriosität. Karl hatte mit Gastgebergeldern seinen Aufenthaltsort mit befestigten Gebäudekomplexen versehen, geduldet von den Gastgebern. Um diese Gebäude entwickelte sich die „Löwenjagd von Bender". Erstaunlicherweise endete sie nur mit der Gefangennahme des an Hand und Kopf verwundeten Königs und seiner Mitstreiter und nicht mit seinem Tod, wohl aber mit dem von etwa 200 Türken und von 15 Landsleuten. Auch danach bietet der Sultan noch seine Gastfreundschaft. Er verlegt jedoch den noch immer nicht zum Abzug Bereiten nach Schloß Demürtasch bei Adrianopel.

Die Unverständlichkeiten sind noch nicht beendet. Ein König ohne Heer, nur durch Gastgebergnade erhalten, mit schlimmen Nachrichten von Gebietsverlusten und Not in Schweden überhäuft, durch wiederholte drängende Bitten seines Kronrates zur Rückkehr nach Schweden aufgefordert, zieht sich für viele Monate völlig in sich zurück. Lethargisch, willenlos, ohne Pläne und Gedanken für eine Rückkehr, verläßt der 31jährige König von Schweden in vorgeschützter Krankheit kaum sein Bett. Sein alter Elan, sein mitreißender kämpferischer Einsatz, der ihn zum gefürchteten Gegner gemacht hatte, sein listiges Ränkespiel, sind verschwunden.

Datiert vom 6. April 1714, trifft aus Schweden ein Brief des Generalmajors Moritz von Vellingk bei Karl ein mit der Ankündigung, er könne in Stralsund 40.000 Mann zu seiner Verfügung aufstellen. Die Aussicht auf neue kriegerische Möglichkeiten bewirkt beim König mehr, als Meldungen über Armut und Elend im Heimatland und über Landverluste an alle seine alten Feinde vermocht hatten. Die Krankheit ist verflogen; steifgelegen beginnt er nach 43 Wochen Aufenthalt im Bett sein tägliches Reittraining. Dem nun so plötzlich brennenden Wunsch, das Gastland zu verlassen, steht jetzt, im Gegensatz zu Bender, in erster Linie Geldmangel entgegen. Der Durchritt durch Österreich-Ungarn dagegen war, wie schon in den vergangenen Jahren, vom Kaiser nach wie vor garantiert.

Der Bericht, wonach er die Stadt (Adrianopel) verlassen, sich aufs Pferd geschwungen habe und in 16 Tagen bis Stralsund geflohen sei, stimmt nicht. Wie konnte er überhaupt bei Kenntnis der Tatsachen entstanden sein? Es sollte noch länger dauern bis zum standesgemäßen Abmarsch. Über eine Million Taler schuldete er seinen türkischen Privatgläubigern. Doch weil er sie weder befriedigen noch abschütteln konnte, folgten ihm einige bis nach Schweden, um ihr Geld aus dem arm gewordenen Land einzutreiben. Es sollen 29 Gläubiger oder deren Beauftragte gewesen sein.

Endlich, am 20. September 1714, kann er über Timurtasch nach Norden aufbrechen, fünf Jahre nach seiner Flucht in die Türkei, fünf Jahre nach erster Inanspruchnahme einer Gastfreundschaft, die sich der Sultan eines Großreiches kürzer und billiger vorgestellt und die der König so schlecht gedankt hatte. Ein türkischer Hofmarschall erschien mit 60 Proviantwagen und 300 Pferden, um Karl auf türkischem Gebiet zu eskortieren. Er übergab dabei als Gastgeschenke des Sultans ein goldbesticktes Zelt, ein mit Edelsteinen besetztes Schwert und acht beste arabische Pferde mit Pedigree. Dies entsprach der landesüblichen Achtung eines hohen Gastes. Die nur kurzen Tagesreisen in würdevoller Langsamkeit, ebenfalls üblich aus Ehrerbietung, waren dem König eine Qual, die er durch herrisches, unhöfliches Benehmen und offen zur Schau getragene Ungeduld abzukürzen trachtete. Am 8. Oktober erreichte man Pitesti, die letzte größere Stadt auf türkischem Boden vor der österreichischen Grenze. Hier traf er auf seine in Bender zurückgebliebenen Soldaten unter General Sparre. Drei Marschgruppen wurden zusammengestellt, die mit je einem Tage Abstand, beginnend am 25. Oktober, nach Norden aufbrechen sollten. Nach einer Zählung des österreichischen Generals an der Grenze sollen es zusammen mit den Gläubigern 1168 Mann mit 1625 Pferden gewesen sein. Zwar waren sie in elendem Zustand und in gerissener, schlechter Bekleidung, aber in guter Stimmung und in der Hoffnung, nach so vielen Jahren der Einsamkeit nun bald ihre Heimat wiedersehen zu können. Bei ihrem Marsch durch Österreich war auf Anordnung des Kaisers gut für sie gesorgt: An jedem der vorgesehenen Biwakplätze waren 1.500 Portionen Essen, pro Kopf eine halbe Kanne Bier und 2.033 Rationen für die Pferde bereitgestellt. Dazu „für sämtliche Offiziere zusammen täglich 15 Schafe, 80 Hühner, 1.500 Eier, 15 Truthähne, 30 Gänse, 30 Pfund Fett und 70 Kannen Wein". Im Herbst 1715, also neun Monate nach ihrem König, kamen die Marschkolonnen in Stralsund an.

König Karl hatte andere Pläne. Er wollte schnell und inkognito reisen, um allen Verbindlichkeiten aus dem Wege zu gehen. Selbst dem ihm eigens zum Empfang entgegengeschickten österreichischen Feldmarschallleutnant Graf Welczek gegenüber wollte er unerkannt bleiben. Während sein engerer Stab über Belgrad reisen sollte, wählte er den 26jährigen Generaladjudanten Frederik von Rosen und den 20jährigen Kapitän Otto Frederik von Düring zu seinen einzigen Begleitern. Falsche Papiere, Verkleidung, Verzicht auf Gewohnheiten und die königliche Anrede sollten auf der Reise die Person des Königs unerkannt lassen. Aus der kleinen Gruppe waren drei schwedische Hauptleute geworden: der König als Kapitän Peter Frisk, Rosen hieß nun Johan Palm und Düren Erich von Ungern.

Endlich war es so weit. An der Grenze der Türkei zum habsburgischen Reich, und nicht bereits in Adrianopel, sollte der viel zitierte Ritt beginnen. Er war ohne landeskundigen Führer geplant. Dies sollte sich schon nach den ersten Meilen rächen. Am 27. Oktober 1714 brechen die drei Reiter von Pitesti auf, jeder führt außerdem ein Handpferd. In der hügeligen Wildnis des Grenzgebietes zwischen Pitesti und dem Rotenturmpaß verreiten sie sich bereits, irren in der Nacht umher, auf den Bergpfaden die Pferde führend, bis sie schließlich an einem Feuer auf einen schlafenden Schweinehirten stoßen. Düring kann sich mit ihm verständigen und ihn veranlassen, die Reiter nach einem Dorf namens Caineni am Fuß der ungarischen Berge zu geleiten. Es war bereits der Abend des 29. Oktober, Zeit war vergeudet. Mitten in der Nacht brechen Karl und Düring wieder auf. Rosen soll vier Stunden später folgen, diesen Zeitabstand auch wahren und damit die Verbindung zum nachfolgenden Stabstrupp halten.

In Hermannstadt erfolgte der erste Pferdewechsel. Düring war bereits übermüdet, kurze Zeit später fiel er wie tot vom Pferde, konnte aber vom König unter Mithilfe eines Postillions in einer Wasserpfütze wieder zu sich gebracht werden. Ähnliches sollte sich später nochmals wiederholen, als er nach einem Absitzen vor Übermüdung wie ohnmächtig umfiel. Karl schlug ihm den sehnlichst gewünschten kurzen Aufenthalt ab und drohte, allein weiterreiten zu wollen. Er ließ sich die Hälfte der Reisekasse aushändigen und verlangte ein Pferd, hatte jedoch die Rechnung ohne Düring gemacht. *Der* wollte sowohl seine Schlafpause, als aber auch den König nicht allein reiten lassen. So bestach er den Postmeister mit den entsprechenden Erklärungen und zwei Dukaten, Karl ein konditionsschwaches Pferd zu geben. Er selbst schlief ein paar Stunden, ritt dann dem König nach und holte ihn, der sein ausgepumptes Pferd führen mußte, noch vor Tagesanbruch ein.

Der berittene Teil der Reise ging in Mühlbach zunächst einmal zu Ende und mußte per Kutsche – dem König eine verhaßte Fortbewegungsart – über Klausenburg, Zilah, Debrezin, Ofen und am Ufer der Donau entlang bis Wien fortgesetzt werden. Wien soll in aller Eile und unerkannt durchquert worden sein. Der folgende Teil ist nicht in exakter Datierung, wohl aber hinsichtlich seines Verlaufes bekannt. Von hier ab war er der Begleitung durch Postillione ledig und brauchte seine Ungeduld nicht länger zu zügeln. Nun konnte er das Tempo selbst bestimmen, insoweit es die zur Verfügung stehenden üblichen Postpferde erlaubten.

Der kürzeste Weg von Wien hätte über Breslau oder über Prag, Dresden und Berlin geführt. Schlesien zu durchqueren hatte ihm der habsburgische Kaiser nicht gestattet. Sachsen zu durchreiten verbot sich von selbst, es war das Land seines Intimfeindes August. So mußte er einen weiten Umweg nach Westen wählen. Ein schneller Ritt mit Pferdewechseln, aber nur kurzen Ruhepausen, führte ihn über Regensburg, Nürnberg, Erlangen, Bamberg, Würzburg, Remling, Esselbach, Dettingen, Hanau nach Kassel. Hier stand er kurz vor der Entdeckung durch einen in Schweden geborenen hessischen Offizier. Auf dessen direkte Frage, warum „Hauptmann Frist", in Nachahmung des Königs, pures Wasser trinke, fand Karl es als das Klügste, ein Glas Wein hinunterzustürzen. Selbst hier, im Lande seines künftigen Schwagers, wollte er unerkannt bleiben. Der Weiterweg von Kassel um das gegnerische hannöversche Gebiet herum läßt sich erst ab Üelzen wieder bestimmen. In Mecklenburg führt die Route auf dem direkten Postweg über Dömitz, Grabow, Parchim zur schwedisch-pommerschen Grenze bei Triebsee. In der Mitte der Nacht vom 11. zum 12. November begehren zwei Reiter Einlaß am Triebser Tor in Stralsund. In der Nacht gelingt es auf dem Dienstweg, erst nach Stunden, die Erlaubnis zum Passieren zu erhalten. Niemand hatte nach 14 Jahren mit der plötzlichen Ankunft des Königs gerechnet, und niemand erkannte ihn. Das erste Zusammmentreffen mit dem Kommandanten der Festung, General Dücker, ist dann für beide überwältigend. Der körperliche und psychische Zustand der beiden Reiter war entsprechend ihrer Gewaltleistungen, insbesondere auf der letzten Etappe. Dem König mußten die Stiefel aufgeschnitten werden, so stark waren die Beine angeschwollen. Er hatte sie tagelang nicht ausziehen können. Die alte Fußverwundung war wieder aufgebrochen, am Stiefel aufgescheuert. Perücke, der verschlissene braune Rock und ein langer Bart verbargen seine Identität noch in Stralsund. Durch allerlei Täuschungen hatte er sie auf der gesamten Strecke verbergen können: dazu hatte z. B. sein falscher Name beigetragen und die List, daß er seine Pferde eigenhändig versorgte. Und schließlich ließ er auch, indem er Wein trank, einen Gedanken an den als Antialkoholiker bekannten König gar nicht erst aufkommen. Anekdoten entstanden, deren Verursacher teilweise auch die nachfolgenden Reiter waren. Die Tänze mit den Bauernmädchen sind nicht ihm zuzuschreiben; der Mantel, dessen zerrissene Stücke wie Reliquien bewahrt wurden, war nicht sein eigener.

Nun hatte er alle Verstellungen nicht mehr nötig. Freundlicher, ja begeisterter als ein Außenstehender vermuten sollte, wurde er aufgenommen. Hinter ihm lagen nach 14 Jahren Abwesenheit, davon fünf Jahre im Exil in der Türkei, ein Gewaltritt von ca. 1.500 km und zusätzlich eine in der Kutsche zurückgelegte Strecke von ca. 900 km in 14 Tagen. Der Tagesdurchschnitt hatte 170 km betragen. Im Stroh auf dem Boden der Kutschen war wohl ein kurzer, unruhiger Schlaf möglich gewesen. Es heißt aber, daß im allgemeinen die benutzten Fahrzeuge für Ratten praktischer als für Reisende gewesen seien. Es ist gesagt worden, daß Karl mit seiner Tour allein unter den bekannten Herrschern dastünde. Am nächsten käme ihm Napoleons Reise vom 6. bis 18. Dezember 1812 von Litauen über Warschau und Dresden nach Paris mit etwa der gleichen Tagesleistung. Aber zu Recht wird dieser Vergleich vom Chronisten wieder abgetan, weil „die Reise in bequemen, mit Betten ausgestatteten Fahrzeugen" [...] „des dreiundvierzigjährigen fetten und verwöhnten Kaisers" [...] „nicht mit Karls XII. Heimfahrt zu vergleichen ist." (BENGSTSSON 1957, S. 501, 502). Die Reiseausstattung Napoleons ist bekannt. Er konnte in den speziell für ihn hergerichteten Kutschen und Schlitten schlafen, lesen, diktieren und brauchte sie tagelang zu keinem Zwecke zu verlassen.

Karl führte bald nach der Rückkehr in seine Heimat einen Eroberungsfeldzug gegen Norwegen. Dort erlitt er bei der Belagerung von Frederikshald am 11.12.1718 in den vorderen Befestigungsanlagen eine tödliche Kopfverwundung. Es ist nie geklärt worden, ob er durch feindliches oder eigenes Feuer umkam. Als Toter nur kehrt er im Dezember 1718 in seine Hauptstadt zurück, die er seit seinem Auszug in den Kampf mit Dänemark nicht mehr gesehen hatte!

Es gibt wohl keinen Regenten in der Geschichte, der nicht von der einen Partei verdammt, gehaßt oder doch wenigstens kritisiert, von der anderen jedoch hoch verehrt wurde. Beides kann unverdient oder ungerecht und unobjektiv sein. Karl XII. stellt keine Ausnahme dar. Im Gegenteil, die Beurteilung seiner Person und seiner Regierungszeit erscheint besonders polarisiert. Der Franzose Voltaire, sonst Kritiker und Satiriker, neigt zur Bewunderung, wie die Mehrzahl der Schweden noch heute. Das Ruinieren des Landes und das Verspielen der Großmachtstellung werden ihm nachgesehen. Friedrich II. von Preußen schreibt dagegen: „Ich finde in allen Büchern, die von Karl XII. sprechen, prachtvolle Lobpreisungen seiner Mäßigkeit und seiner Enthaltsamkeit. Indessen würden 20 französische Köche, 1.000 Mätressen in seinem Gefolge und 10 Komödiantentrupps in seiner Armee niemals den hundertsten Teil des Schadens seinem Königreiche zugefügt haben, den ihm der glühende Rachedurst und die unmäßige Ruhmsucht, die den König beherrschten, verursachten." (OTTOW 1947, S. 277).

LITERATUR:
BENGTSSON, F.: *Karl XII.*, Stuttgart, Koehler 1957.
Encycl. Wörterbuch, Altenburg, Perrier 1830.
GEHL, WALTHER: *Deutsche Geschichte in Stichworten*, Breslau, Hirt 1939.
GRBASIC, Z./VUKSIC, V.: *The History of Cavalry*, Facts on file Inc., New York, Oxford.
HAESELER, GOTTLIEB VON/MALTZAHN, AXEL VON: *Leistungen von Reiter und Pferd*, Grethlein u. Co, Leipzig/Berlin, Wien.
HATTON, R. M.: *Charles XII. of Sweden*, London, Weidenfeld and Nicolson.
HELL, ERNST-E.: *Führertum*, Berlin, Mittler und Sohn 1941.
OTTOW, FRED: *Der besessene König*, München, Weißmann 1947.
VOLTAIRE, FRANCOIS-MARIE: *Geschichte Karls XII.*, München, Borowsky.

Abbildung auf S. 109:
Abb. 14: In eine zeitgenössische Karte Europas sind die wesentlichen Schlachten Karls XII. eingefügt. Sein Heimweg nach Schweden (Stralsund), beginnend am 20. September 1714, ist unterteilt nach Fortbewegungsart skizziert.

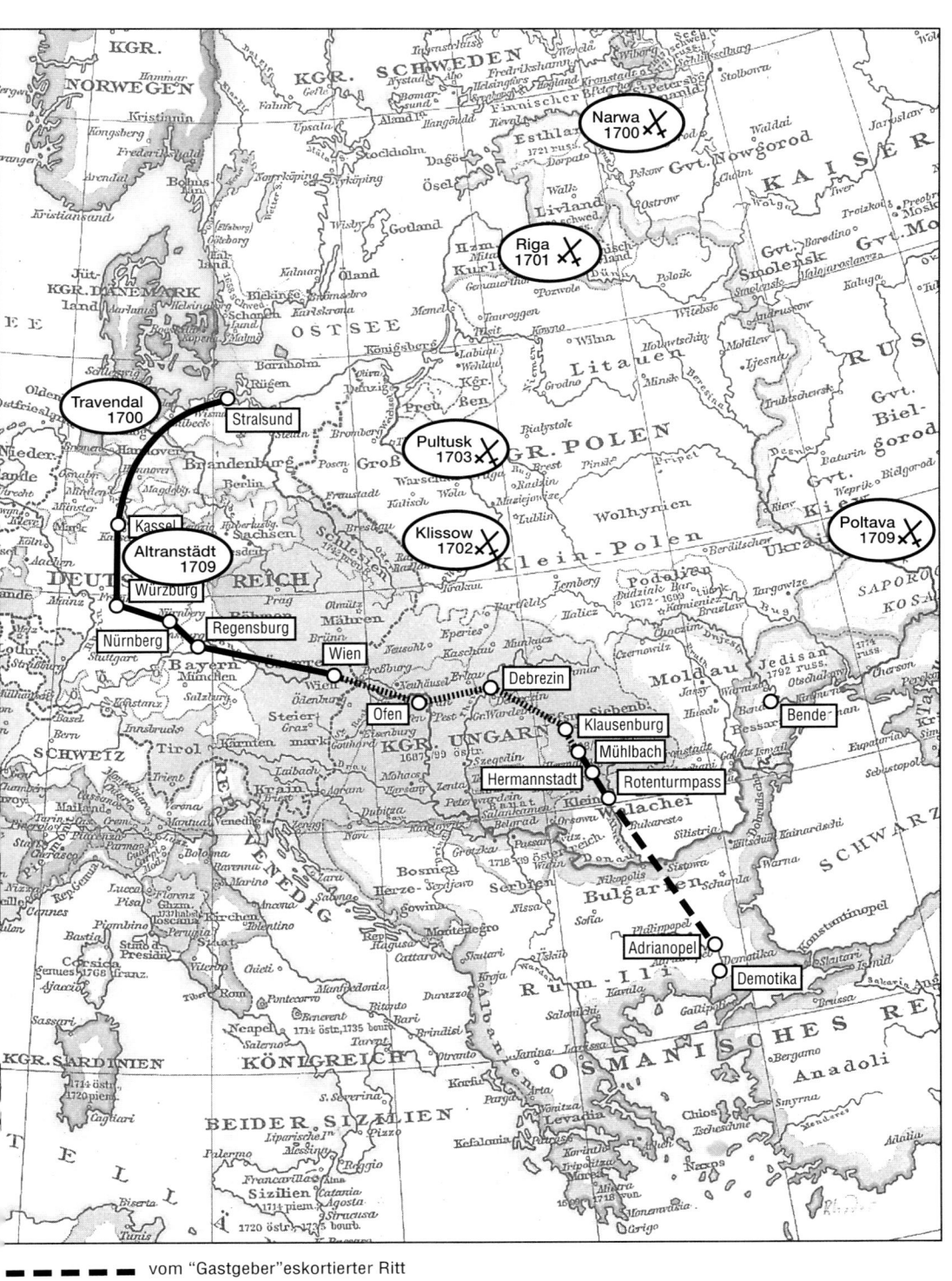

Abb. 15 : Die Heimkehr des toten Königs nach Schweden. Gemälde von Gustav Cederström (1845–1933)

Reitende Prediger schreiben Geschichte

Dem Besucher der Vereinigten Staaten fällt neben vielen anderen Besonderheiten die große Zahl verstreut liegender kleiner und kleinster, auch unscheinbarer und schlichter Kirchengebäude auf. Die Glaubensrichtungen, die sich hinter ihren Namen verbergen, sind für die meisten Europäer neu. Eine dieser Religionsgemeinschaften ist die Kirche der Methodisten. Obgleich im Abendland wenig verbreitet, liegen ihre Wurzeln in Europa, genauer gesagt, in England. Ihre pietistische Beeinflussung erhielt sie sogar aus Deutschland, und zwar von der „Herrnhuter Brüdergemeinde" des Nikolaus, Ludwig Grafen von Zinzendorf (1700–1760) und der in dieser aufgegangenen, im 15. Jh. gegründeten böhmisch-mährischen Brüderunität. Der Begründer des Methodismus, John Wesley, hatte als Gast im Zentrum der „Brüdergemeinde", in Herrnhut, geweilt. Die Zusammenarbeit war auch später in der Neuen Welt eng. Wir stoßen auf Namen wie Phillip Otterbein, Martin Boehm und den ebenfalls deutschstämmigen Jacob Albright. Die endgültige offizielle Vereinigung zur „United Methodist Church" erfolgte in jüngster Zeit, am 11. November 1966. Von allen konfessionell gebundenen Amerikanern gehören ihr heute 8,3% an; in den Südstaaten und im „Great Valley" des Mississippi-Ohio-Einflußgebietes ist der Prozentsatz aus historischen Gründen viel höher. Dies ist im allgemeinen ebensowenig bekannt wie das Wissen darüber, daß diese Religion von reitenden Predigern ohne Haus und Hof, ohne Wohnsitz und zum größten Teil ohne Familie um die Wende vom 18. zum 19. Jahrhundert über Tausende von Meilen in der Wildnis verbreitet wurde.

Der Religionsgründer John Wesley wurde 1703 in Epworth, England, geboren. Wie sein Vater wurde auch er Pfarrer. Durch Erziehung und eine 10jährige Ausbildung und Tätigkeit in Oxford wurde er ein hochgebildeter, ordinierter anglikanischer Geistlicher. Allgemeine Zeitumstände, die Verwässerung des Glaubens und die Dekadenz seiner Kirche und deren Geistlichkeit brachten ihn in

Gegensatz zur verfallenden Moral und zur Sittenverwahrlosung seines Landes:

> „Damals gab es wenig, worauf man in England stolz sein konnte. Gin war Nationalgetränk, Straßenräuber beherrschten die Wege. Ohne Begleitung von einigen kräftigen Leibwächtern im nächtlichen London auszugehen, war nicht ratsam. In jenen Tagen waren die Gefängnisse gefüllt mit Menschen, die ihre Schulden nicht mehr hatten bezahlen können. Es gab etwa 160 verschiedene Vergehen, für die nicht nur Erwachsene, sondern auch Kinder am Galgen enden konnten. Allgemeine Moral und religiöse Bindungen waren auf dem Tiefstand. Einem offen und frei predigenden und den Sittenverfall anprangernden Pastor Samuel z. B. konnte es passieren, daß man aus Ärger über ihn seinem Vieh auf der Weide die Beinsehnen durchschnitt oder ihm das Pfarrhaus anzündete."
> (W. M. Twiddy in: HAMPTON 1957, S. 17).

Weit davon entfernt, eine neue Kirche zu gründen, was gegen die Staatskirche strafrechtlich auch nicht möglich gewesen wäre, wollte Wesley eine Rückbesinnung auf die ursprünglichen, reinen Werte des Christentums und die Lehren des Neuen Testaments erreichen. Er dachte damit ähnlich, wie 200 Jahre vor ihm Martin Luther und noch vor diesem andere Reformer.

Die Mitglieder der kleinen Schar, die sich um ihn versammelte, wurden als „Methodisten" bekannt. Zunächst als Spottname verwendet, sollte es die Bezeichnung für eine Religionsgemeinschaft werden. Im Gegensatz zu den meisten Vertretern der Staatskirche kümmerten sie sich um den unterprivilegierten kleinen Mann und auch um Strafgefangene und predigten zu ihnen. Da ihnen die Kirchentüren dafür nicht geöffnet wurden, taten sie dies auch auf Straßen und unter freiem Himmel.

Die erste Organisationsform, die Wesley schon in England herausarbeitete und die später in der Neuen Welt zur Perfektion ausgebildet werden sollte, war bereits ab 1739 die Formierung ständiger Klassen von zehn bis zwölf Gleichgesinnten. Diese trafen sich wöchentlich unter ihrem Laienführer zur gemeinsamen religiösen Arbeit. Mehrere Klassen wurden zu einem Kreis (circuit) zusammengefaßt. Sie wurden von einem ordinierten Geistlichen methodistischer Einstellung betreut.

Der Lauf der Geschichte wollte es, daß Wesley die Gelegenheit bekam, den General James Oglethorpe, der eine Gruppe von Siedlern nach Georgia brachte, als Prediger zu begleiten (1736/37). Oglethorpe war ein begabter, integrer Mann mit großem Organisationstalent. Er wurde der Gründer von Savannah. Seine großzügige, auf dem Reißbrett entstandene Planung machte diese Stadt zu einer der noch heute schönsten in der Neuen Welt. Wesley kam von dieser Seglerfahrt enttäuscht zurück: Weder in seelsorgerischer noch in missionarischer Hinsicht hatte er Erfolge gehabt. Außerdem hatte die Seekrankheit die Überfahrt für ihn zur Tortur werden lassen. Immerhin hatte er eine Ahnung davon mitnehmen können, daß der neue Kontinent für seine religiösen Bestrebungen wichtig werden könnte. Er blieb der geistige Vater von loyalen Mitbrüdern, die er später hinüberschickte. Francis Asbury, der entscheidende Mann, auf den zurückzukommen sein wird, traf in seinem Auftrage 1771 in Amerika ein. Wesley selbst kam kein weiteres Mal zurück, gab nie seine Zugehörigkeit zur Anglikanischen Kirche auf, hielt aber auch von England aus als *die* anerkannte Persönlichkeit die Fäden in seiner Hand. Von England wirkte er auch in andere Richtungen, nach Schottland, Irland, Nova Scotia, die heutige kanadische Provinz Neuschottland, nach Frankreich, Afrika und Indien. Die erste Jahreskonferenz für seine reformistischen Anhänger hielt er 1744 in England ab. 1770 war er der Kopf von 50 Kreisen (circuits) und der Dirigent von 123 Predigern, einige davon im Laienstand.

Der Sprung über den Atlantik war offiziell noch nicht erfolgt, obgleich kleinere, vom Methodismus beeinflußte Immigrantengruppen bereits den Weg in die „Colonies" gefunden hatten. Wohl die bekannteste ist jene aus 110 Familien bestehende, die 1710 aus der Pfalz kommend zunächst in der Grafschaft Limerick (Irland) Zuflucht gefunden hatte. In zwei Partien waren sie 1760 und 1762 über den Atlantik gesegelt und hatten in Maryland und im Staate New York methodistische Siedlungen gegründet.

Wie sah zu Wesleys Zeit das Amerika des 18. Jahrhunderts aus, das dann am 4. Juli 1776 seine Unabhängigkeit von der englischen Krone erklärte und in einem wechselvollen Krieg bis 1783 darum kämpfen mußte?

Wenigstens vier Nationen hatten zeitverschoben ihre Fühler nach Westen ausgestreckt: Spanien, Frankreich, Holland und England. Die Gegnerschaft untereinander von zumindest drei dieser vier Staaten hielt den nordamerikanischen Kontinent in Spannung. Und da dieser kein Niemandsland, sondern seit mehreren Jahrtausenden von verschiedenen Indianerstämmen besiedelt war, wurde auch die Urbevölkerung in die Auseinandersetzungen mit wechselnder Parteinahme einbezogen. Man schätzt, daß um die Mitte des 18. Jahrhunderts etwa ein Million Indianer im Gesamtraum Nordamerika lebten.

An der Ostküste des Kontinents hatte sich, nachdem sich England mit seinen Besitzansprüchen durchgesetzt hatte, ein eigenartiges und anfangs unzusammenhängendes Siedlungsgebiet entwickelt. In einer schmalen Küstenregion, meist von Flußniederungen ausgehend, hatten sich 13 „Neuenglandstaaten" auf z. T. ungewöhnliche Weise herausgebildet.

Angefangen damit hatte es 1606, als Jakob I. von England einer Handelsgesellschaft Rechte zur Kolonisation eingeräumt hatte. Dadurch entstand die erste ständige englische Siedlung: JAMESTOWN. Die Gründung erfolgte 1607 an einem zufälligen und unvorteilhaften Landungsort am James-Fluß. Das Leben dort war hart, von Krankheiten und Hunger gefährdet. Gegen Indianerüberfälle sollten hölzerne Pallisadenwälle schützen. Nicht zuletzt wegen der Entdeckung, profitabel Tabak anzubauen zu können, zog man weitere Siedler nach. 1624 wurde die Gegend als VIRGINIA eine Kronkolonie. Durch seine Regierungsform, mit einem englischen Gouverneur an der Spitze, einer (bürgerlichen) Hierarchie, mit seiner anglikanischen Staatsreligion und einer fast ausschließlich englischstämmigen Bevölkerung wurde Virginia das typische englische Staatsgebilde der Neuen Welt. Einfluß auf Regierungsgeschäfte durfte nur nehmen, wessen Hautfarbe weiß war, wer Besitz hatte und wer Mitglied der anglikanischen Kirche war. Die Oberschicht Virginias wurde in der Folge untereinander verwandt und verschwägert und stellte die ersten Präsidenten, Generale und einflußreiche Regierungsvertreter. Die Einstellung gegenüber dem englischen Ursprungsland war hier deshalb vor den Unabhängigkeitskämpfen und während der Auseinandersetzungen polarisierter als anderswo und spaltete Familien in Parteien.

Andere Staaten sind auf andere Art entstanden: So waren im heutigen MASSACHUSETTS im Jahre 1620 mit der „Mayflower" 101 Passagiere gelandet, vermittelt durch die private „Virginia Compagnie". Durch einen navigatorischen Fehler landeten sie nördlicher als vorgesehen und als der Handelsgesellschaft erlaubt. Sie blieben aber dort. Als in England verfolgte Puritaner lehnten sie die Anglikanische Kirche strikt ab. Sie hatten klare ethische Grundsätze und wählten auch ihren ersten Gouverneur selbst. Über eine später gegründete „Massachusetts Bay Companie" erfolgten benachbarte Neugründungen durch Tausende von nachgezogenen Glaubensgenossen.

Aus anderen Anfängen hatte sich MARYLAND entwickelt. Die englische Krone hatte Lord Baltimore als Ausgleich für eine Forderung mit 4 Millionen Hektar an der Chesapeake-Bucht, die England natürlich nicht gehörte, erblich belehnt. Er gestaltete hier ein „aristokratisches" Experiment, indem er schottische Katholiken ansiedelte (1634) und Freunden und Bekannten große Teile seines Lehens gegen Pachtzins überließ.

Ebenfalls auf feudaler Grundlage war CAROLINA entstanden, als Landzuweisung Karls II. an verdiente Staatsdiener (1663).

Als Ergebnis einer Abfindung durch den gleichen Karl II. war PENNSYLVANIEN gegründet worden. Es war bereits durch verstreut siedelnde Quäker bewohnt, als der König dem Sohn des Admirals Penn die Region nördlich von Maryland für ein Schuldanerkenntnis über 16.000 englische Pfund eintauschte (1681). Der Admiral hatte eine alte Forderung an die Krone seinem Sohn vererben können. Waren anderenorts „feudale" Experimente versucht worden, so hatte William Penn den Traum eines „heiligen" Experimentes. Allen Bewohnern hatte er religiöse und politische Freiheit zugesichert. Land verpachtete er zu günstigen Preisen. Durch Druckschriften und andere Werbungen auf dem Kontinent angezogen, strömten außer Iren und Wallisern auch Holländer und Deutsche, vorwiegend aus der Pfalz, in das Land. Die Pfälzer fanden hier geistig, freiheitlich und materiell das, was ihnen die Zerstörungen des Sonnenkönigs und die Nachwirkungen des Dreißigjährigen Krieges genommen hatten. Allein im Jahre 1708 verließen 13.000 Pfälzer ihre Heimat, mehr als die Hälfte davon mit dem Ziel Amerika. Penn war es auch, der in zahlreichen persönlichen Verhandlungen mit Indianern Siedlerrechte vertraglich regulierte.

Eine der letzten Staatsgründungen wurde GEORGIA. Am 12. Februar 1733 war General Oglethorpe erstmals hier gelandet und hatte das Gebiet zur Kronkolonie Englands erklärt. Dies war eben jener General, der Wesley ein paar Jahre später auf einer anderen Fahrt in die Neue Welt mitgenommen hatte. Oglethorpe wurde ein enger Freund des Yamacraw-Häuptlings Tomo-chi-chi, den er später sogar zu einem Besuch des englischen Hofes nach London einlud. Er plante ein wieder anderes Experiment: ein „philanthropisches". Sträflinge sollten in dieser Region siedeln bzw. ihre in England gemachten Schulden, derentwegen sie in England eingesperrt worden waren, abarbeiten dürfen. Für die Krone war die Absicherung der Südflanke durch diese Neusiedler gegen die von Florida das einfühlende Verständnis eines Engels und die Frömmigkeit eines Heiligen." (Georg Rust in: TIPPLE 1926, S. 95). Sein Leben hatte so völlig anders begonnen als das Wesleys. Geboren in England als Sohn armer Eltern, sein Vater war Gärtner, arbeitete er nach Ende seiner Schulzeit mit 13 Jahren bei einem Schmied. Dort holte er sich die Muskelkraft und die Ausdauer, die er später brauchen sollte. Mit 17 Jahren begann er örtlich zu predigen, mit 20 wurde er Wanderprediger der Methodisten. Auf eine theologische Ausbildung mußte er verzichten. Sein ganzes Leben aber blieb er ein Lernender. Vor allem in seiner amerikanischen Zeit saß er vor den größten Lehrern des Lebens: vor dem Schmerz, dem Hunger, der Kälte und den Gefahren der Wildnis. „Seine Ausbilder waren Gott, Natur und Einsamkeit." (TIPPLE 1926, S. 81). Er brachte sich im Selbststudium die drei alten Sprachen bei, er beschäftigte sich mit der Dichtkunst, mit Geschichte und mit Biographien. Sein übliches Tagespensum umfaßte 100 Seiten Buchstudium, fünf Gebete, eine Predigt, Lesungen und am Abend die Gebetszusammenkunft, verteilt auf 30, 40, 80 und mehr Meilen. „Über rauhe Wege bei großer Hitze schafften wir 100 Meilen, seit wir New York verließen." „Ich ritt 300 Meilen nach Kentucky in sechs Tagen." „Die Entfernungen an den einzelnen Tagen waren: Montag 45, Donnerstag 50, Mittwoch 60 Meilen." (TIPPLE 1926, S. 164). So waren seine Eintragungen. Er hatte kein Zuhause, nur mehr oder weniger freundliche Quartiere. Seine Adresse lautete „Reverend Bischof Asbury – Amerika." Jeder Postmeister kannte ihn und wußte, irgendwann würde er wieder vorbeikommen. Genügend Zeit zur inneren Einkehr fand er auf dem Rücken seiner Pferde Jane, Fox, Spark und anderen, die er über Tausende von Meilen ritt. „Ich spüre die Auswirkungen, ein steifgewordenes altes Pferd mit wundem Rücken zu reiten; und mein Sattel ist zersessen und schadhaft. Kein Wunder, daß es so schwer läuft, in fünf aufeinanderfolgenden Jahren hat es mich jährlich um die 5.000 Meilen getragen." (TIPPLE 1926, S. 165). Eine Ehe einzugehen hielt er für unfair einer Frau gegenüber und für den Prediger als einen Ballast. So forderte er es auch von seinen Mitbrüdern. Bis auf wenige Ausnahmen blieben sie lebenslang ehelos. Er predigte vor frommen Siedlern wie vor Rowdies für humane Ziele, für Achtung von Gesetz und Ordnung, für Brüderlichkeit, Patriotismus und Religon, aber auch gegen Unmoral, Alkohol, Sklaverei und Wirtshäuser.

Schon bald nach seiner Landung begann er mit der Bildung von Kreisen und Klassen nach dem englischen Vorbild, er fand aber nur ein Dutzend Prediger und einige hundert Mitglieder vor. Er durchritt alle Staaten Neuenglands und predigte, wo immer auch die Gelegenheit dazu günstig oder ungünstig war. Seine Anfangserfolge waren gering bei einer Bevölkerung, die bereits in Religionsbindungen lebte. Gerade in diese Gegend, nach Norden, schickte er seine besten Prediger, um Kristallisationszentren für seine Besuche zu bilden. Bis 1783, dem Ende des Unabhängigkeitskrieges, gab es erst 15.000 Mitglieder. Doch die Organisation stand: *Klassen* mit einem Dutzend Mitgliedern, straff geleitet von ihren Klassenführern, *Gesellschaften* von drei bis vier Klassen, *Circuits* von ein bis drei Gesellschaften unter einem reitenden Prediger, drei bis fünf Kreise, beaufsichtigt von einem Präsidialältesten (presiding elder) der, wie seine Circuit-Reiter, ständig unterwegs war. Vierteljährlich fand eine Wochenendkonferenz für die Prediger statt. Darüber hinaus gab es Jahres- und später Vierjahreskonferenzen.

Das Jahr 1783 war das Geburtsjahr einer neuen Nation. Sieben Jahre zuvor, am 4. Juli 1776, war jene denkwürdige Anklage gegen den englischen König erhoben worden: „Wenn es im Laufe der Menschheitsgeschichte für ein Volk notwendig wird, die politischen Bande zu lösen, die es mit einem anderen Volke verbunden haben, und unter den Mächten der Erde den selbständigen und gleichberechtigten Rang einzunehmen, zu dem natürliche und göttliche Rechte es berechtigen, so erfordert geziemende Achtung vor den Ansichten der Menschen, daß es die Gründe darlegt, die es zur Absonderung bewegen." (KELLY 1955, S. 89). Die aufgeführten Gründe umfassen eine Fülle von Fehlern, Vertragsbrüchen und unrechten Maßnahmen Georgs III.

Der Krieg folgte, mit ihm kamen Soldaten ins Land, die England, so hieß es, in Ermangelung genügend eigener Söhne, auch bei deutschen Fürsten angekauft hatte. Die Kopfpauschalen, ausgezahlt an den jeweiligen „Landesvater", waren für den Kämpfer, für den Verwundeten, aber auch für den Toten vertraglich geregelt. Viele dieser „Hessen", wie man sie verallgemeinernd nannte, blieben nach den langjährigen Kämpfen im Lande. Zusammen mit den Veteranen der Kolonien lösten sie einen zusätzlichen Bevölkerungsdruck aus. Nach dem Verfall der Macht der Krone und dem damit faktischen Fall der Proklamationslinie ergoß sich eine Siedlerwelle über die Appalachen nach Westen. Kriegsjahre und Not hatten die Sitten rauh werden lassen, und Unzufriedene, Landhungrige, Benachteiligte brachen auf. Begonnen hatte die Bewegung, unter Mißachtung der englischen Krone, schon während der Kämpfe nach dem Teilsieg der US-Truppen General Gates über den englischen General Bourgogne bei Saratoga.

Die eine der beiden Haupteinfallstraßen war die Braddockstraße im Norden von Cumberland nach dem heutigen Uniontown, in Richtung der Quellgebiete des Ohio. Die zweite war die Wildnisstraße („Wilderness-road") im südlichen Teil über den Cumberland-Durchlaß („Cumberland Gap") in Richtung Kentucky und Tennessee. Beide querten das Gebirge, „Gottes schmutzigsten Trick für den Reiter" (RUDOLPH 1966, S. 73). Der südliche Weg schnitt das Gebirge schräg, Täler ausnutzend, so wie er in Vorzeiten von Großwild ausgetreten und von Indianern zum Kriegspfad benutzt worden war.

Waren frühere Siedler einzeln oder in kleinen Gruppen mit dem, was sie tragen konnten und mit Packtieren nach Westen infiltriert, so ergossen sich nun Siedlerzüge mit Kind und Kegel, Pferd und Wagen in die „Wildnis".

Auch in religiöser Hinsicht war die Nachkriegszeit verworren. Fast alle anglikanischen Geistlichen und ein Teil der Methodistenprediger waren während des Krieges nach England oder ins königstreue Kanada geflohen oder vertrieben worden. Viele der in England Geborenen, auch Asbury selbst, mußten sich während der allgemein englandfeindlichen und antianglikanischen Stimmung, die häufig die Methodisten einschloß, verstecken. Die Gemeinden der Hochkirche waren pastoral verwaist. Kaum einer war noch im Lande, der befugt war, die Sakramente der Kirche zu spenden.

Dies war die Stunde der Methodisten. Die wandernde Front erschloß Räume, die in religiöser Hinsicht einer Freihandelszone gleichkamen. Wesley, obgleich der Monarchie verbunden und damit ein Gegner der Unabhängigkeit, faßte nach inneren Kämpfen und Zweifeln an seiner Befugnis den entscheidenden Entschluß, einen „Amerikaner" zum Bischof von Amerika zu bestimmen und ihm das Recht zur eigenständigen Ordination von Predigern zu erteilen. Wie Luther seinerzeit gegen den Papst entschieden hatte, so entschied Wesley gegen seinen Kirchenoberen, den Bischof von London. Als sein Gesandter traf Dr. Thomas Coke Anfang November 1784 in New York ein. Auf seinem historischen Ritt verbreitete Freeborn Garrettson, einer der besten jungen Prediger des Landes, abgesendet „wie ein Pfeil nach Nord und Süd", die Einladung zur Weihnachtskonferenz 1784 nach Baltimore. Fast alle der 83 Methodistenprediger versammelten sich am Tage vor Weihnachten in Lovely Lane Chapel. Asbury lehnte seine Ernennung durch Wesley zum Bischof als undemokratisch ab und bestand auf einer Entscheidung durch Wahl der Konferenzmitglieder. Am Ende der Konferenz gibt es in einer Republik die erste Methodistische Episkopalkirche der Welt mit einem Bischof als Oberhaupt, aber noch keine Verfassung. Die Kirche war gegründet worden von Laienpredigern, die bisher noch nicht die vollen Rechte eines Geistlichen hatten. Der erste Bischof heißt Francis Asbury.

Was folgte, schien im Grundsatz leicht, im einzelnen schwer. Die bestehenden Kreise brauchten nur ins Große übertragen zu werden. Die beiden ersten waren 1784 der Redstone-circuit im Norden und der Holsten-circuit um den südlicher gelegenen Holstenfluß. Die Ausdehnungen waren gewaltig: etwa 150 x 450 Kilometer.

Auch wenn sich die Siedlerwellen mit großer Schnelligkeit wie Gewitterwolken vor dem Sturm nach Westen ausdehnten, von Pennsylvanien in Richtung Ohio und von den „Carolinas" und Virginia nach Tennessee und Kentucky: die Reiter zogen mit und erweiterten die Kreise, bis sich neue abschnürten. Ihre Organisationsform erleichterte die Missionierung. Als einzige der Religionen beruhte sie strikt auf dem Prinzip des „Wanderpredigers". Auf den Bau von Kirchengebäuden brauchte keine Zeit verschwendet zu werden. Man predigte in Blockhütten, Tavernen und Scheunen, auf Waldlichtungen, von einem Baumstumpf, und wo es sich sonst noch ergab und stets in freier Rede. Auch die Kirchenältesten waren ebenfalls ständig unterwegs. Durch Quartalskonferenzen wurde alles zusammengehalten. Sowohl die Beaufsichtigung und Disziplinierung der Prediger waren dadurch gewährleistet, wie auch diese selbst durch die Konferenzen Rückhalt fanden.

Das Ziel war, im Chaos der Wildnis den Glauben zu verbreiten und den neuen Menschen zu formen: anständig, gottesfürchtig, freundlich, voll Gottvertrauen, aber gleichzeitig auch kompromißlos. Die Polarität der amerikanischen Mentalität wurde wohl dadurch fixiert. Im Gegensatz zu anderen Religionsformen, wie derjenigen der Presbyterianer oder der Baptisten, lehrten sie, daß nichts vorbestimmt sei. Ein jeder wäre frei verantwortlich für seine Taten. Dies kam den Vorstellungen vieler Siedler entgegen. Methodistenprediger tauchten überall mit ihren Pferden auf, begleiteten die Trecks nach Westen, ritten jeden Pfad, fanden jede Blockhütte. Sie waren bekannter als Ärzte, Richter oder gar der Gouverneur. Auch bei Wind und extremem Wetter waren sie im Sattel: „Unterwegs waren nur Krähen und Methodistenprediger!"

Wer waren die Apostel der neuen Glaubensrichtung, deren Namen zum großen Teil vergessen sind? Nur wenige führten ein Tagebuch, wie Francis Asbury, Robert Ayres oder Peter Cartwright.

Sie fühlten sich meist sehr jung berufen, waren bei ihrer Konversion unter 20 Jahren alt, begleiteten einen Prediger in etwa zweijähriger Probezeit und wurden dann selbst ordiniert. Den ihnen zugeteilten Circuit ritten sie, wenn er erst einmal erschlossen war, je nach seiner Ausdehnung in etwa 4-6 Wochen ab. Zunächst mußten sie alle Siedler suchen, auch die der entlegensten Hütte. Weg und Steg waren oft noch nicht ausgetreten. Flüsse konnten von Mann und Pferd nur durchschwommen werden, Fähren oder gar Brücken gab es zunächst nur vereinzelt. Später lag vielleicht ein Boot am Ufer. Ungeziefer, Mücken und Stechfliegen plagten sie. „Sie kochten sich ihr einfaches Mahl in der Wildnis, schliefen nachts auf ihrer Decke unter freiem Himmel: Eulen, Bären, Wölfe und Panther waren ihre Serenadensänger." (Rivers in: MILLER 1966, S. 58). War der Kreis durchritten, begann der Umritt erneut. Alle zwei Jahre erfolgte die Versetzung der Prediger in einen anderen Kreis. Ihr Leben von der Hand in den Mund war kurz, fast ausschließlich angewiesen auf milde Gaben für sich und das Pferd. Bei Hitze und Kälte gleichermaßen unterwegs, fanden sie Unterschlupf im Freien oder in primitiven Blockhütten und waren zudem noch Krankheiten und Indianerüberfällen ausgesetzt. Von den 672 Predigern bis 1847, deren Kurzbiographien bekannt sind, starben zwei Drittel, ehe sie zwölf Dienstjahre beenden konnten, ein knappes Drittel schon vor dem fünften Jahr. Nur sehr wenige wurden alt, die Mehrzahl war nach wenigen Jahren ausgelaugt.

Keiner von ihnen war theologisch vorgebildet, dafür kannten und beherrschten sie alle Arbeiten der Siedler. Sie predigten zum einfachen Mann in dessen eigenen Worten. Die Feinheiten von Grammatik und Konjugation interessierten sie ebensowenig wie der Verlust des „Kings-English". Eines intellektuell-theoretisierenden Inhaltes der Predigt bedurfte der Siedler nicht. Was dem Methodisten an Bildung fehlte, ersetzten Eifer, Einsatz und die genaueste Kenntnis der Bibel. Nach Herkunft und einfacher Lebensführung den Siedlern ähnlich, unterschieden sie sich von diesen nur durch ihre Ethik und moralische Lebensführung.

Ihr Besitz waren die Kleider auf dem Leib, Pferd, Zaumzeug und Satteltasche. Der Ausfall eines Pferdes war eine Tragödie. Oft sammelte die Gemeinde dann für den Unglücklichen. Denn die Jahresentschädigung betrug in den Aufbruchsjahren nur 62 Dollar – für den Reiter wie für den Bischof gleich. Selbst dieser Betrag war nicht garantiert, nicht immer konnte er voll ausgezahlt werden. Später wurde der Sold um einige Dollar aufgebessert.

Die ihn umgebende Wildnis war des Predigers Bibliothek. In der Satteltasche führte er seine Bücherei mit sich, bestehend aus dem Gesangbuch, der Bibel und der „Discipline". Wesley hatte sie als eine Art Dienstvorschrift eingeführt. Sie war eine Sammlung von Regeln der Kirchengemeinschaft, aber auch von Liedern, Gebeten und einigen typischen Predigten. Der Knappsack hinter dem Sattel enthielt Futter für das Pferd und Proviant für den Reiter. War der kleine Vorrat aufgebraucht, war der „edle Bettler" auf milde Gaben angewiesen.

Dunkler Gehrock, häufig von zahlreichen Flicken zusammengehalten, Froschweste und dunkler, flacher Hut mit breiter Krempe wiesen den Mann auf dem Pferde in der Wildnis äußerlich als Prediger aus.

So verschieden ihre Persönlichkeiten waren, eines hatten sie gemeinsam: Alle waren ausdauernde, furchtlose Reiter und ungewöhnliche Redner. Auf seinem Rundritt predigte der Methodist die gleichen Predigten wieder und wieder, manchen Tag mehrere Male. So konnten sie Gestik und Mimik einstudieren, die Reaktion ihrer Hörer beobachten und Ton und Ausdruck überprüfen. Als gute Psychologen wußten sie, worauf es dabei ankam. „Nicht selten brachten sie das einzige lebendige und überzeugende Drama in eine Kultur, die weder Oper noch Theater besaß." (FERGUSON 1971, S. 80). Die ersten Prediger bereits leiteten eine Tradition von Theatralik ein, die bis zur Exzentrizität gesteigert sein konnte. Beides kam an. Lorenzo Dow aus Connecticut überraschte die Versammlung mit Stentorstimme damit, daß er soeben noch die letzten Nachrichten von der Hölle erhalten habe. James Axley führte als Bauchredner Diskussionen mit einem imaginären Partner in der Gemeinde. Einmal ließ er auf einer Predigerkonferenz sogar seinen Strohmann auf Mißstände in der Kongregation hinweisen und täuschte dabei die Anwesenden, indem er einen ganzen Streitdialog darauf aufbaute. Sicher sind dies Beispiele für die Ausnahmen. Aber überzeugend und wortgewaltig mußten die Prediger sein. Sie spielten in ihrer Predigt mit den Lauten der Natur, die alle umgab, mit dem Krachen fallender Bäume, mit dem Winseln von Gebirgsstürmen, mit Donner und Blitz und den Rufen der Vögel, dem Geheul der Wölfe, dem Schrei des Verirrten und dem Schnauben des Pferdes. So waren sie eins mit den Empfindungen und Emotionen des Frontsiedlers, dessen ganzes Mühen dem Kampf um das Überleben galt. Häufig unter Bedrohung durch die Eingeborenen, deren Konkurrent er wurde, mußte der alle Kraft einsetzen, Farmland aus den urigen Wäldern oder aus steinigem Gebirgsland zu schaffen. Das galt für Mann und Frau in voller Partnerschaft gleichermaßen. Große Familien und Heiraten in jungem Alter waren lebensnotwendig. Die Kindersterblichkeit war unter diesen Verhältnissen groß. Eine der Mütter verlor 20 Kinder unter der Geburt, bzw. im Kleinkindesalter. Bot ein solches Leben Gelegenheit für Kultur und für die „schönen Künste"?

Ja, denn man sah die Prediger im allgemeinen gern. Am abendlichen Feuerplatz in der Blockhütte des Nachtquartiers, wo Erwachsene und Kinder, im Winter dazu noch die Hunde, alle von Ungeziefer geplagt, zusammen in dem einen Innenraum hausten, berichteten sie die neuesten Nachrichten. Sie kannten die letzten Indianererlebnisse und Ereignisse in der Nachbarschaft. Nicht nur bei religiösen Themen waren sie lebendige Gesprächspartner.

Sie stießen aber auch auf Ablehnung mit ihrem Bekehrungseifer. Der Whiskeydestilleur, der „Moonshiner", mochte es nicht, wenn in seiner Hütte gegen den Alkohol zu Felde gezogen wurde und andere sich um sein Seelenheil sorgten. Immerhin war Whiskey wertvoll wie Geld, wichtiges Tauschobjekt und ein viel gebrauchter Trostspender in der Einsamkeit. Bekannt ist die Erzählung über Richmond Nelley. Er galt als besonders eifrig im Auffinden von Neuankömmlingen, die er bekehren konnte. Gerade war irgendwo in den Wäldern am Oberlauf des Tombigbee ein Siedler angekommen. Natürlich hatte der noch kein Schutzdach errichten können. Er hatte seinen Wagen noch nicht abgeladen, als Nolley auftauchte. „Schon wieder so ein Methodist, hast du uns schon gefunden?" fauchte er den Geistlichen an (FERGUSON 1971, S. 83). Er stammte aus Virginia und war dort den Bekehrungsversuchen der Methodisten entkommen. Während man Frau und Tochter bekehrt hatte, war er allem Drängen gegenüber standhaft geblieben. Nolley forderte den Siedler auf, er solle sich besser mit ihm arrangieren. Denn wohin er auch kommen werde, sowohl im Himmel wie in der Hölle, überall würde er Methodistenprediger finden.

Auch ein zu penetranter Versuch, in die geistliche Gesinnung einzudringen, wurde nicht von allen gewünscht. Als Benjamin Tukker beim Besuch einer Klasse 1789 eine Gewissensprüfung durchführte, zuvor aber, was unüblich war, die Türe verschlossen hatte, um niemandem ein vorzeitiges Entwischen zu ermöglichen, wurde es einem gewissen Thomas Hamilton in seinem Befinden unwohl. Er war ein braver Mann, der eine Schutzfunktion mit seiner exponiert gelegenen Heimstätte gegen die Indianer innehatte. Aber als die Reihe der Befragung immer näher auf *ihn* zu kam, da geriet er in Panik, war mit einem Satz unter Hinterlassung von Hut und Gewehr in dem rußigen Kamin, kletterte in ihm hinauf, sprang draußen auf sein Pferd und galoppierte die fünf Meilen wie außer sich vor Angst zu seiner Hütte. Als seine Frau den wilden Reiter kommen hörte, rief sie ihm entgegen: „Greifen die Indianer an?" Nach

Atem ringend konnte er nur herausbringen: „Schlimmer, viel schlimmer als Indianer!" (SMITH 1939, S. 15).

Während in Kentucky zumeist Leute aus Virginia eingetroffen waren, die einen gewissen Grad an Zivilisation mitgebracht hatten, gab es Gegenden mit „wildem, ungläubigem Volk" und „gottlosen Bösewichtern", deren religiöse Vorstellungen unter denen von Indianern lagen. Rowdies versuchten immer wieder, Gottesdienste zu stören oder den Prediger anzugreifen. Dieser mußte deshalb auch zur Selbstverteidigung mit Muskelkraft bereit sein. James Finley z. B. soll wiederholt Störenfriede durchgeschüttelt und dann zum Fenster hinausgeworfen haben. Die meisten Episoden dieser und ähnlicher Art handeln von Peter Cartwright und stammen von ihm selbst. James Havens besaß den Ruf eines Mannes, dessen Muskeln ebenso stark gewesen sein sollen wie die Gewalt seiner Worte. Andere legten während der Predigt die Pistole vor sich. Wie wenig vergleichbar sind doch die Verhältnisse bei der Besiedelung eines Kontinents mit dem geregelten Alltag im europäischen Vor-Biedermeyer! Die Circuit-Reiter *bewegten* wirklich etwas. Es wird gesagt, sie hätten Pferdediebe vom Stehlen und Straßenräuber von Raubzügen abgebracht. Es mag auch zutreffen, daß sie wüste Ehemänner zu braven Vätern und böse Frauen zu Engeln verwandelt haben. *Daß* sie vielerorts rohe Sitten verändert haben, ist sicher. Von „Father" Taylor – er war zunächst 20 Jahre zur See gefahren und dann Seemannspfarrer in Boston – sagte sein Bürgermeister, daß er ihm 100 Polizisten erspare.

Neben Gebet und Predigt spielte das gemeinsame Lied eine große Rolle. Noch heute bezeichnen sich die Methodisten als eine „singende Gemeinde". Für den Gesang hatte Wesley übrigens schon 1761 Richtlinien aufgestellt. So sollte freudvoll und mutig, aber nicht mit übertönender Stimme gesungen werden. Der Klang sollte sich nicht wie der eines „Halbtoten" oder Schläfrigen anhören. Melodien wurden zu Volksweisen. Die wohl berühmteste ist jene die Amerikaner emotionell verbindende „Amazing grace". Da es an Gesangbüchern mangelte, hatte es sich eingebürgert, daß der Prediger jeweils zwei Zeilen vorsprach und der Vorsänger dann stets nur diese beiden Zeilen intonierte und mit der Gemeinde sang. Dies wurde das bekannte „lining out a hymn". Das soll eines Tages zu einer Komplikation geführt haben, als ein offenbar schon älterer Geistlicher seine Lesebrille nicht zur Hand hatte. Er sprach vor sich hin etwa so: „Meine Augen sind trüb, ich kann nicht sehen. Ich vergaß meine Brille." An diese Worte schloß sich unmittelbar seine Bitte an den Vorsänger an: „Bitte sing'!" Dieser verstand den Text als den vorgegebenen und begann also in eigener Melodie zu singen: „Meine Augen sind trüb, ich kann nicht sehen [...]".

Der Werdegang von Francis Asbury wurde schon beschrieben. Er war der Bischof. Wie war der Lebenslauf eines amerikagebürtigen Circuit-Reiters? Nur wenige Beispiele mögen für viele zeugen:

Benjamin Ogden war der Prototyp eines Predigers der ersten Stunde. 1764 in den Neuenglandstaaten, in New Jersey, geboren, diente er zunächst für einige Jahre als Soldat in der Revolutionsarmee. Bei Kriegsende war er 20 Jahre alt. In diesem Alter fand er zu den Methodisten und wurde die übliche Zeit in das Predigeramt eingeführt. Sein erster Wirkungskreis wurde 1786 die „Wildnis", das Gebiet des heutigen Kentucky-Mitteltennessee, die wirklich wildeste Gegend der damaligen Zeit. Jahrelang hinderten ihn Krankheiten immer wieder, seinen selbstgewählten Pflichten nachzukommen. Er gab aber nicht auf und wurde einer der beiden Missionare des Mississippigebietes. Trotz seines kränklichen Wesens noch relativ alt geworden, starb er 1834.

Der Vater des *Lewis Garrett* war einer der wenigen Siedler, die schon vor Ende des Krieges über die Proklamationslinie nach Kentucky aufgebrochen waren (1779). Er hatte Virginia verlassen und wollte irgendwo in der Nähe eines der Forts siedeln. Auf dem Wege dorthin starb er und hinterließ Frau und acht Kinder in der Wildnis; der älteste Sohn war 16. Lewis schrieb selbst: „Dies war eine verzweifelte Situation für eine Frau, die in ihrer Jugend in der Nähe

Philadelphias eine Erziehung genossen hatte und an bessere Tage gewöhnt gewesen war. Die Indianer stahlen ihr Pferd; ihr kleines Guthaben war in „Continent"-Währung, die mit Kriegsende abgewertet wurde [...]" (CARTER 1960, S. 87, 88). Der erste Winter war besonders kalt, erst mit der nächsten, der ersten Ernte, würde man Brot haben. Wild gab es reichlich, es wurde die Hauptnahrung, aber Salz fehlte. Im Frühjahr des Jahres 1780 kam ihr 11jähriger Sohn, der ein Pferd hereinholen wollte, nicht zurück. Er blieb verschollen, Indianer hatten ihn wohl mitgenommen. Das Gleiche widerfuhr auf einem Jagdgang einem anderen Sohn. Die beiden begleitenden Männer wurden von den Indianern erschlagen, er selbst wurde von den Shawnees mitgenommen. 18 Monate blieb er verschwunden. Bei seiner überraschenden Heimkehr erzählte er seine Erlebnisse: Eine Indianerfamilie hatte ihn adoptiert. Nach etwa sechs Monaten war er von den Indianern auf eine Handelsexkursion nach Detroit mitgenommen worden. Am Ufer eines Flusses ließ man ihn im Lager zurück. Ein Weißer, der in seinem Kanu vorbeifuhr, griff ihn auf und brachte ihn zu einem gastfreundlichen Franzosen. Nach etwa einem Jahr wurde ihm anläßlich eines Austausches von Gefangenen die Heimkehr ermöglicht. Garretts Probezeit begann 1794, zusammen mit 33 anderen Bewerbern. Mit 22 Jahren wurde er ordiniert und ritt in mehren Kreisen, u. a. in der „Wildnis". Als Präsidialältestem unterstand ihm später der neu geschaffene Cumberlanddistrikt mit gerade anderthalbtausend weißen und etwas über hundert farbigen Mitgliedern, aber mit einer Ausdehnung von den Cumberlandbergen bis Natchez am südlichen Mississippi und im Nordwesten bis Illinois. Er hinterließ beeindruckende Schilderungen der Verhältnisse der Pionierzeit. Dieses Natchez lag sogar für den „Alten Westen", wie man die Küstenstaaten aus dem Blickwinkel Europas nannte, am Ende der Welt.

Tobias Gibson wurde 1771 in Südcarolina geboren. 1792 wurde er Prediger auf Probe, später ordiniert und in beiden Amtsstellungen in mehreren Distrikten der alten Staaten tätig. Als er 29 Jahre alt war, schickte ihn Asbury in den Natchez-Distrikt. Die heutige Stadt gleichen Namens liegt erhöht auf dem hier steilen Uferabschnitt des Mississippi. Die Landschaft war vom Süden, vom zuvor französischen Louisiana aus, dünn besiedelt worden. Zwischen dem Cumberlanddistrikt und dem Unterlauf des „Vaters aller Wasser" lagen riesige Wälder, jene „glücklichen Jagdgründe" der Urbevölkerung. Für die ersten Siedler allerdings, die jetzt begannen, von Osten zum Mississippi zu ziehen, war die Passage nicht glücklich, sondern besonders gefährlich. So war es auch für Gibson schwierig, überhaupt in seinen vorgesehenen Wirkungskreis zu gelangen. Es gab zwei Möglichkeiten: Einmal den Natchezpfad oder „Natchez Trace", der von der Cumberlandregion, vorbei am heutigen Nashville, den Staat Alabama schneidend, 900 Kilometer durch Indianergebiet nach Natchez läuft. Heute ist er auf große Strecken zu einer Parkstraße mit historischen Markierungen ausgebaut. Damals war er, man hat dies stellenweise erhalten, ein Pfad durch dichten Wald, der erst langsam auch für Fuhrwerke befahrbar gemacht wurde. Die zweite Möglichkeit war der Wasserweg. Auf ihm war man vor Indianerüberfällen sicherer. Dazu nutzte man den Cumberlandfluß, den Ohio, und nach dessen Eintritt in den Mississsippi folgte man seinen Mäandern einige hundert Kilometer nach Süden. Gibson soll sein Pferd gegen ein Kanu eingetauscht haben. Tatsächlich hat er sein Ziel per Boot erreicht, aber er landete im methodistischen Nichts. Nach einem Jahr konnte er seiner Kirche bereits von 60 weißen Mitgliedern berichten. Zweimal ritt er in den nächsten vier Jahren den Natchezpfad zu Konferenzen nach Cumberland und zurück. Die Kirchenoberen durften diesen Weg wegen der Indianergefahr überhaupt nicht wählen. 1804 starb Gibson in Natchez, erst 33 Jahre alt.

Sein Nachfolger am Mississippi wurde 1805 der farbige Prediger *Learner Blackman*. Seine Kurzdaten sind: Geboren 1781 in New Jersey als eines von elf Kindern frommer Eltern und mit 19 Jahren Prediger auf Probe. Er wählte zu Pferde den Landweg durch die Wildnis nach Natchez und benötigte dazu ganze 14 Tage. Im Krieg gegen England 1812 folgte er dem Wunsche General A. Jacksons, einer seiner Feldgeistlichen zu werden. Mit 34 Jahren ertrank er im Ohio: Beim Überqueren des Flusses waren auf seiner Fähre Pferde in Panik geraten. Blackman wollte sie halten, wurde aber von ihnen in den Strom gezogen.

Diese Beispiele mögen genügen. Jeder der Prediger hatte sein ungewöhnliches Leben; alle waren sie besessen, unter Einsatz ihrer Existenz das Evangelium zu verbreiten. Mit dem Weiterwandern der Besiedelung nach Westen in den nächsten Jahrzehnten konsolidierte sich das Leben an der ehemaligen Front auf einfacher Basis. Die reitenden „Minister" bekamen bestimmte Pfarrgebiete, in den größeren Ansiedlungen wurden sie stationär, einige heirateten. Bethäuser und kleine Kirchen wurden gebaut. An den neuen Fronten waren die Zustände nicht mehr so chaotisch wie in der Aufbruchszeit in der „Wilderness".

Heute steht in Washington ein Denkmal. Der Reiter, den es zeigt, sitzt nicht in der Pose eines Triumphators auf aufgerichtetem Roß, sondern in matter, demütiger Haltung auf einem müden Pferd mit tiefgehaltenem Kopf. Es stellt Francis Asbury dar, der durch seine geistliche Arbeit und die seiner Reiter, der „Circuit Rider", wie man sie heute noch in der Neuen Welt ehrend nennt, beim Bau der Nation geholfen hat. In seinem langen Leben als Prediger und Bischof durchritt er in einem Raum von der Größe Europas an die 400.000 Kilometer und querte dabei etwa 60 Male die Appalachen. „Er druckte die Landkarte seines geistlichen Wirkens mit den Hufen seiner Pferde." (Bischof Hamilton in: CLARK, S. IX).

LITERATUR:
BILHARTZ, TERRY, D.: *Francis Asbury's America, »Bishop on Horseback«*, Francis Asbury Press 1984.
CALLOWAY, BRENDA, C.: *America`s First Western Frontier: East Tennessee*, Johnson City, The Overmountain Press, 1889.

CARTHER, T. CULLEN: *Methodism in the Wilderness 1786-1836*, Nashville, The Parthenon Press 1960.

DERS., *History of Tennessee Conference*, Nashville, The Parthenon Press 1948.

CARTWRIGHT, PETER: *Autobiographie of Peter Cartwright*, New York/Nashville, Abingdon Press, 1956.

CLARK, ELMER, T.: *The Journal and Letters of Francis Asbury*, 3 Bde., Nashville Abingdon Press.

COX, JAMES: Reed, *Pioneers and perfectors of our faith*,

DIXON, JAMES MAIN/LEE, JAMES W./LUCCOCK, NAPHTALI: *The Illustr. History of Methodism*, St. Louis/New York, The Method. Magazine Publ. Co. 1913.

FERGUSON, CHARLES, W.: *Organizing to beat the Devil*, Garden City/New York, Doubbleday a. Co. 1971.

GREENBIE, SYDNEY AND MARJORIE: *Hoof beats to Heaven*, Penobscot/Maine, Traversity Press o. J.

HAMPTON, VERNON, B.: *Newark Conference, Centennial History 1857-1957*, The Historical Society of the Newark Annual Conf.

HYDE, A. B.: *The Story of Methodism*, New York, The M.W. Hazen Co. 1887.

KELLY, Alfred H./HARBISON, Winfred A.: *The American Constitution*, 3. Aufl., New York, Norton 1955.

LUCCOCK, Halford E./HUTCHINSON, PAUL: *The Story of Methodism*, New York/Nashville, Abingdon-Cokesbury Press, 1949.

MARTIN, ISAAC PATTON: *Methodism in Holston*, Nashville, The Parthenon Press 1944.

MASER, FREDERICK E.: *Robert Strawbridge, first American Methodist circuit rider*, Strawbridge Shrine Ass. 1983.

MILLER, GENE RAMSEY: *A History of North Mississippi Methodism 1820-1900*, Nashville, The Parthenon Press, 1966.

NORWOOD, FREDERICK A.: *Church Membership in the Methodist Tradition*, Nashville, The Parthenon Press 1958.

RUDOLPH, L. C.: *Francis Asbury*, Nashville/New York, Abingdon Press 1966.

SMELTZER, WALLACE GUY: *Methodism on the Headwaters of the Ohio*, Nashville, The Parthenon Press 1951.

SMITH, JOHN ABERNATHY: *Cross and Flame*, Nashville, The Parthenon Press 1939.

STRAUGHAN, JAMES H.: *Inside Methodist Union*, Nashville, The Parthenon Press 1958.

TIPPLE, EZRA SQUIER: *Francis Asbury, The Prophet of the Long Road*, New York/Cincinatti, The Method. Book Concern 1926.

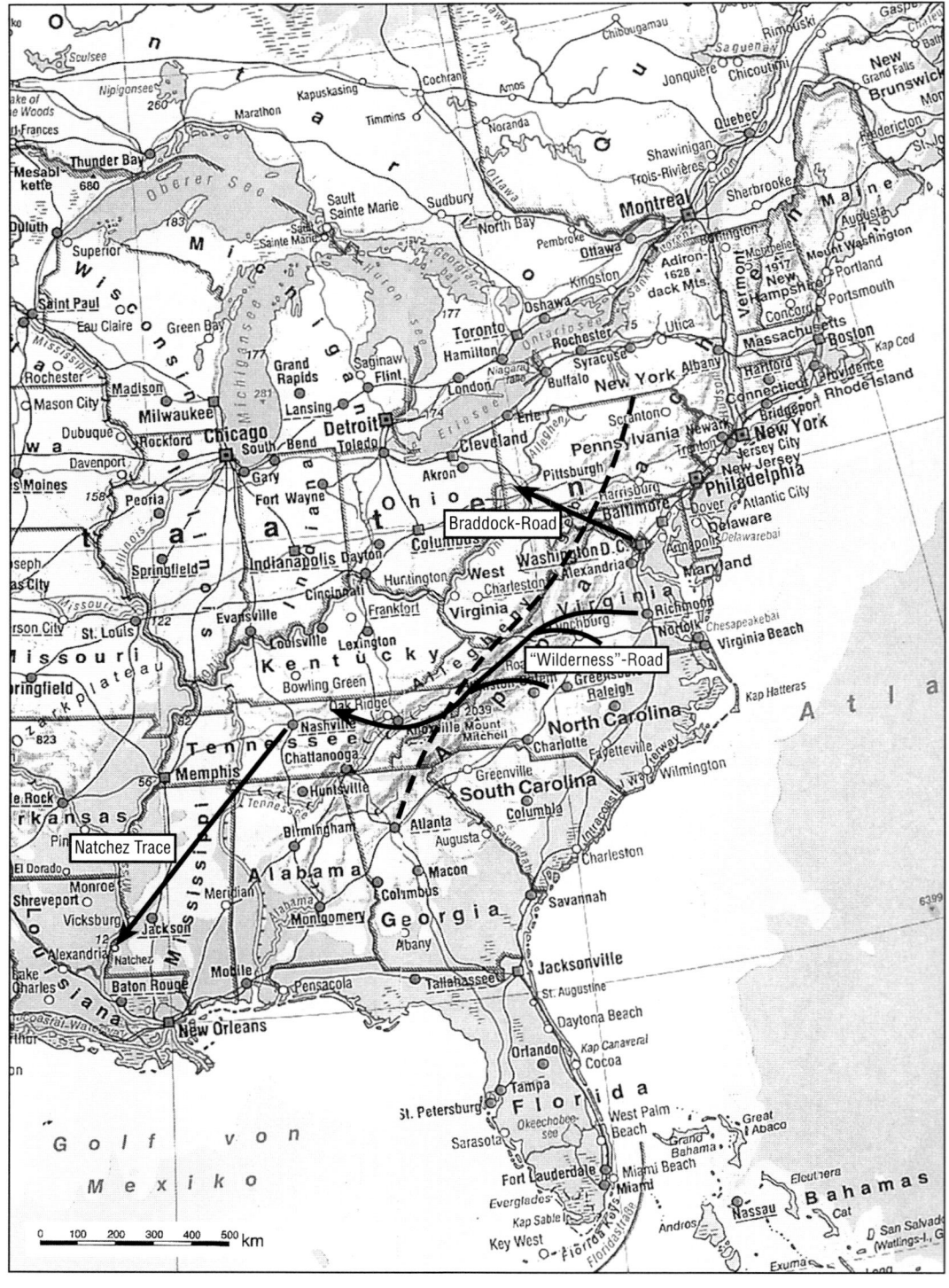

———————— Proclamations-Linie

Abb. 16: Ostwärts der „Proklamationslinie", die bis zum Unabhängigkeitskrieg von Siedlern nicht überschritten werden durfte, lagen die Neuenglandstaaten. Mit der Unabhängigkeit ergoß sich ein Siedlerstrom über die Appalachen. Benutzt wurden hauptsächlich die Braddock-Road und die Wilderness-Road. Für die Besiedlung des unteren Mississippigebietes wurde der Natchez-Trace gewählt.

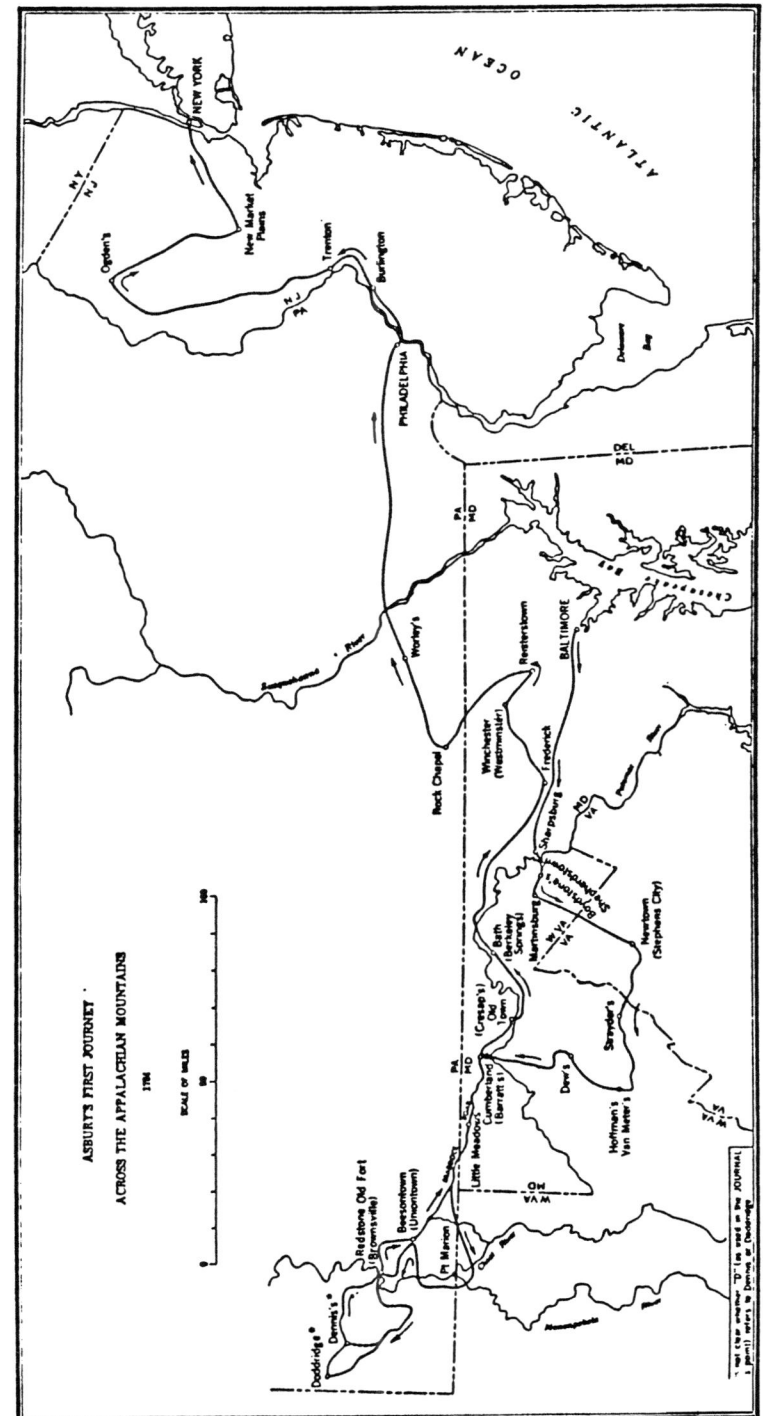

Abb. 17: Der erste Ritt des ersten Bischofs von Amerika, Francis Asbury, über die Appalachen 1784.

Abb. 18: Der reitende Prediger und Gründer der neuen Glaubensbewegung John Wesley. Er selbst wurde nie Methodist, sondern blieb, da er in England wirkte, Anglikaner mit seinem methodistischen Gedankengut. Bei dem Standbild handelt es sich um eine Replik des Originals von Bristol, England, in Washington D.C.

Abb. 19: Das Reiterbild des ersten Bischofs der Methodisten, Francis Asbury, in Washington D.C.

Abb. 20: Typische Siedlerhütte während des „go west!" John Rooks cabin von 1834 in Brownsville, West Tennessee.

Der nordamerikanische Pony-Expreß

In der Mitte des fünften vorchristlichen Jahrhunderts schrieb Herodot ein Loblied auf die berittenen Postreiter des alten persischen Systems: „Weder Schnee noch Regen, weder Hitze noch die Finsternis der Nacht, hielten diese reitenden Kuriere von der schnellen Erfüllung der ihnen aufgetragenen Pflichten ab." (HERODOTUS 1969, Book VIII, 88). Eine ähnliche Leistung sollte sich mehr als zweitausend Jahre später unter ganz anderen Verhältnissen und auf einem anderen Erdteil wiederholen.

Für europäische Vorstellungen ist die Geschichte der Vereinigten Staaten von Nordamerika jung. Zur politischen Einheit, vom Atlantik bis zur Küste des Pazifik, entwickelten sie sich erst in der Mitte des 19. Jahrhunderts. Zwischen den traditionellen 13 Neuenglandstaaten, die sich bereits 1774, noch in Abhängigkeit von England, zu einem Staatenbund zusammengeschlossen hatten, und der 1850 von Mexiko abgetretenen Provinz Kalifornien lag ein riesiger, kaum besiedelter, von Indianern beherrschter Teil des Kontinents.

Ausgedehnte Wüstengebiete, von Norden nach Süden verlaufende hohe Gebirgszüge und unberührte Natur behinderten die Querung des Kontinentes auf dem Landwege. Die Verbindung auf dem Seeweg, um Feuerland, betrug 13.000 Meilen (20.800 km) und dauerte ca. sechs Monate, der verkürzte Seeweg über Panama dauerte immerhin noch ca. einen Monat. Die Querung Panamas wurde üblicherweise per Maultier und streckenweise per Kanu bewältigt. Der Panamakanal existierte noch nicht, er wurde erst 1914 eröffnet. Durch die wachsende Bedeutung von San Franzisko und Sakramento – der „Goldrausch" hatte nach den Funden von 1847 begonnen – bestanden neben wirtschaftlichen auch nationale und emotional bedingte Interessen, die beiden Teile Amerikas mit funktionierenden und schnellen Verkehrslinien auf dem Landwege zu verbinden. Hinzu kam die Notwendigkeit, militärische Stationen im Zwischenland, auch kleinere oder größere Ansiedlungen zu versorgen, wie den wachsenden Mormonenstaat Utah.

Zwischen Ost und West gab es zunächst nur unzusammenhängende Indianerpfade und ausgetretene Wildherdenwechsel, jedoch keine durchgehenden Landverbindungen. Nichtstaatliche, aber vom Staat teilweise unterstützte Routen wurden von privaten Unternehmern entwickelt. Die drei wesentlichsten Wege waren:

- Der nördliche Weg unter dem Namen „Oregontrail", mit den Abzweigen nach Santa Fe. Er verband Kansas City mit Oregon im obersten Nordwesten über 2.000 Meilen (3.200 km).

- Die südlichste Route, am 15. September 1858 fertiggestellt und ohne vorbenutzte Teilstrecken aus dem Nichts konzipiert, ist unter dem Namen seines Konstrukteurs „Butterfield Overland Mail Route" oder auch wegen seines Ausholens nach Süden „Oxbow Route" benannt worden. Sie verband St. Louis mit Memphis und damit den Mississippi via Texas mit San Francisco. Sie war vorwiegend für Materialtransporte per Ochsenkarren vorgesehen gewesen. Jeder Karren wurde von sechs mal zwei Ochsen gezogen. Die Beförderungsgeschwindigkeit von 4,5 Meilen in der Stunde oder 25 Tagen für die gesamte Strecke genügte den wachsenden Ansprüchen schon bald nicht mehr. Diese Südroute schien auch gefährdet durch die sich anbahnenden Spannungen zwischen den Süd- und Nordstaaten, die später (1861) zum Bürgerkrieg führen sollten. Es wurde befürchtet, daß die Südstaaten sie blockieren und damit ein Auseinanderfallen von Ost und West begünstigen könnten.

- So nahm die Vorstellung einer durchgehenden, berittenen Schnellverbindung über eine mittlere Route Gestalt an. Sie sollte dem bestehenden dritten Weg, dem „Central Overland Trail" in weiten Strecken folgen.

Die drei bewährten Transportunternehmer William Hepburn Russell, William Bradford Waddell und Alexander Majors hatten sich durch Frachtaktivitäten Anerkennung und Reputation erworben. Sie führten das Unternehmen gemeinsam durch mit strengem Reglement, aber dennoch mit Großzügigkeit und mit ernster religiöser Einstellung. Unterschiedlich im Charakter, ergänzten sie sich in idealer Weise: Russell der optimistische Promotor und „Macher", Majors, der hart arbeitende, gottesfürchtige, bescheidene Mann und Waddell, der praktisch denkende, fleißige Geschäftsmann. Sie schienen die einzigen ihrer Zeit zu sein, die zu einem Unternehmen dieser Größe und Bedeutung logistisch und finanziell fähig waren. In einem Treffen der drei am 29. Januar 1860 überzeugte Russell, der in Washington bereits sein Jawort gegeben hatte, die beiden zögernden Geschäftspartner von der Notwendigkeit der Einrichtung. Loyalität untereinander überwand Bedenken bezüglich der Finanzierbarkeit. Dies war die Geburtsstunde des Pony-Expresses, eines der wagemutigsten Unternehmen der Distanzreiterei in der neueren Zeit. Es sollte nur 65 Tage dauern, bis der erste Ritt unter enthusiastischer Anteilnahme der Bevölkerung gleichzeitig in beide Richtungen startete.

In dieser kurzen Zeit galt es, alles das zu organisieren, womit eine im Stafettensystem aufgezogene Reiterpost funktionieren konnte. Ein Stafettensystem war nicht neu, die Römer hatten den Cursus publicus und die Mongolen das Relaissystem unter Dschingis Khan. Die amerikanischen Gründer kannten diese Vorbilder sicher nicht. Aber unter dem Zwang von Bedürfnissen entwickeln sich natürlich auch ohne Kenntnisse historischer Vorbilder ähnliche Systeme. Für die erfahrenen Pioniere des inneramerikanischen Frachtverkehrs gab es ohnehin keine Alternative als Roß- und Reiterwechsel, wenn Zeit gewonnen werden sollte. Die Aufgabe war gewaltig: es galt, 2.000 Meilen (3.200 km) über verschiedenste Landschaftsformen mit Stationen und Reitern auszustatten. Schon die Nachrichtenübermittlung und die Absprachen zwischen den Mitverantwortlichen der drei Unternehmer über räumliche Entfernungen hinweg muß problematisch gewesen sein. Es bewährte sich, daß sie sich auf ihnen bekannte verläßliche, entscheidungsfreudige Mitarbeiter stützen konnten. Die Aufsicht über den ostwärtigen Abschnitt hatte B. F. Ficklin, die über den westlichen W. W. Finney. Beide waren bewährte Mitarbeiter, ohne deren selbständigen Einsatz ein so enger Zeitplan nicht hätte eingehalten werden können. Aus jeweils örtlichem Baumaterial waren 190 Stationen zu errichten, davon 25 größere für Pferde- und Reiterwechsel. Achtzig Reiter und 400 Beschäftigte mußten rekrutiert werden; Futter, Wasserversorgung und Ausrüstungen waren zu organisieren. Die Strecke begann im Osten in St. Louis am Missouri. Bis dorthin gab es bereits Bahn- und Telegraphenverbindungen von Washington bzw. von den alten Staaten. Im Westen endete sie in Sacramento/Kalifornien, wenig ostwärts von San Francisco. Für die letzten Meilen stand das Dampfschiff „Antelope" auf dem Sacramento-Fluß bereit. Zwischen beiden Orten in Ost und West lagen 2.000 Meilen (3.200 km) kaum besiedelten, teilweise schwierigsten Geländes.

Von Kansas City querte der Expreßweg zunächst die Ebenen von Nordostkansas, dann Nebraska bis zum Tal des Platte-Flusses und weiter das „Große Plateau". Von hier stieg der Pfad über die Vorgebirge der Rocky Mountains und über die Gebirgszüge der Mountains selbst. Der Höhenunterschied beträgt hier auf kurzer Entfernung mehr als 2.000 Meter. Auf der anderen Seite des Gebirges tauchte der Weg ab in die Trockenzone des „Großen Beckens" und führte dann über die Wasatch-Höhen in das Tal des Großen Salzsees. In Nevada mußte die trostlose Alkaliwüste gequert werden, an die sich die ebenfalls trostlose, trockene Senke des Carson-Flusses anschloß. Ein neues Hindernis, die felsigen, quer zur Route verlaufenden Gebirgsfalten der Sierra, mußte überwunden werden, ehe der Weg auf steinigen Abhängen in das Tal von Sacramento abfiel. Die Gefahren seitens der Natur waren Gewitter und Schnee, Kälte oder Hitze, Stürme, ermüdende Dunkelheit, Flußdurchritte, rauhe, steinige Gebirge, trocken-heiße Wüsten. Dazu bestand Gefahr für Leib und Leben durch Indianerangriffe und streunende weiße Banditen, auch durch wilde Tiere. Nur vier militärische Forts befanden sich am Wege, 150–350 Meilen voneinander entfernt.

Anfang des Jahres 1860 sollte es in Nevada, Ostkalifornien und Oregon zu schweren Indianeraufständen kommen. Außer vielen Ansiedlungen wurden nahezu sämtliche Stationen zwischen Kalifornien und Salt-Lake zerstört, die Beschäftigten umgebracht und die Pferde gestohlen. Den traurigen Höhepunkt der Auseinandersetzungen stellte das Massaker an Major Ormsbys Truppe mit 50 Toten dar, wodurch der Postdienst aber nur für wenige Wochen unterbrochen wurde.

Um den spektakulären Expreßdienst beginnen zu können, mußten in kürzester Zeit erst die 190 Relaisstationen für den Pferdewechsel gebaut werden. Je nach Geländeverhältnissen waren sie alle 10–15 Meilen (16–24 km) geplant. Der Reiter wurde erst nach ca. 70 Meilen (ca. 112 km) abgelöst. Die etwa 420 benötigten Pferde wurden im Westen zum Teil als Mustangs und im Osten zum Teil als hoch im Blut stehende Tiere aus dem Missouri-Valley angekauft. Von dem Anmusterungsplatz vor dem St. Georgshotel in Sacramento wird berichtet, daß er während der Anwerbungszeit einem Rodeoplatz geglichen habe. Der Durchschnittspreis eines Pferdes lag bei 200 Dollar und damit gegenüber dem üblichen Preis von 50 Dollar sehr hoch. Daß während der ganzen Zeit auf den Ritten nur ein Reiter von Indianern getötet wurde – das Pferd erreichte die Station reiterlos – lag zum guten Teil am Galoppiervermögen und an der Ausdauer dieser besonders ausgesuchten Tiere. Abgesehen vom selektierten Material waren sie den nur mit Grünfutter ernährten Indianerpferden durch die zusätzliche Kraftfütterung mit Mais an Kondition weit überlegen. Auf den Stationen allerdings verloren mehrere Beschäftigte und einige Reiter ihr Leben.

Die Pferde waren relativ klein, um 143 cm Stockmaß, und wogen um die 900 amerikanische Pfund. Keinesfalls waren es nur Ponys. Der Name Pony-Expreß schien jedoch effektvoller und blieb deshalb erhalten. Auf den meist einsamen, abgeschiedenen und primitiv eingerichteten Stationen arbeiteten insgesamt etwa 400 Beschäftigte. Sie waren mehr oder weniger auf sich selbst gestellt. Entbehrungen, Engpässe an gutem Trinkwasser und Verpflegung gaben keine Veranlassung, romantische Gefühle zu entwickeln. Nur etwa alle 200 Meilen (320 km) war ein mit erheblicher Eigenverantwortung ausgestatteter Verantwortlicher stationiert. Entscheidend für das Funktionieren der Ritte war die Auswahl der Reiter. Charakteristisch ist ein Werbeplakat, das neben den Forderungen: kühn, leichtgewichtig, drahtig, ausdauernd, 18–20 Jahre alt, und dennoch mit dem Verantwortungsbewußtsein eines Erwachsenen ausgestattet, den Zusatz trägt: Vollwaisen bevorzugt! Kein persischer Herrscher, kein römischer Imperator und kein Dschingis Khan schützte die „Expressmen" gegen Übergriffe im „Wilden Westen". Vor ihrer Dienstaufnahme erhielten sie eine Bibel. Sie mußten vor dem „größten und lebendigen Gott" schwören, weder zu fluchen noch Alkohol zu trinken noch mit anderen Angehörigen der Firma zu streiten oder zu kämpfen, sich in jeder Beziehung ehrbar zu verhalten und die Pflichten gegenüber der Gesellschaft zu erfüllen. Dies alles zu halten, mag nicht allen von ihnen leicht gefallen sein. Die meisten der jungen Burschen waren an der „Frontier" aufgewachsen und hatten trotz ihrer Jugend schon einiges erlebt und so manche Lebenserfahrung gemacht. Aber es entwickelte sich eine Gemeinschaft, deren Mitglieder stolz auf ihre Leistungen und auf ihre Pflichterfüllung unter extremen Bedingungen waren. Ein typischer Vertreter war der spätere Colonel W. F. Cody, der als Ponyreiter noch nicht Buffalo Bill sondern nur Bill hieß, der sich aber seine ersten Sporen schon mit 10 Jahren als reitender Bote bei den transkontinentalen Ochsentrecks verdient hatte. Dem Zehnjährigen war damals sein Salär noch an seine Mutter ausgezahlt worden!

Die Ausrüstung der Reiter bestand aus einem Lederanzug mit hohen Lederstiefeln und Hut oder Kappe. Der zunächst vorgesehene

Karabiner erwies sich als störend. Er wurde abgeschafft und durch Messer und zwei Pistolen ersetzt. Es sollte sich herausstellen, daß Sicherheit weniger durch Bewaffnung als durch die Geschwindigkeit des Pferdes zu erreichen war.

Um den Pferdewechsel vorzubereiten und möglichst schnell zu gestalten, blies der Reiter bei Annäherung sein Horn. Das nächste Pferd stand dann schon bereit. Der Reiter brauchte nur abzusitzen, die lederne Mochila mit der Post über den Sattel des neuen Pferdes zu werfen, aufzusitzen und loszugaloppieren. Die übliche Dauer dafür betrug etwa 15 Sekunden. Länger als 2,5 Minuten durfte ein Wechsel mit allen Nebenverrichtungen nicht dauern. Die Mochila war eine spezielle Erfindung und Anfertigung für den Pony-Expreß. Sie war eine Art lederner Satteldecke mit vier eingearbeiteten, abschließbaren Posttaschen, allerdings nicht unter dem Sattel, sondern auf dem Sattel zu tragen. Mit zwei Ausschnitten versehen wurde sie über Sattelknopf und Sattellehne gestülpt und hielt sich damit selbst unter dem Reiter.

Zügiges Voranreiten und Eile beim Pferde- und Reiterwechsel waren nötig, um die vorgegebene Zeit von Ost nach West und umgekehrt einzuhalten. Zunächst waren zehn Tage im Sommer und zwölf Tage im Winter berechnet. Als am 3. April 1860 die beiden Anfangsreiter in gegensinniger Richtung gestartet waren, benötigten die nach Westen Reitenden 9 Tage und 23 Stunden und die Gegenreiter exakt 10 Tage. Der Start des ersten Reiters in Richtung Westen, der mit großem Bahnhof verabschiedet werden sollte, verzögerte sich im übrigen um mehr als drei Stunden, dies aber paradoxerweise nicht aus Gründen des Reiters oder solchen, die am Pony-Expreß lagen, sondern deshalb, weil die Errungenschaften des technischen Zeitalters versagt hatten. Der Postzug hatte Verspätung. Am Abend schließlich fiel der erwartete Böllerschuß, begleitet von einem Aufschrei der Menge. Ein Händedruck des Reiters, und der Aufgalopp in die Nacht leitete ein organisatorisches Meisterstück ein.

Von nun an transportierte der Pony-Expreß zunächst einmal wöchentlich Post und Wertbriefe in beiden Richtungen zwischen St. Joseph und San Francisco über 18 Monate lang. Nur einmal, im Beginn des Jahres 1860, gab es wegen der Indianeraufstände eine Unterbrechung für einige Wochen.

Die Leistungen der jungen Reiter waren gewaltig. Die Gangart war, wenn es die Strecke und die Umstände nur irgend erlaubten, der schnelle Galopp. Es mußte schließlich auf einer 2.000 Meilen langen Strecke mit Zwischenfällen oder Verzögerungen gerechnet werden. Die zurückgelegte Entfernung je Pferd betrug zwischen 16 und 25 km, die der Reiter um die 120 km je Einsatz. Je nach Gelände – Prärie oder Felsengebirge – bedeutete dies etwa acht Stunden in den Sätteln mehrerer Pferde. Später, als die Post zweimal wöchentlich in jede Richtung lief, ritt jeder Reiter viermal wöchentlich seine Strecke, zweimal hin und zweimal zurück. Auf Bildern erkennt man den landesüblichen Galoppsitz im Westernsattel als halb stehend und den Galoppsprung federnd aussitzend.

Nachdem die Zeit auf acht Tage im Sommer und zehn Tage im Winter verkürzt worden war, ergab sich eine durchschnittliche Geschwindigkeit, inklusive der Aufenthalte durch Pferdewechsel etc., von zehn bzw. acht Meilen pro Stunde (16 km bzw. 13 km im Winter). Die Rekordzeit wurde im März 1861 geritten, als es galt, die Inauguralrede Präsident Lincolns zur Pazifikküste zu übermitteln: sieben Tage und siebzehn Stunden! Die schnellste Teilstrecke bei diesem Einsatz ritt „Pony Bob" Haslam. Für die 190 km von Smith's Creek nach Fort Churchill benötigte er acht Stunden und zehn Minuten, oder umgerechnet ca. 25 km pro Stunde. Auf dem Bypass nach Denver ritt der letzte Reiter 16 km in 31 Minuten, was einem Kilometerdurchschnitt von ca. zwei Minuten entspricht. Nicht alle Teilstrecken waren so reiterfreundlich wie die Grasprärie von Kansas und Nebraska. Besonders die westlichen Abschnitte waren durch Bodenverhältnisse und Klima gefährlich und zusätzlich erschwert durch Indianer und Abenteurer. Am meisten gefürchtet war im Winter die Sierra mit ihren gewaltigen Schneeverwehungen. Bekannt wurde der Ritt des Warren Upson in einem Jahrhundertschneesturm. So weit wie möglich wurde der Tiefschnee auf dem Pfad zwischenzeitig von Transportmulis gangbar gedrückt und getreten, aber eben nur so weit wie möglich. Die Gesamtzeiten wurden dennoch kaum verzögert. Ritte wie jener auf den letzten 110 km vor Salt Lake in der kurzen Zeit von fünf Stunden und 15 Minuten sorgten für Ausgleich. Der Reiter ritt mit Pferdewechseln über diese Distanz einen Stundendurchschnitt von 20 km.

Es sind Bravourstücke bekannt geworden wie jenes, als „Pony Bob" Haslam in Utah in einen Indianerhinterhalt geriet, beschossen wurde, seinen 190 km Ritt aber mit Unterkieferbruch durch Pfeilschuß und mit Trümmerbruch eines Armes zu Ende ritt. Ein anderes Mal konnte er seinen Ritt von Lake Tahoe nach Fort Churchill nicht regulär beenden. Er hatte die Zwischenstationen verwüstet vorgefunden und daher sein Pferd nicht wechseln können. Nun sollten Reiter und Pferd eigentlich abgelöst werden. Aber ein anderer Reiter stand wegen der Ereignisse nicht zur Verfügung. So mußte er weitere 185 km bis Smith's Creek durchstehen. Seine Leistung betrug ca. 300 km in 18 Stunden. Das Abenteuer sollte weitergehen: Nach einer Ruhepause von acht Stunden kam der Gegenreiter an. Wieder war die Reihe an ihm. Er mußte aufsitzen und zurück nach Fort Churchill reiten. Bei Cold Springs mußte er sehen, daß nach seinem Durchritt am Vortage Indianer auch diese Station überfallen, die Stationsdienste umgebracht und die Pferde gestohlen hatten. Bei Sand Springs erst war ein Pferdewechsel möglich. Er nahm den dort postierten Reiter mit. Es zeigte sich, daß diese Entscheidung richtig gewesen war, denn tags darauf wurde auch Sand Springs überfallen. Als er nach 36 Stunden mit nur acht Stunden Ruhe bei seiner Ausgangsstation Friday's Station wieder ankam, hatte er ca. 600 km zurückgelegt. Dieser und andere Ritte bewiesen die Entschlußkraft und das Verantwortungsgefühl der jungen Reiter, aber auch ihre Kondition und die der Pferde.

Hatte es sich hier um einen durch eine Ruhepause unterbrochenen Ritt gehandelt, so zeichnete Jack Keetley für den längsten Nonstop-Ritt, mit allerdings regulärem Pferdewechsel. Als Folge einer Wette ritt er die 540 km von Big Sandy in Nebraska bis Elwood (Kansas) bei St. Joseph und zurück bis Seneca (Kansas). Es ist bekannt, daß er 31 Stunden ununterbrochen ritt; es ist auch bekannt, daß er den Ritt sehr menschlich beendete: in gesundem Schlaf im Sattel hängend wurde er von seinem Pferd an der Station abgeliefert.

Ebenfalls in die Zeit der Indianeraufstände fiel der Gewaltritt von Jim Moore, der später Rancher in South Platte Valley wurde. Am 8. Juni 1860 übernahm er die Mochila bei Midway Station mit wichtiger Post für den Gouverneur von Kalifornien. Sein Ritt sollte planmäßig nach 224 km bei Old Julesburg enden. Hier traf er auf den Reiter aus der Westrichtung. An sich sollte er nun einige Stunden Ruhe haben. Unglücklicherweise war seine Ablösung tags zuvor getötet worden. So ritt er nach einem kurzen Aufenthalt von 10 Minuten den gleichen Weg zurück, den er gekommen war. Hungrig und müde, stets gegenwärtig, von Indianern angegriffen zu werden, legte er den Hin- und Rückritt von ca. 450 km in 14 Stunden und 46 Minuten zurück, entsprechend einem Stundendurchschnitt von rund 20 km. Die Leistungen sind so ungewöhnlich, daß man an den Angaben zweifeln könnte, wären sie nicht aus den dokumentierten Gesamtzeiten abzuleiten.

Die Liste der Leistungen und der Erlebnisse mit Indianern, Wegelagerern, Dieben und Naturgewalten ließe sich fortführen. Es ist deshalb nicht verwunderlich, daß die Reiter trotz ihrer einfachen Herkunft und ihrer Rauheit in einem besonderen Ansehen als nationale Helden standen und Vorbildcharakter gewannen. Jedermann hielt es für seine Pflicht, ihnen zu helfen, beispielsweise jener Kutschenreisende, der ein Postpferd weiterritt, als er am Wege einen gestürzten Ponyreiter mit Beinbruch liegen sah. Reisende, die zu Pferde oder mit der Kutsche die Route benutzten, erschauerten förmlich, wenn einer der ungestümen Reiter ihren Weg kreuzte.

Der Schriftsteller Mark Twain berichtet von einem Zusammentreffen, das er sich für seine Reise sehnlichst gewünscht hatte: „Plötzlich rief der Fahrer: dort kommt er! Jeder Hals streckte sich, und jedes Auge weitete sich suchend über die endlose, tote Weite der Prärie. Ein dunkler Punkt erscheint gegen den Horizont, und es zeigt sich, daß er sich bewegt [...]. In Sekundenschnelle wird dieser Punkt zu Roß und Reiter, auf- und abwiegend, näher und näher kommend, immer deutlicher werdend. Näher, immer näher – das Dröhnen der Hufe dringt an unser Ohr. Ein Hurra vom Oberdeck, Winken, ein knappes Heben der Hand des Reiters als Antwort – und Mann und Pferd entschwinden unseren aufgeregten Blicken und fliegen dahin wie die verspätete Bö eines Sturmes. So rasch war alles gegangen und so wie ein Aufleuchten aus unwirklicher Phantasie, daß, hätte nicht, nachdem die Vision wieder verschwunden war, eine Schaumflocke zitternd und vergehend auf einem der Postsäcke gehangen, wir hätten zweifeln können, ob Roß und Reiter Traum oder Wirklichkeit waren." (SMITH 1960, S. 78, 79).

Auch bei den weiblichen Siedlern längs des Weges fanden die jungen, verwegenen Reiter Anklang und Bewunderung, und manches Mal sollen ihnen etwas Gebackenes oder andere Zeichen der Zuneigung geschenkt worden sein. Daran rankt sich eine humorvolle Geschichte, welche die weibliche Erfindungsgabe widerspiegelt. Da das Auffangen bei hoher Geschwindigkeit offenbar nicht immer erfolgreich war, das Tempo aber nicht verlangsamt werden durfte, so buk eine einfühlsame Verehrerin ein rundes, handliches Backwerk mit einem zentralen Loch, durch das der vorbeigaloppierende Reiter den Finger stecken konnte. Unter dem Namen „Doughnut" ging dieses Erzeugnis in die amerikanische Gourmetgeschichte ein.

Um welchen materiellen Preis war der Pony-Expreß ins Leben gerufen worden? Briefe und Zeitungen kosteten bis zu einer halben Unze (ca. 14 Gramm) zwei Dollar (ab Juli 1861 auf Anordnung der Regierung 1 Dollar), das Telegrammwort kostete 75 Cent. Der Reiter erhielt pro Monat zwischen 100 und 150 Dollar. Gegenüber standen – die Angaben wechseln – wahrscheinlich 500.000 Dollar für die gesamte Einrichtung und Organisation. Der Unterhalt belief sich monatlich auf 30.000 Dollar. Es kam, wie es kommen mußte. Wirtschaftliche Probleme stellten sich ein. Obgleich der Expreß auch eine politische und historische Aufgabe darstellte, fehlte die Unterstützung der Regierung nach dem Motto: Jeder applaudiert, aber keiner bezahlt am Tor. Sogar die Pflichtzahlungen, die schließlich ab Juli vom Staat zugeschossen werden sollten, kamen unter dem Finanzminister Floyd nur zögernd und verspätet. Aller finanzielle Aufwand, aller Enthusiasmus und aller Opfermut bis zum Einsatz des Lebens fanden in den politischen Zirkeln keinen Widerhall, in denen nur wirtschaftliches Kalkül zählte.

Inwieweit es ein Verdienst des Pony-Expresses ist, die Bildung von mehreren nordamerikanischen Staaten verhindert zu haben, ist nur zu ahnen. Der schnelle Nachrichtenaustausch hielt Ostteil und Westteil wie eine imaginäre Klammer zusammen und erschwerte die Spaltung von Kalifornien und den Südstaaten einerseits und den unierten Nordoststaaten andererseits. Bestrebungen zur Trennung waren im Gange in der spannungsgeladenen Zeit unmittelbar vor dem Civil War, der dann 1861 im zweiten Jahr des Pony-Expresses ausbrach.

Die so viel Heroismus fordernde Institution war von privater Initiative aufgebaut und emotionell als historische Aufgabe angesehen worden. Sie endete mit einem finanziellen Fiasko von mindestens 200.000 Dollar, wahrscheinlich 500.000 Dollar Defizit. Dabei sind allein die durch die Indianeraufstände verursachten Schäden mit 75.000 Dollar anzusetzen. Auch diese wurden nicht von der Regierung übernommen. Bankrott, aber schuldlos, wird Russell sogar für einige Zeit eingesperrt, auf Kaution von Freunden jedoch wieder entlassen.

Das eigentliche Aus kam allerdings geplant und nicht unerwartet. Statt der am 3. April 1860 beim Ponystart vom Mitbegründer Majors prophezeiten transkontinentalen Eisenbahn, war es der Zusammenschluß von zwei Draht-Enden am 24. Oktober 1861 in der Nähe von Salt Lake City. Die Western Union hatte synchron von Ost und West gleichzeitig und mit beschleunigtem Tempo gebaut. Der Telegraph hatte Pferd und Reiter nach 308 Querungen mit fast einer Million Kilometern abgelöst. Zahlreiche Mitglieder der Organisation waren getötet worden, aber nur eine Mochilatasche war trotz Feind- und Wettereinwirkungen verloren gegangen. Die moderne Nachrichtenübermittlung war schneller als die zu Pferde, aber das telegraphisch vermittelte Wort wurde gleichzeitig teurer.

Was ist aus den Reitern geworden? Einige starben im Bürgerkrieg, einige kamen durch den Alltag des „Wilden Westens" um. Andere wurden Farmer, Geschäftsleute, Politiker, Professoren und vier von ihnen Mormonenbischöfe. Aber alle trugen die Erinnerung an ihre Ponyreiterzeit stolz wie Auszeichnungen. Ihre Ritte hatten nicht der Kriegserfahrung gegolten, sondern haben geholfen, Geschichte zu schreiben. Um die schnellen Reiter zu ehren, werden seit einigen Jahren sportliche Distanzritte auf einem Teil der alten Pfade abgehalten.

LITERATUR:
HERODOTUS, *The Loeb Classical Library*, London, Heinemann 1969.
NEVIN, DAVID: *The Expressmen*, New York, Time-Life Books 1974.
SETTLE, RAYMOND MARY: *Saddles and Spurs: The Pony Express Saga*, University of Nebraska Press 1972.
SMITH, WADDELL F.: *The Story of the Pony- Express*, Clark 1969.

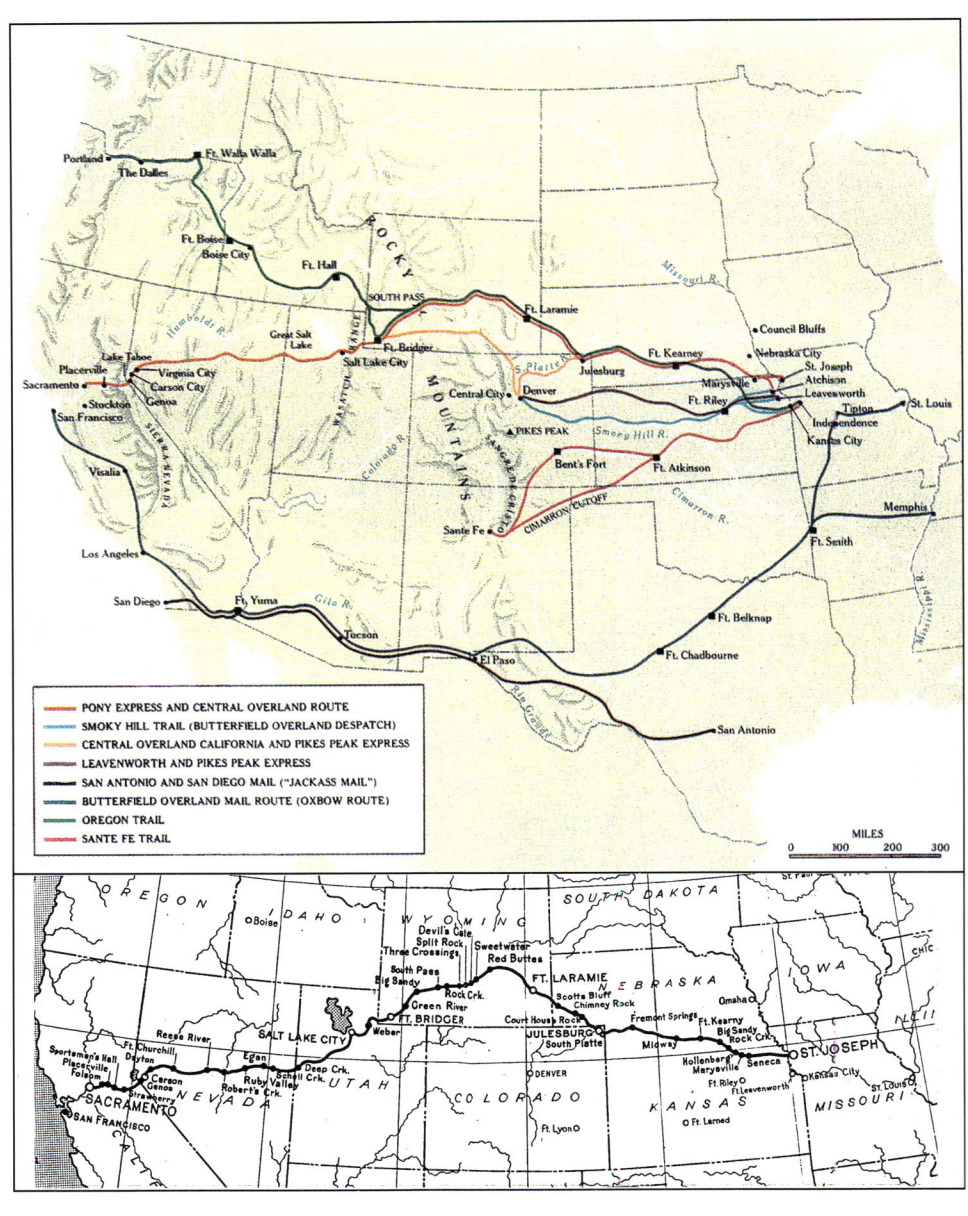

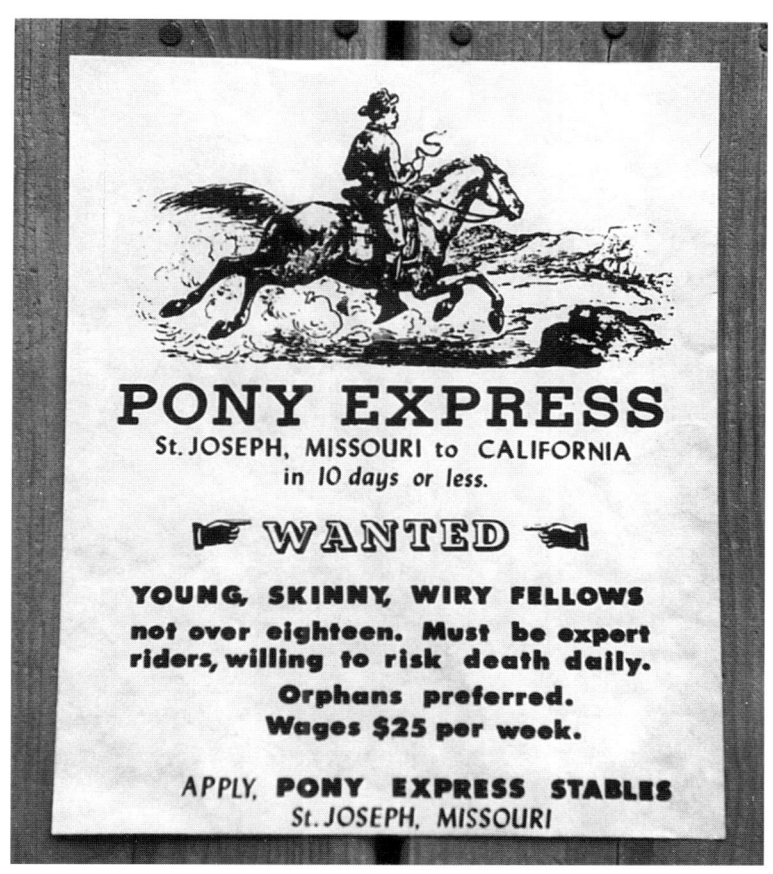

Abb. 23: Anschlag „Reiter gesucht, Waisen bevorzugt".

Abbildungen der linken Seite:

oben:
Abb. 21: Die Ost-Westverbindungen im Amerika vor dem Bürgerkrieg. Aus: The Old West: Nevin, *The Expressmen.*
© 1974 Time-Life Books Inc. All rights reserved.
unten:
Abb. 22: Maßstabsgerecht ist der Verlauf des Pony Express mit einigen Stationen skizziert. Wadell F. SMITH, The Story of the Pony Express, Hesperian House Book Publ.

Abb. 24: „Der Start" nach dem Pferdewechsel. Die lederne Satteldecke („Mochila") mit den vier abschließbaren Taschen wurde beim Pferdewechsel über den nächsten Sattel geworfen. Sie hielt sich selbst durch den Sattelknauf und die Sattellehne.
Gemälde von Frederic Remington: The Coming and Going of the Pony Express. From the collection of Gilcrease Museum, Tulsa, Oklahoma.

Die Schlacht bei Königgrätz

„Getrennt marschieren, vereint schlagen!"

Königgrätz sollte nicht nur bekannt sein als der Ort eines verlustreichen Schlachtendramas, sondern auch als Stadt und Kreis Nordböhmens, „welcher oben an Schlesien, zur rechten an die Grafschaft Glatz, unten an den Chrudimer und zur linken an den Bunzlauer Kreis stoßet. Er ist unter den böhmischen Kreisen der größte und begreifet die berühmten Riesengebirge, den Ursprung der Elbe und schöne Städte, und hat an Fischen, Phasanen, guten Pferden und Edelgesteinen einen Überfluß. Die vornehmste Stadt hierinnen ist Königgrätz [...] eine königliche Freistadt in Böhmen, so den Namen daher führt, weil sie eine von derer Königinnen Leib-geding-Städten ist" (ZEDLER 1737, S. 1283, 1284). Das Recht auf Leibgedinge bestand erstmals für Elisabeth, die Witwe König Wenzels II. (1362).

Kreis und Stadt zogen wiederholt Kriegshandlungen an. Im Jahre 1420 mußte sich Königgrätz dem gewalttätigen Hussittenführer Ziska ergeben. Sie blieb hussitisch und weigerte sich deshalb, gegen die protestantischen Schmalkalder (1547) zu kämpfen. Dafür wurde sie von König Ferdinand I. schwer bestraft. 1631 wurde die Stadt von den Sachsen belagert, 1639 von den Schweden. Die Kaiserlichen eroberten sie 1640, und 1645 beschossen sie wiederum die Schweden. Auch Preußen und Österreich kämpften am 17. Mai 1742 unweit von Königgrätz, bei Caslau und Chotositz, bereits gegeneinander. Im Siebenjährigen Krieg besetzten die Preußen Königgrätz in den Jahren 1758, 1759 und 1762.

Einhundertvierundzwanzig Jahre nach der Schlacht bei Caslau und Chotositz, am 3. Juli 1866, sollten sich im Nordböhmischen Raum wiederum Preußen und Österreicher gegenüberstehen. Die Schlacht wurde am Abend nach der Entscheidung, auf Vorschlag des Kronprinzen von Preußen, als die „Schlacht bei Königgrätz" benannt. Insbesondere romanische Historiker haben diesen Namen nicht anerkennen wollen, weil der eigentliche Kampfraum etwa 20 km nördlich der Stadt lag. Sie sprechen von der Schlacht von Sadowa. Diese Bezeichnung ist nicht treffender, da der kleine Ort nur zu Beginn der Schlacht umkämpft war.

Die politischen Verhältnisse in den 124 Jahren zwischen den beiden Kämpfen von 1742 und 1866 waren bei gleichen Gegnern andere geworden. Das Heilige Römische Reich Deutscher Nation war auch de jure 1806 zu Ende gegangen. In nachnapoleonischer Zeit wurde mit dem Traum von der Einigkeit der deutschen Länder der Deutsche Bund gegründet. 39 Einzelstaaten gehörten ihm an, darunter Preußen mit dem größten Teil seines nicht zusammenhängenden Staatsgefüges und Österreich mit seinen westlichen Staatsteilen. Dualismus der beiden Hauptstaaten, Preußen und Österreich, und Partikularismus verhinderten das gewünschte Ideal eines Bundes oder gar die Einheit selbst. Ob die Verhältnisse zu einer Entscheidung darüber drängten, wer die Führungsrolle übernehmen solle, oder ob dazu gedrängt wurde und wenn, dann von wem, ist kontrovers beantwortet worden.

In den Freiheitskriegen 1813/15 gegen die napoleonische Herrschaft und 1864 gegen Dänemark noch in Waffenbrüderschaft und in gegenseitiger soldatischer Hochschätzung vereint, fiel die Entscheidung zur Mobilmachung beiden Seiten schwer. Schon im März 1866 hatte Österreich zu rüsten begonnen, erst Anfang Juni hatte Preußen nachgezogen und wäre zum Krieg bereit gewesen. König Wilhelm zögerte, weil er noch immer auf eine Einigung hoffte. Noch Monate nach seinem Sieg erklärte er in Gesprächen, wie unendlich schwer es ihm geworden sei, das Wort Krieg auszusprechen. Als König sei er sich seiner ganzen Verantwortlichkeit bewußt gewesen. Er habe so lange gezögert, „als es mir irgend mit der Ehre Preußens verträglich war" (SCHNEIDER 1888, Band 1, S. 332). Ähnliches sprach auch der Kaiser aus. Er sah die Ehre Österreichs angegriffen. In einem Manifest vom Juli 1866 betonte er seinen Friedenswillen und schob Preußen und Italien die Schuld zu. So gingen beide Monarchen im Gefühl der Unschuld in den Krieg und erhofften den Sieg im Vertrauen auf den „gerechten, allmächtigen Gott" (Kaiser Franz Joseph in: FONTANE 1871, S. 84).

Die Stimmung in Berlin war gegen Kanzler von Bismarck und gegen Kriegsminister Roon und verschärfte sich bis hin zu offener Feindseligkeit. Man wollte in Preußen keinen „Bruderkrieg". Zudem traute man dem Generalstabschef von Moltke nicht dieselben Fähigkeiten zu wie dem kriegserfahrenen Feldzeugmeister Ritter von Benedek.

Helmuth Graf von Moltke, 1800 in einer alten mecklenburgischen Adelsfamilie geboren, war zunächst in dänische Dienste getreten. 1822 trat er in die preußische Armee ein und wurde nach 10 Jahren in den Generalstab berufen. Fortan verrichtete er Stabsdienste auf verschiedenen Ebenen, verbrachte einige Jahre im Orient und in der Türkei, u. a. als militärischer Berater des Sultans. 1858 wurde er Chef des Generalstabes der preußischen Armee. Seinem Werdegang entsprechend, dem Ausland fast nur als Gelehrter und Reisender bekannt, hielten ihn Kritiker für „unerfahren". Für ihn bedeutete ein Waffengang gegen das kaiserliche Österreich ein Unglück. Lieber hätte er ein vereintes Österreich-Preußen gegen den wirklichen Gegner, den „ständig antieuropäischen Störenfried" Frankreich gesehen.

Sein Gegenspieler, Ludwig August Ritter von Benedek, dagegen wurde vom allgemeinen Vertrauen der Österreicher getragen. Er war auch in Preußen hochgeschätzt. Als Sohn eines bürgerlichen Arztes 1804 geboren, waren späterer Rang, Stellung und Adelung nur durch seine persönlichen Eigenschaften verdient. In Stabs- und Truppendiensten hatte er sich auf österreichischen Kriegsschauplätzen in Galizien, Ungarn, Italien und schließlich bei Solferino bewährt. Alle diese Verdienste konnten die österreichische Regierung aber nicht daran hindern, ihm nach der späteren Niederlage die Ehre abzuschneiden und ihn darüber hinaus noch zum Stillschweigen zu verpflichten.

Der Bruderkrieg begann. Ein Antrag Österreichs vor dem Bundestag in Frankfurt, am 14. Juni 1866, der zum sogenannten „Frankfurter Majoritätsbeschluß" führte, wurde von Preußen als feindlicher Akt angesehen und am 16. Juni 1866 mit dem Einmarsch in Sachsen beantwortet. Insgesamt 444.000 Soldaten, mehr als in allen Schlachten der Vergangenheit, marschierten gegeneinander auf: 221.000 Preußen und 223.000 verbündete Sachsen und Österreicher.

Die preußische Führung plante die Entscheidung in Nordböhmen. Es bestanden zwei Überlegungsmodelle: Wie konnte man gleichzeitig Schlesien schützen und einen eventuellen Angriff auf die Mark und Berlin verhindern? Zum anderen, wie könnte man bei einer Konzentration so vieler Soldaten auf nur einen Raum das Versorgungsproblem aller drei Armeen lösen und ihre Beweglichkeit ohne Überlastung des nur begrenzten Wegenetzes gewährleisten?

Aus diesen Unvereinbarkeiten entstand von Moltkes für die Kriegsgeschichte ungewöhnlicher Plan. Dieser sah die „Teilung und den Einmarsch des Gesamtkorps in drei Armeen und Vereinigung dieser drei Strahlen in einem Brennpunkt" vor, bekannt geworden als „getrennt marschieren, vereint schlagen". Dies stellte den Gegensatz zur alten Regel „Vorstoß mit ganzer Kraft" dar, den Clausewitz postuliert und den Napoleon wenige Jahrzehnte vor dem deutschen Krieg mit Erfolg praktiziert hatte. Der Moltkesche Plan fand sowohl vor wie auch nach dem Siege seine Kritiker, denn von Moltke verstieß damit gegen alte Dogmen, die in der Zeit kleinerer Armeen ihre Gültigkeit bewiesen hatten. Der Plan war einfach in der Konzeption, aber schwierig in der Durchführung, wenn man die alte Nachrichtenübermittlung, die Aufklärungsmöglichkeiten und auch die Marschgeschwindigkeiten jener Zeit berücksichtigt. Von Moltke ging ein großes Risiko ein. Er mußte auf jeden Fall verhindern, daß seine Armeen einzeln vor einer Vereinigung geschlagen werden konnten. Schlachtentscheidendes hing damit von der Verbindungsaufnahme an zuvor unbekanntem Zeitpunkt und an zuvor unbekanntem Orte ab. Für die Schlacht bei Königgrätz ergab sich dieser

Zeitpunkt überraschend am Abend des 2. Juli. Von Moltkes Rechnung ging auf durch den gelungenen Nachtritt des Grafen Finck von Finckenstein.

Für seine drei Armeen hatte von Moltke, nach raschem Besetzen Sachsens, zwei örtlich weit voneinander liegende Aufstellungsräume gewählt. Die „Elbarmee" stand südlich von Dresden bis zur böhmischen Grenze, und die „I. Armee" auseinandergezogen im Bereich Bautzen-Zittau-Görlitz. Dies war der eine Raum. Der zweite Bereitstellungsraum betraf die „II. Armee", kommandiert vom Kronprinzen. Seine 125.000 Mann waren entlang der schlesischen Gebirge aufgestellt. Das gesamte Aufmarschgebiet von Dresden bis Neiße dehnte sich über mehr als 250 km aus und bedeutete eine erhebliche, gefährliche Aufsplitterung der Kräfte. Am 22. Juni 1866 erfolgte nach Plan der Befehl zum Einrücken in Böhmen mit dem Ziel der Vereinigung in der Gegend von Gitschin. Am schwersten hatte es dabei die Schlesische Armee wegen der Überwindung der Pässe und Talstraßen der schlesischen Gebirge. Nach zum Teil heftigen Gefechten im nördlichen Böhmen war die Anmarschbewegung zur strategischen Vereinigung am 1. Juli beendet. Man zog es vor, die II. Armee in einer gewissen Entfernung von Gitschin, um Königinhof, zu belassen.

Auch die österreichische Führung hatte unabhängig und natürlich ohne die preußischen Pläne zu kennen, nach Zögern und wechselnden Überlegungen die Entscheidung im Raume Nordböhmen geplant. Zunächst hatte die Absicht bestanden, als Eröffnung die Schlesische Armee anzugreifen.

Nach eilig durchgeführten österreichischen Erkundungen am 1. Juli zeigte sich, daß von Benedeks Aufstellungsplan nach den örtlichen Gegebenheiten nur abgewandelt durchführbar war. So resultierte zwischen Elbe und Bistritz eine wegen offener Flanken nicht optimale, bogenförmige Linienführung, ausgehend von Racitz über den Swiepwald nach Sadowa, Probus und Prim. Das stufenartig nach Norden und Nordwesten abfallende Gelände war dagegen zur Verteidigung gut geeignet. Ab 1. Juli erwartete von Benedek einen Angriff der Preußen. Er hatte aber nach den vorausgegangenen Verlusten keine Siegeszuversicht. Noch am 2. Juli bat er telegraphisch den Kaiser in Wien, unter allen Umständen einen Frieden auszuhandeln. Der Kaiser lehnte ab, die Dinge sollten ihren Lauf nehmen.

Weder von Benedek noch der preußische Generalstab wußten von der Nähe der jeweils gegnerischen Hauptmacht oder gar von deren Plänen. Von Moltke vermutete die Hauptarmee der Österreicher erst südlich der Elbe, also südlich der Linie Pardubitz-Prag, zu treffen. Die Elbe verläuft dort, nachdem sie nach ihrem Ursprung im Riesengebirge streng nach Süden fließt, nach einem rechtwinkligen Knick bei Pardubitz von Ost nach West. Zeitpunkt und Ort des Treffens waren damit unsicher. Deshalb wurde der 3. Juli 1866 von der preußischen Führung nach den anstrengenden Märschen der letzten Tage als Ruhetag angesetzt. Es ergab sich jedoch eine überraschende Entwicklung, als am Abend des 2. Juli starke österreichische Verbände im Vorfeld des rechten preußischen Flügels gemeldet wurden. Noch immer konnte man nicht annehmen, die Hauptmacht der Österreicher direkt vor sich zu haben. Ein Angriff der Österreicher aber mußte zu Recht befürchtet werden. Noch lagen die preußischen Armeen ca. 40 km auseinander. Für den Fall eines Angriffes gegen nur die Hälfte der preußischen Verbände bestand die Gefahr einer Niederlage. Der Plan von Moltkes konnte nach den großen organisatorischen Leistungen der Führung und den physischen der Truppe noch in letzter Stunde mißlingen und den Kritikern Recht geben. Die Lage hatte sich offensichtlich ungünstig entwickelt. Die Zeit drängte, die Armee des Kronprinzen mußte sofort herbei befohlen werden.

Für die Übermittlung eines Befehls und dessen Aktivierung standen nur wenige Nachtstunden zur Verfügung. Den Auftrag bekam wegen der strategischen Wichtigkeit ein höherer Offizier, der Flügeladjutant des Königs, Oberstleutnant Finck Graf von Finckenstein. Die Entfernung zwischen Gitschin über Milesin bis zum

Hauptquartier des Kronprinzen in Königinhof betrug ca. 40 km. An diesem Ritt war aber nicht die Distanz bedeutungsvoll. Für ein Patrouillenpferd im Reisetrab galten nach der Felddienstordnung als Durchschnitt für 22,5 km 1,5 Stunden. Die Schwierigkeit bestand vielmehr in der Tatsache eines Nachtrittes in unbekanntem Gelände. Nachtritte haben seit jeher den Beigeschmack des Unberechenbaren. Es gibt eine Lithographie, die einen scheinbar friedvollen Ritt des Grafen bei Vollmond und lockerer Bewölkung vortäuscht. Aber so war es nicht: nur bei Abritt herrschte Mondschein. Schon etwa eine Stunde nach Mitternacht begann Nebelbildung mit Nieselregen, später peitschender Wind mit Dauerregen. Er machte den lehmigen Boden grundlos. Fast die ganze Strecke mußte in tiefer Finsternis zurückgelegt werden. Auch aus anderen Gründen war der Ritt nicht „friedvoll". Erst drei Tage zuvor hatten sich österreichische Truppen noch 20 km nördlich Königinhof Kämpfe mit Verbänden der schlesischen Armee geliefert. Auf der zu durchreitenden Strecke war mit Feindberührung zu rechnen. Der Befehl aber mußte den Empfänger erreichen. Er war entscheidender Teil für das Gelingen des Moltkeschen Planes. Der Ritt wurde wegen seiner Bedeutung und wegen seiner Schwierigkeit als „weltgeschichtlich" bezeichnet. Der Befehl, den der Reiter überbringen sollte, war die Anweisung an den Kronprinzen, baldmöglichst aufzubrechen und entlang des westlichen Elbufers in die rechte Flanke des zu erwartenden gegnerischen Angriffes vorzustoßen. Nach Mitternacht brach Graf Finckenstein in höchster Eile auf. Um Zeit zu gewinnen, wartete er nicht bis zum Eintreffen einer Eskorte. Nur von seinem Reitknecht Benzel begleitet, ritt er querfeldein und mußte sich von Ort zu Ort durchfragen. Gegen 4 Uhr morgens konnte er dem Chef des Generalstabes der schlesischen Armee den Befehl übergeben. Nachdem er sich damit seines Auftrages entledigt hatte, trat er sofort den Rückweg an und überbrachte König Wilhelm, der bereits zu seinen Truppen aufgebrochen war, die Gewißheit von dem bevorstehenden Eingreifen des Kronprinzen. Nur wenige Stunden später konnte Finckenstein sich im Gefolge des Königs erneut auszeichnen, als österreichische Kürassiere mit einer Attacke den preußischen König in direkte Gefahr brachten. Mit der Leibwache des Königs konnte er im Gegenangriff die österreichischen Reiter abwehren.

Die Kämpfe selbst, die in den frühen Morgenstunden mit dem Angriff der Preußen längs der Königstraße von Gitschin nach Königgrätz eingeleitet wurden, brachten nach anfänglichen Bodengewinnen im Zentrum wechselhafte Situationen. Vor allem am linken preußischen Flügel, bei Maslowed, Cischkowes und im Swiepwald gab es hohe Verluste. Teile des Swipwaldes wechselten wiederholt den Besitzer. Die Artillerie der Österreicher, voll ausgerüstet mit gezogenen Rohren, erwies sich qualitativ, quantitativ und durch Geländevorteile als weit überlegen. Dagegen brachte das von den Preußen benutzte Zündnadelgewehr durch einfaches Laden, rasche Feuerfolge und moralische Auswirkungen erhebliche Vorteile. Der König von Preußen hatte es noch in seiner Zeit als Kronprinz eingeführt. Die Österreicher hingegen hatten noch den Vorderlader, der für den Ladevorgang das Aufstehen auf dem Gefechtsfeld erforderte. Die Hauptangriffe der I. Armee bei und südostwärts von Sadowa liefen sich um 10 Uhr vormittags fest. Von der II. Armee erschien eine Vorausabteilung im Nordosten des Kampfgebietes gegen 11 Uhr. Von der heranrückenden Armee aber war nichts zu erfahren. Was war geschehen? Die Folgen des Dauerregens waren verantwortlich. Er hatte den lehmigen Boden tief aufgeweicht. Beim Marsch durch Raps- und Roggenfelder schlangen sich nasses Kraut und nasse Halme um die Beine der Infanteristen und um die Räder der Fahrzeuge. Mit dem Säbel mußten die Achsen freigehauen werden. Die Geschütze sanken ein bis zur Radnarbe, Zugpferde brachen tot zusammen. Brückenlose Bäche waren angeschwollen. Der Marsch war beschwerlich und langsam. Dabei trennten Biwakgebiete und voraussichtlicher Einsatzort durchschnittlich nur Märsche von ca. 20 km. Wann würde die Armee des Kronprinzen eingreifen können?

Noch stand den Österreichern erst die Hälfte der Preußen gegenüber. War der Angriff vom Prinzen Friedrich Karl zu früh angesetzt worden? Ein Gegenangriff der Österreicher konnte gefährlich werden und die Kritiker von Moltkes bestätigen. Von Bismarck, der sich beim Stabe des Königs aufhielt, beschrieb die Stimmung in den bangen Stunden vor dem Eintreffen der Schlesischen Armee später einem neutralen Gesprächspartner so:

> „Was wäre aus uns geworden, wenn wir die Schlacht verloren hätten? Wir rechneten aus, daß der Kronprinz längst im Rücken der Österreicher hätte erscheinen können, aber er erschien nicht. Die Sache wurde bedenklich, und ich gestehe, ich war sehr besorgt. Ich blickte auf Moltke, der unbeweglich zu Pferde saß und durchaus nicht beunruhigt von dem schien, was um ihn her vorging. Ich nahm mir vor, ihn auf die Probe zu stellen, ob er innerlich wirklich so ruhig war, wie er schien."
> (FESSER 1994, S. 94).

Er ritt auf ihn zu und bot ihm sein Zigarrenetui an, in dem sich nur noch zwei Zigarren, eine gute Havanna und eine anderer minderer Qualität, befanden. Von Moltke habe beide sehr bedächtig geprüft und sich dann für die bessere entschieden. Diese konzentrierte Auswahl habe ihn, von Bismarck, außerordentlich beruhigt. Die Dinge konnten so schlimm nicht stehen. Tatsächlich habe man dann die Kanonen des Kronprinzen gehört und Unruhe in den gegnerischen Stellungen bemerkt: „Die Schlacht war gewonnen! Es war aber immerhin drei Uhr nachmittags geworden, ehe die schlesische Armee vollständig im Kampfgebiet einsatzbereit war." (FESSER 1994, S. 94).

Für die Österreicher wurde der Rückzug zu einer Flucht, die auch durch den Einsatz der Kavallerie und das Opfer der Artillerie nicht aufgehalten werden konnte. Theodor Fontane beschrieb das Feld des Grauens nach der Schlacht. Wie auch andere berichtet er von der gegenseitigen Ritterlichkeit der Gegner, andererseits von den Brutalitäten marodierender Zivilisten an den noch über das Kampfgebiet verstreut liegenden Verwundeten, besonders aber von den Schreckensbildern, die Tote und Verwundete, Menschen und Pferde boten. Die Verluste an Toten und Verwundeten betrugen auf preußischer Seite 9.153, auf österreichisch-sächsischer Seite 40.544 Mann! Von den allein auf preußischer Seite eingesetzten ca. 38.000 Pferden kamen fast 10% um. Nach einem Ruhetag wurden die österreichischen Truppen, die sich immer wieder zu Kämpfen stellten, in Richtung Preßburg und Wien verfolgt.

Auf die dringlichen Vorstellungen von Bismarcks und des Kronprinzen unterließ der König von Preußen einen die Wiener demütigenden Einmarsch in die Hauptstadt. Stattdessen kam es zum Waffenstillstand und zu dem fairen Vorfrieden von Nikolsburg am 23. August 1866, später bestätigt im Frieden von Prag. Darin erkannte Österreich die Auflösung des Deutschen Bundes an und gab seine Zustimmung zur neuen Gestaltung Deutschlands unter preußischer Autorität und ohne Beteiligung des österreichischen Kaiserstaates.

Die Ergebnisse des Vertrages waren die weltpolitischen Folgen der Schlacht bei Königgrätz, in welcher der Sieg durch das Gelingen des Moltkeplanes an Preußen fiel. Hinter den Folgen für die große Politik werden die vielfältigen, leidvollen Auswirkungen auf den betroffenen Soldaten und den Bürger vergessen und verdrängt. Ein Schicksal von vielen Tausenden betraf einen Verwandten des Überbringers jenes Befehls an die II. Armee, den Hauptmann Karl Graf Finckenstein: Er fiel zusammen mit vielen anderen am 3. Juli 1870 bei den wechselvollen Kämpfen um den Swiepwald. Welche Gedanken haben den preußischen Offizier auf seinem einsamen Nachtritt begleitet? Am 19. Juli 1870 erklärte Frankreich dem Königreich Preußen den Krieg. Graf Finck von Finckenstein erlitt den Soldatentod, von Verwundungen fast bis zur Unkenntlichkeit entstellt, am 16. August 1870 bei Mars la Tour – zusammen mit 16.000 Soldaten der Verbündeten und 16.000 französischen Soldaten.

Außer dem Ritt des Grafen Finckenstein sind noch andere reiterliche Leistungen aus der Schlacht bei Königgrätz bekannt. Eine davon betrifft den Preußenkönig selbst. Der 69jährige saß während des Kampftages 13 Stunden im Sattel seiner Stute Fenela. Sie wurde nach der Schlacht auf den Namen Sadowa umgetauft. Die zurückgelegte Strecke ist von seinem Biographen in einer Skizze festgehalten worden.

LITERATUR:
ANONYMUS: „Ziska, der durch die bei Czaslau und Chotositz", Berlin, Rüdiger 1742.
CRAIG, GORDON A.: *Königgrätz*, Wien/Hamburg, Zsolnay 1966.
FESSER, GERD: *1866, Königgrätz-Sadowa*, Berlin, Brandenburgisches Verlagshaus 1994.
FONTANE, THEODOR: *Der deutsche Krieg von 1866*, 2 Bände, Berlin, Decker 1871.
GROOTE, WOLFGANG VON/GERSDORF, URSULA VON: *Entscheidung 1866*, Stuttgart, Deutsche Verlagsanstalt 1966.
Großer Generalstab, *Die deutschen Kriege von 1864, 1866, 1870/71*, 2 Bände, Berlin, Pauli 1889.
Großer Generalstab, *Der Krieg in Deutschland i. Jahre 1866*, Volksausgabe, Berlin, Pauli 1889.
HEYDEBRECK, C. VON: *Dauerritte*, Berlin, Mittler und Sohn 1899.
JÄHNS, MAX: *Die Schlacht von Königgrätz*, Leipzig, Grunow 1876.
SCHNEIDER, L.: *König Wilhelm – Militärische Lebensbeschreibung*, 1. Heft, Berlin, Mittler und Sohn 1869.
SCHNEIDER, L.: *Aus dem Leben Kaiser Wilhelms*, Berlin, Jahnke 1888.
ZEDLER, J. H.: *Universal Lexikon*, Halle, Leipzig 1737.

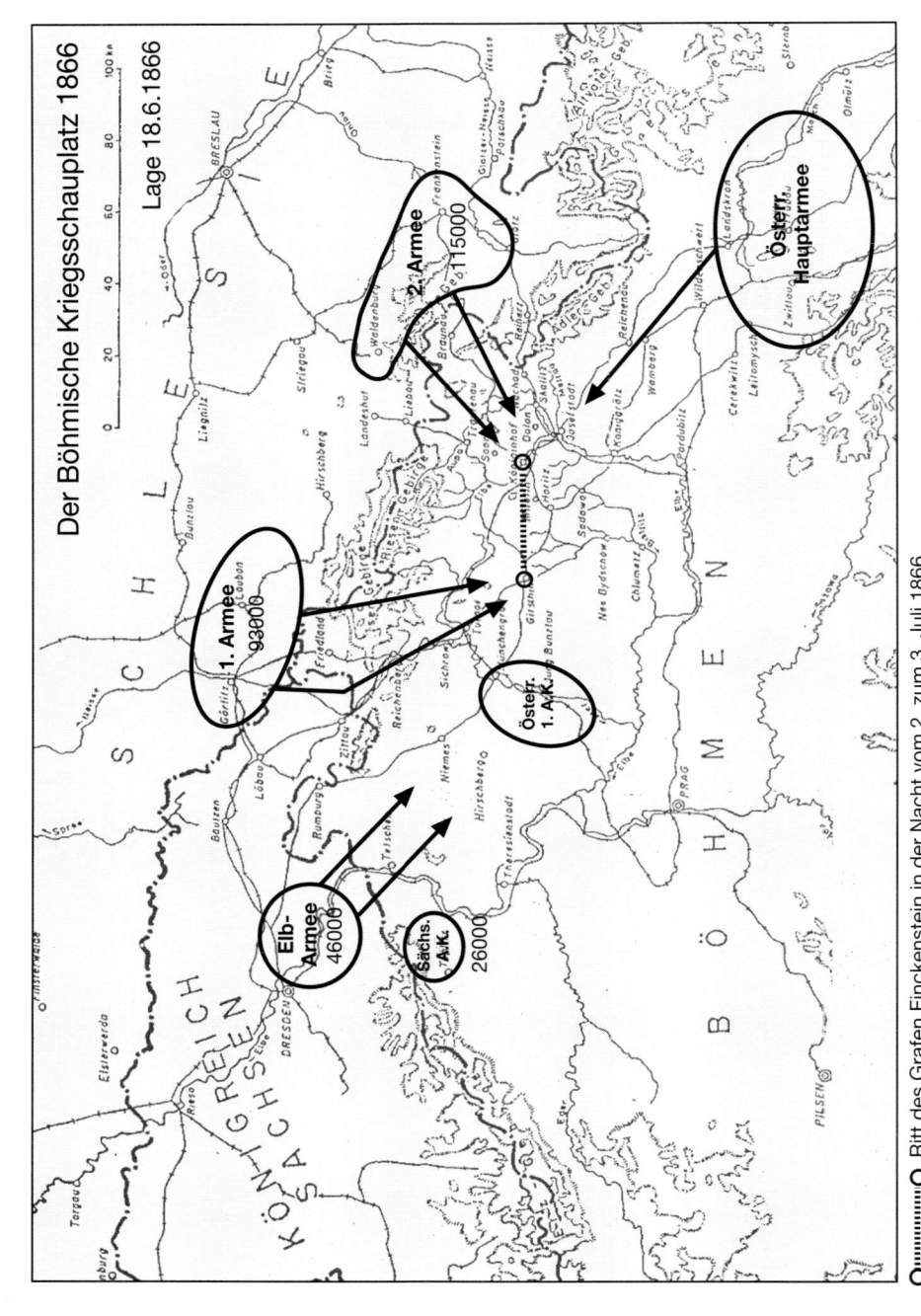

○┈┈┈┈┈○ Ritt des Grafen Finckenstein in der Nacht vom 2. zum 3. Juli 1866

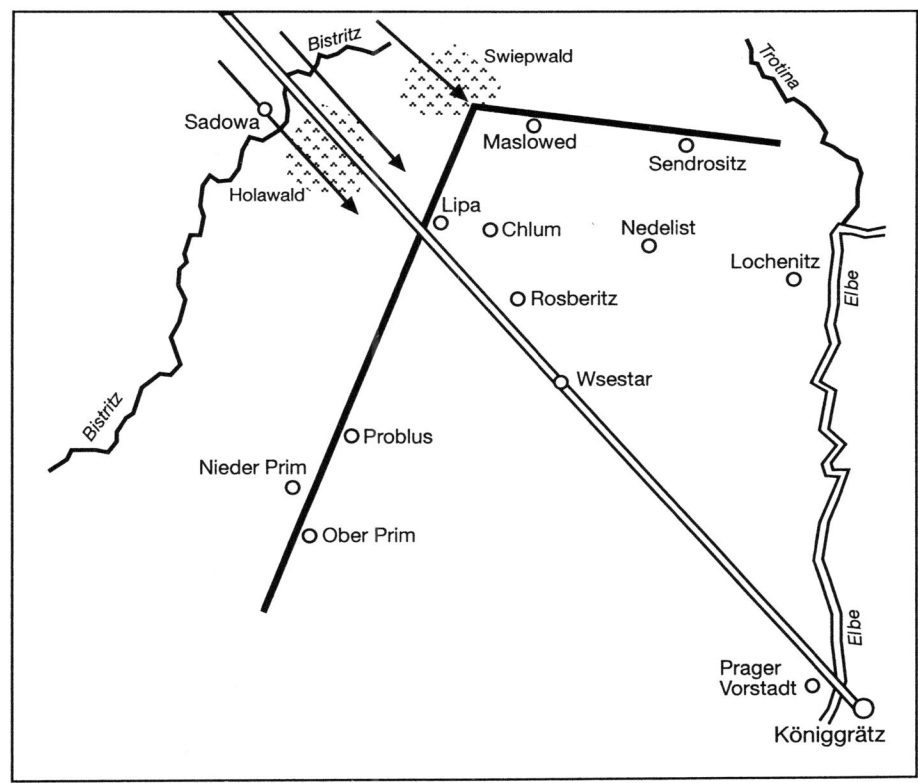

Abb. 26: Die Stellungen der Österreicher in einem Winkel zwischen Bistritz und Elbe am 2. Juli 1866. In Richtung der Pfeile griffen die I. Armee (93.000 Mann) und die Elbarmee (46.000 Mann) der Preußen am Morgen des 3. Juli an. Die II. Armee (115.000 Mann) wurde in der rechten Flanke der Österreicher erwartet.

Abbildung auf S. 168:

Abb. 25: Der Böhmische Kriegsschauplatz im Juni 1866. Aufmarschplan der drei preußischen Armeen im Raum Sachsen-Schlesien am 18.06.1866. Danach erfolgte die Überquerung des Lausitzer Gebirges und der schlesischen Gebirge. Die österreichische Hauptarmee stand am 18.06.1866 noch südlich der Elbe. Der Ritt des Grafen Finck von Finckenstein in der Nacht vom 2. zum 3. Juli ist eingezeichnet.

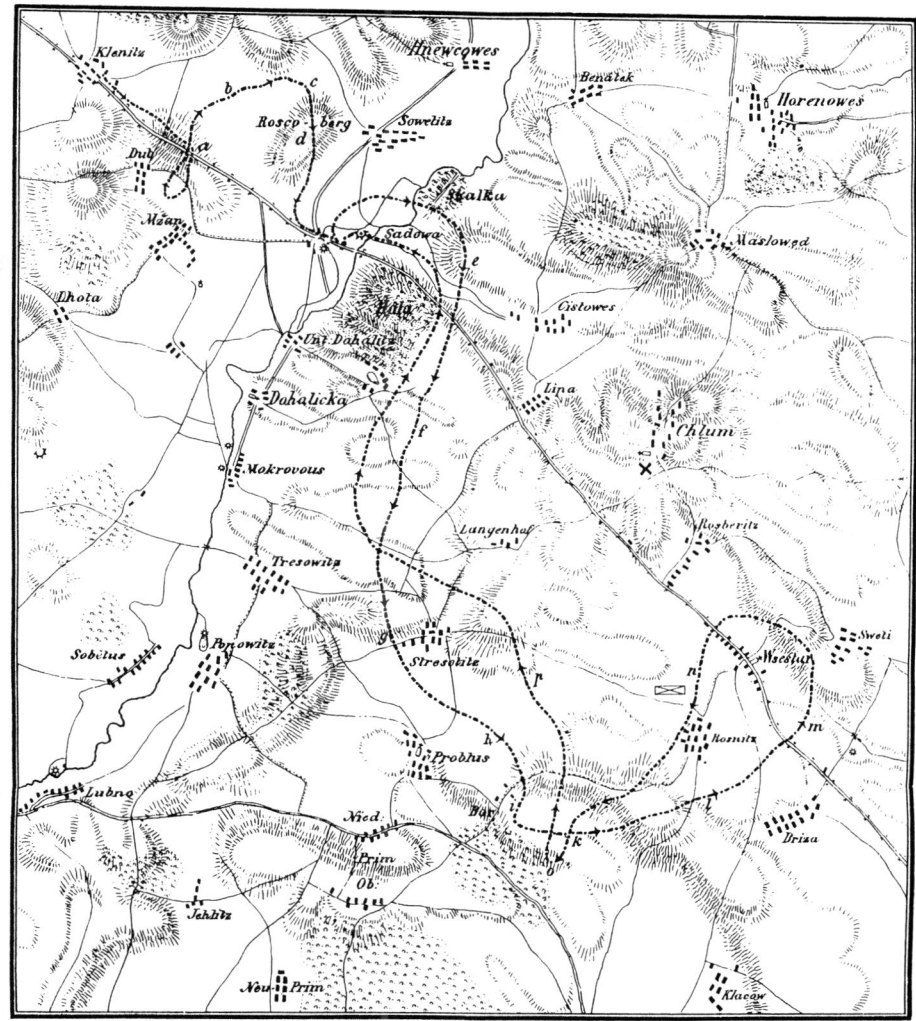

Abb. 28: Skizze vom Ritt des preußischen Königs über das Kampffeld am 3. Juli 1866.

Abildung auf S. 170:

Abb. 27: Der nächtliche Reiter Graf Finck von Finckenstein, begleitet von seiner Ordonanz Benzel. Die Nacht war nur während der ersten Minuten mondhell. Kurz darauf zog ein Unwetter mit Sturm und Regen auf.

Die Fernpatrouille Graf Zeppelins durch das Untere Elsaß 1870

Am 19. Juli 1870 erklärte Napoleon III. dem Königreich Preußen den Krieg. Er war ein Neffe Kaiser Napoleon Bonapartes und als Bürger Bonaparte in die Nationalversammlung Frankreichs gewählt worden. Zuvor, 1836 und 1840, waren zwei seiner Putschversuche mißlungen. Seine vierjährige Amtsperiode als Präsident der Versammlung wurde aus verfassungsrechtlichen Gründen nicht verlängert, obgleich er in seiner Regierungszeit eine Reihe großer innenpolitischer Erfolge aufweisen konnte. Es gelang ihm, sich 1852 vom Volk zum Kaiser von Frankreich wählen zu lassen. Damit endete die „Zweite französische Republik".

Der Kriegsgrund war banal und vordergründig. Die französische Forderung an den preußischen König, zu erklären, „daß er die Bewerbung des Prinzen um die spanische Krone in Zukunft niemals wieder zulassen werde", wurde von der Reichsregierung abwiesen. Die Zumutung an Wilhelm I. entsprach einem ungehörigen „Nachkarten". Denn der zum König von Spanien gewählte Prinz Leopold von Hohenzollern-Sigmaringen war ohnehin freiwillig zurückgetreten. Der eigentliche Grund für die Kriegserklärung war vielmehr die Furcht, die eigene französische Vormachtstellung in Europa an das aus dem deutsch-österreichischen Krieg gestärkt hervorgegangene Preußen zu verlieren.

Der französische Plan sah den Einfall nach Preußen durch die Pfalz in Richtung auf den Main, damit Trennung von Nord- und Süddeutschland, und den Vormarsch auf Berlin vor. Die preußische Reaktion von Moltkes basierte nicht auf einer Verteidigung der Reichsgrenzen, sondern auf einem Angriff. Entgegen Napoleons Rechnung, die deutschen Staaten Baden und Württemberg würden sich neutral verhalten, traten beide auf der Seite Preußens in den Krieg ein. Für die deutsche Heeresführung war wichtig zu wissen, ob ein französischer Vorstoß aus südlicher Richtung, aus dem Elsaß, bevorstünde, der den Aufmarsch der eigenen Truppen in der Pfalz gefährden könne. In allen Grenzgebieten ritten in diesen ersten Kriegstagen Patrouillen Aufklärung, die meisten blieben unbekannt. Eine davon fand bleibendes Interesse. Sie wurde zeitweilig über Maß heroisiert, fand aber auch in mancher Hinsicht berechtigte Kritik. Wegen der unterschiedlichen Beurteilung, auch, weil sie in einer traditionsreichen Landschaft mit einer besonderen kulturellen Vergangenheit ablief und von einem noch heute wohlbekannten Manne geführt wurde, soll sie geschildert werden. Wer kennt nicht die Luftschiffe LZ und ihren Erbauer, den Grafen Zeppelin. Weniger bekannt ist, daß der Luftfahrttechniker zuvor auch württembergischer Kavallerieoffizier und schließlich General der Kavallerie war.

Am 24. Juli 1870, also fünf Tage nach der Kriegserklärung, morgens acht Uhr, fanden sich vor einem Stabsquartier in Hagenbach der württembergische Patrouillenführer, Hauptmann Graf Zeppelin, vier badische Offiziere und sieben badische Dragoner ein. Das waren mehr Personen, als der Hauptmann für das Unternehmen vorgeschlagen hatte, stellte aber einen Kompromiß des badischen Generalkommandos zwischen den Vorschlägen der bewaffneten Aufklärung eines größeren Verbandes und einer der üblichen Dreimannpatrouillen dar. Der kleine Ort Hagenbach liegt linksrheinisch, Karlsruhe gegenüber, auf der Pfälzer Seite am Bienwald. Der Auftrag, der den Mitgliedern dort mitgeteilt wurde, hieß, die Grenze bei Lauterburg zu überschreiten und bis in den Raum Wörth aufzuklären, um festzustellen, ob sich die Armee Mac Mahons im Angriffsaufmarsch befände. Erkundigungen sollten durch eigenes Beobachten, aber auch durch Befragen der Bevölkerung eingezogen werden. Die Rückkehr wurde bis spätestens zum 26. Juli 1870 morgens erwartet. Zwei Tagesrationen Futter für die Pferde waren mitzunehmen.

Betrachtet man die Landkarte, so erkennt man, daß die etwa 25 km lange Marschroute von Lauterburg bis in den Raum Wörth fast parallel zur deutschen Grenze verlief und daß die entscheidenden Linien, auf denen Truppenbewegungen im vorgesehenen Gebiet möglich waren, die beiden Straßen Hagenau-Weißenburg und Hagenau-Bitsch und die gleichlaufenden Eisenbahnlinien darstellten. Grundsätzlich galt, daß eine Patrouille sich möglichst außerhalb von Ortschaften zu bewegen und Kampfhandlungen, wenn irgend möglich, zu vermeiden habe. Es galt der alte Grundsatz: beobachten, ohne selbst gesehen zu werden. Je länger der Weg im Feindesland, desto größer ist naturgemäß die Gefahr der Entdeckung. Deshalb darf schon hier die grundsätzliche, kritische Frage gestellt werden, warum nicht auf deutschem Boden nach Westen geritten und dann nach Süden abgebogen worden ist. Dazu hätte es mehrerer kleiner Patrouillen bedurft. Aus der bestehenden hätten vier gebildet werden können, das Risiko der Entdeckung wäre auf den kürzeren Wegen verringert und die Wahrscheinlichkeit, Nachrichten zurückzubringen, vergrößert worden. Schon für die Mongolen war die fächerförmige Aufklärung routinemäßige Praxis, Söbötai verließ sich nicht auf nur einen Erkundungstrupp. Die Maximalentfernung des Weges von der Grenze wären dann nur 12 km (Wörth) gewesen. Aus welchen Gründen die Patrouille in der angeordneten Form durchgeführt wurde, ist nicht bekannt. Für diese Entscheidung war der Patrouillenführer nicht verantwortlich.

Wohl aber war er es für den ersten Zwischenfall an der Grenze, der an dieser Stelle schon beinahe, kaum begonnen, zum Ende der Aufgabe geführt hätte. Etwa sieben Kilometer südlich von Hagenbach erreicht man an der Lauter die Grenze zum Elsaß. Jenseits des kleinen Flüßchens liegt das damals noch befestigte Lauterburg. Statt an abgelegener Stelle die Lauter zu durchqueren, was für ein Geländepferd zumal bei sommerlichem Tiefstand des Flusses kein Problem hätte sein dürfen, wählte Graf Zeppelin den Weg *durch* den Ort hindurch. Er hatte die kleine Stadt beobachtet und erkannt, daß die Zugbrücke heruntergelassen war und die bewaffneten Zollposten in der Sonne dösten. Es war Sonntag, die Bevölkerung weilte gerade in der Kirche. Die Gruppe galoppierte an und ritt an den überraschten Männern mit gezogenem Säbel vorbei und in die Stadt hinein. Sie hatten Glück, denn am anderen Ende der Stadt war, was sie nicht hatten voraussehen können, die Zugbrücke ebenfalls heruntergelassen. So kamen sie aus der Stadt wieder heraus. Um nicht telegraphisch weitergemeldet zu werden, kappten sie nach der Ortspassage die Telefonleitungen. Der Gendarm Köhler aus Lauterburg konnte deshalb seine Meldung über den Vorfall nicht absetzen, ritt aber über einen Umweg nach Weißenburg, um Meldung zu machen. Auf dem Wege traf er auf einen französischen Meldereiter. Beide setzten ihren Weg, der das gleiche Ziel hatte, gemeinsam fort. Die württembergisch-badischen Reiter waren also auf den ersten beiden Kilometern bereits aufgefallen, die Nachricht über ihre Existenz schon ab jenem Zeitpunkt unterwegs.

War die Patrouille von Lauterburg querfeldein geritten, so war sie bald gezwungen, weil die Pferde unbedingt getränkt werden mußten, einen Ort anzureiten. Alle Bäche waren in dem heißen Juli ausgetrocknet. Im Dorfe Croettwiller war am Sonntag vormittag Tanz. Beim Eintreffen der unerwarteten Reiter unterbrach die Musik, und die jungen Leute halfen beim Heranschleppen von Wassereimern. Verständigungsschwierigkeiten gab es nicht. Denn die Sprache im Elsaß war Deutsch: Im Jahre 842 bereits hatten zwei der Nachfolger Karls des Großen in den „Straßburger Eiden" die Sprachgrenze zwischen dem ost- und westfränkischen Reich festgelegt. Jeder bestätigte in der Sprache des anderen den Grenzverlauf auf der Höhe des Vogesenkammes: Karl der Kahle im althochdeutschen und Ludwig der Deutsche im altfranzösischen Dialekt. Nach der Annexion des Elsaß durch Ludwig XIV. gab ihm der französische König eine Sonderstellung als „Provence Allemande". Auch die radikalen Jakobiner, die alle Sprachen innerhalb Frankreichs außer dem Französischen ausmerzen wollten und für die das Französische als die „Sprache der Freiheit" galt, hatten der Bevölkerung das Elsässer Deutsch nicht nehmen können.

So konnten deutsche Reiter und Croettwiller Bürger in gleicher Sprache kommunizieren – bis plötzlich ein Alarmruf ertönte. Eben jener Gendarm nämlich mit seinem Begleiter waren in das Dorf eingeritten und unvermittelt auf den Hauptmann getroffen, der sich vor dem Rathaus zu schaffen machte. Ein Handgemenge entspann sich. Auf den Ruf hin kamen die Begleiter angaloppiert und griffen ein. Der Lancier war verwundet vom Pferd gestürzt, konnte sich aber noch in ein Haus flüchten. Beim Lanzieren hatte er zwar nicht den Reiter getroffen, aber Zeppelins Pferd eine stark blutende Wunde am Hals beigebracht. Nachdem der Gendarm seine Pistole verloren und man ihm den Säbel aus der Hand geschlagen hatte, mußte auch er aufgeben. Zeppelin ließ ihn – allerdings ohne Pferd – laufen, versah ihn aber mit ein paar Franken für die Heimreise. Der Mann jedoch, seiner Regierung gegenüber loyal, machte sich, als die Luft rein war, auf den Weiterweg nach Weißenburg, um Meldung zu erstatten. Da er im übrigen fünf Jahre in Amerika gewesen war, konnte er auch die als Tarnung in Englisch gesprochene Unterhaltung der Deutschen über den geplanten weiteren Weg berichten. Das Scharmützel von Croettwiller, so wurde es benannt, war also eine indirekte Folge der Attacke durch Lauterburg.

Man ritt querfeldein weiter bei sommerlicher Hitze und passierte nach etwa 7 km bei Hunspach die Eisenbahnlinie Hagenau-Weißenburg. Die beiden Bahnarbeiter mußten zusehen, wie die Telegrapheneinrichtungen einschließlich der Batterien zerstört wurden. Mangels geeigneten Handwerkszeuges konnten Weichen nicht unbrauchbar gemacht werden. In der Nähe von Oberhof versteckte man sich im Schoenenburger Wäldchen, um dort die Nacht verstreichen zu lassen. Was die Patrouille in dieser Nacht noch nicht wußte, war, daß sie außerdem von zwei Bauern als deutsche Reiter erkannt worden waren, und einer der Bauern auf einem ausgedienten Rennpferd nach Soultz geritten war und die dort biwakierende Eskadron alarmiert hatte. Diese ritt sofort aus, umritt zwar den Forst, durchkämmte ihn aber zum Glück der Versteckten nicht und brach wegen einbrechender Dunkelheit die Suche ab.

Von Oberhof aus hatte Zeppelin den jüngsten der Leutnants, von Gayling, mit zwei Mann, dem Beutepferd, dem verletzten Pferd und mit einer Zwischenmeldung in Richtung Karlsruhe in Marsch gesetzt. Der junge Offizier stieß kurz nach der Trennung überraschend auf eben jene französische Eskadron, die zur Suche ausgeschickt worden war, konnte ihr jedoch durch rasches Reagieren ausweichen, ohne erkannt zu werden. Für ihn betrug der Weg zur Grenze nur knapp 8 km. Er erreichte sie bei Nacht an der Bienwaldmühle. Die dort postierten Grenzwächter an der Lauterbrücke hatten ihre Gewehre zusammengestellt. Er grüßte sie mit einem freundlichen „Bonjour Messieurs". Noch ehe sie ihn als „Feind" recht erkannt hatten, hatte er sich im Galopp mit seiner Mannschaft über die Brücke in die Pfalz abgesetzt. Die ihm nachgeschickten Schüsse gingen fehl. Durch seinen Bericht wußte das Generalkommando immerhin, daß in dem bisher aufgeklärten Raum ostwärts der Linie Hagenau-Weißenburg keine Angriffstruppen aufmarschiert waren.

Der Auftrag der Gesamtpatrouille wäre damit bereits erfüllt gewesen, wenn nicht auch die zweite Verkehrslinie interessiert hätte. Der näherte sich der Hauptmann nach einer schlechten Nacht, die qualvoll in ständiger Gefahr einer Entdeckung vorübergegangen war. Zum Schlaf war man nicht gekommen, die Pferde mußten ruhig gehalten werden. Sie waren, wie es die Vorsicht erforderte, aufgesattelt geblieben. In dieser Nacht faßte Graf Zeppelin den eigenmächtigen und unglücklichen Entschluß, einige Kilometer über Wörth hinaus und weiter in Richtung Niederbronn aufzuklären. Er glaubte, daß er dennoch bis zum nächsten Morgen werde zurück sein können. Daß inzwischen mit Sicherheit Maßnahmen gegen die fremden Reiter eingeleitet wurden, ignorierte er. In Birlenbach wurde getränkt, die Bewohner des Ortes halfen dabei. Bis Wörth waren es noch etwa 14 km, die unter Vermeidung von Ortschaften bewältigt wurden. In den Ort Wörth ritt man trotz der von seinen Offizieren geäußerter Bedenken hinein, um den Weiterweg abzukürzen und einige Befragungen anzustellen. Die Einwände dagegen waren natürlich nur zu berechtigt. Im Ort gab es den Gendarmen Frey, der pflichtgemäß sofort die Ankunft der Deutschen weitermeldete. Im nur zehn Kilometer entfernten Niederbronn lag ein ganzes Regiment Jäger zu Pferde, das die Entscheidung bringen sollte. Noch war die Umgebung von Wörth friedlich an diesem 26. Juli 1870. Elf Tage später fand hier eine für beide Seiten verlustreiche Schlacht statt: auf *jeder* Seite fielen an einem einzigen Tage an die 10.000 Soldaten. Elsaßhausen, soeben auf dem Wege nach dem Schirlenhof passiert, wurde am gleichen 26. Juli der Ort des Reiterangriffes der Brigade Bonnemais; Froeschweiler, 2 km westlich von Wörth, bildete das Zentrum von Mac Mahons Stellungen.

Die einsam am Walde gelegene kleine Siedlung Schirlenhof hatte Zeppelin ausgekundschaftet, um seinen müde gewordenen Tieren eine kurze Rast zu gönnen und um sie zu tränken. Er glaubte ein bis zwei Stunden Zeit zu haben, ehe Verfolger in der Nähe sein könnten, und fühlte sich so sicher, daß er allen Pferden gleichzeitig die Kandaren abnehmen und die Futterbeutel vorhängen ließ. Das Tränken überließ er den Pferdehaltern. Einige der Pferde standen in der Scheune, die anderen im Hof. Die Hausfrau hatte begonnen, Kartoffeln zu kochen und Spiegeleier für die Gruppe zu bereiten; inzwischen studierte man im Hausinnern die Karte. Doch zur Mahlzeit sollte es nicht mehr kommen.

Der Wörther Gendarm Frey hatte Niederbronn erreicht und dem Kommandeur des dort gerade ausgeladenen Jägerregiments Meldung gemacht. Man reagierte sehr schnell. Der General de Berbis übernahm selbst die Aufteilung und Einweisung der Einheiten. Einen der Züge führte der Oberleutnant de Chabot. Als er frische Pferdespuren entdeckt hatte, die größer waren als die Hufe der vollblütigeren Franzosenpferde, wußte er, daß er auf der richtigen Fährte jagte. Dies war in unmittelbarer Nähe des Schirlenhofes. Alles andere überstürzte sich. Nach Erfahrungen, welche die Franzosen im mexikanischen Kriege gemacht hatten, galoppierten zwei ihrer Reiter durch den Ort hindurch, als ob sie auf der Flucht wären. Der einzige Posten, der nicht am Ortseingang, sondern vor dem Hof postiert war, alarmierte und schoß sein Gewehr ab. Als die Reiter aber am Ortsende kehrt machten, drang gleichzeitig von der anderen Seite der Zug des Oberleutnants in den Ort ein, nach allen Seiten schießend. Alle waren auf die Straße geeilt, es entwickelte sich ein allgemeiner Schußwechsel. In dessen Verlauf wurde ein französischer Unteroffizier getötet und der Leutnant Winsloe schwer verwundet. Er starb wenige Stunden später als Erster auf deutscher Seite im Deutsch-Französischen Krieg. Ein besonderes Schicksal: er war schottischer Offizier und aus Begeisterung in badische Dienste getreten. Das Herannahen einer Reitereinheit, vom französischen Zugführer nicht als Freund oder Feind einzuschätzen, ließ eine kurze Gefechtspause entstehen. Sie hätte von den Deutschen zur Flucht genutzt werden können, wenn nicht ein Teil ihrer Pferde tot oder verwundet und der Rest nicht ohne Kandare gewesen wäre. So versuchten diejenigen, die nicht verwundet waren, sich zu verstecken oder in den Wald zu flüchten. Graf Zeppelin gelang es, durch ein zum Wald gerichtetes Fenster zu springen. Zu seiner größten Überraschung stand dort eine Bauersfrau, die ein eingefangenes Franzosenpferd am Zügel hielt. Natürlich hatte sie es nicht für den deutschen Hauptmann bestimmt! Er nahm es für sich, saß auf und galoppierte nach Norden, gefolgt von vier Franzosen. Die holten ihn aber nicht ein, denn das Pferd war gut. Etwa 14 km hatte er bis zur Grenze vor sich. In einem Wäldchen konnte er den Weg abkürzen und einen Suchtrupp abschütteln. In dem Waldgebiet nördlich und in einiger Entfernung von Schirlenhof band er sein Pferd an und fiel in einen tiefen, mehrstündigen Schlaf. Die Verfolger fanden weder ihn noch das angebundene Pferd. Er zog Bilanz: „Die Patrouille war zersprengt und aufgerieben. Seinen Untergebenen, von denen er nicht wußte, wieviele noch in Freiheit waren, konnte er nicht mehr helfen. Für ihn kam es jetzt einzig und allein darauf an, so rasch wie möglich die Grenze zu erreichen und, seinem Auftrage entsprechend, in Karlsruhe Meldung über die Feindlage zu erstatten." (SCHNELL 1996, S. 108). Zunächst hatte er erwogen, zu Fuß weiterzukommen, beschloß aber dann doch, zu Pferde weiterzureiten. Die Karte zur Orientierung war im Bauernhof zurückgeblieben. Er wußte, daß seine Richtung nach Norden führte. Irgendwo unterwegs traf er auf einen Bauern, der mit seiner Tochter gerade Gras mähte. Er bat um etwas Milch. Der Bauer bot sie ihm kuhfrisch von den beiden Zugtieren, und der Graf bezahlte die armen Leute reichlich. Nun tauchte er in die Wälder der Unteren Vogesen ein, in denen das Zurechtfinden besonders schwierig ist. Die Wege winden sich um die steilen, bewaldeten Höhenrücken von einer Himmelsrichtung zur anderen. Hier verlaufen sich nicht nur Wanderer. In den Kämpfen im Januar/Februar 1945 verloren auch Essenträger zu den vorgeschobenen Stellungen, Ablösungen und sogar amerikanische Kampfeinheiten die Orientierung und fanden sich auf der falschen Seite wieder. Er aber stieß ohne derartige Komplikationen in der Nähe Niedersteinbachs auf die Straße, die Bitsch mit Weißenburg verbindet. Nur die Querung des letzten Höhenzuges vor der Pfälzer Grenze stand ihm noch bevor. Sein Weg führte durch das Land der traditionsreichen Felsenburgen, deren Anfänge bis in das 10. und 11. Jahrhundert zurückreichen. Zunächst den Königen vorbehalten, hatte dann der Hochadel und später der niedere Adel seine Burgen auf die Sandsteinklippen gebaut. Hier lebten die Puller von Hohenburg, die Fleckensteins, auch der Bauernführer Franz von Sickingen. Die Reste ihrer einst wehrhaften Burgen sind noch heute, wenn auch im 30jährigen Krieg und der übriggebliebene Teil von französischen Marschällen zerstört, als Ruinen eindrucksvoll. An den mythenträchtigen Wasigensteinen, einer Doppelruine, muß Graf Zeppelin unmittelbar vorbeigeritten sein. Das in lateinischer Sprache im 10. Jahrhundert vom Mönch Ekkehard in St. Gallen aufgezeichnete Waltharilied wird hierher verlegt: Hagen von Tronje, der Dienstmann des Frankenkönigs in Worms, flieht aus der Geiselhaft beim König Etzel. Walter von Aquitanien folgt nach mit Hildegund, der Tochter des Burgunderkönigs. Beide haben Schätze bei sich. König Gunter, bei dem sie in Worms um Asyl gebeten hatten, folgt ihnen auf ihrem Wege und überfällt sie, obgleich Blutsbruder, an den Wasigensteinen, um sie zu berauben. Beim folgenden Kampf verlieren die Gefolgsleute das Leben, Hagen ein Auge, Gunter ein Bein, Walter eine Hand. Das Nibelungenlied hat bekanntlich das gleiche Thema zum Gegenstand.

Sicherlich dachte Graf Zeppelin nicht an die alten Mythen. Er hatte gerade das Zusammentreffen mit französischen Grenzposten hinter sich, die ihn glücklicherweise auf seinem französisch gesattelten Pferd für einen Franzosen hielten. Gegen fünf Uhr morgens traf er in Hirschthal auf den ersten deutschen Ort und wurde von den Vorposten empfangen. Sein erschöpftes Pferd am Zügel führend, kam er nach Nothweiler, einem winzigen, verträumten Dorf an den Nordhängen der Pfälzer Grenzwälder. Der Brunnen im Zentrum des Ortes, an dem das Pferd zum ersten Male nun ohne Gefahr getränkt werden konnte, ist noch heute unter dem Namen Zeppelinbrunnen bekannt. Am Nachmittag traf Graf Zeppelin in Karlsruhe ein – als einziger seiner Patrouille. Der deutsche Aufmarsch, der am 3. August beendet war, konnte in der Gewißheit fortgesetzt werden, daß kein unmittelbarer Angriff in die Flanke bevorstand.

Was war mit seinen Kameraden geschehen? Sie gerieten alle, z. T. verwundet, in Gefangenschaft. Besonders die Leutnante von Wechmar und von Villiez hoben in ihren späteren Berichten die ritterliche Behandlung durch die französischen Offiziere und schon bei der Gefangennahme durch den Oberleutnant de Chabot hervor. Später wurden sie in die Familie des Marschalls Leboef eingeladen; ihre Waffen wurden ihnen gegen Ehrenwort zurückgegeben, und sie durften Briefe an ihre Angehörigen schreiben. Die wurden auf besondere Anweisung des Marschalls durch die Linien übergeben. Alle in Gefangenschaft geratenen Mitglieder der Patrouille überlebten und kamen nach Hause, zwei der Dragoner bereits bei der Einnahme von Niederbronn durch die Preußen, die beiden Offiziere am 6. März 1871.

Graf Zeppelin beschäftigte sich erst nach seinem Ausscheiden aus dem aktiven Militärdienst, 1890, mit der Konstruktion eines lenkbaren Luftschiffes. Er war damals 57 Jahre alt.

LITERATUR:

COCHENHAUSEN, VON: *Schicksalsschlachten der Völker*, Leipzig, Breitkopf und Härtel 1937.
DUVERNOY, VON: *General der Kavallerie Ferdinand Graf Zeppelin*, Militärwochenblatt Nr. 133, 1907.
EBERT, KARLHEINZ: *Das Elsaß*, Köln, DuMont (o. J.).
EICHLER, JÜRGEN: *Luftschiffe und Luftschifffahrt*, Brandenburgisches Verlagshaus 1993.
GÖBELS, HUBERT: *Vom tapferen Herzen*, Dülmen, Laumann'sche Verlagsbuchhandlung (o.J.).
Großer Generalstab, *Der deutsch-französische Krieg 1870/71*, Berlin, Mittler und Sohn 1874.
ITALIAANDER, ROLF: *Ferdinand Graf von Zeppelin*, Konstanz, Stadtler 1981.
RICHTER, GEORG: *Elsaß, Vogesen, Burgundische Pforte*, Nürnberg, Glock und Lutz (o.J.).
SCHNELL, KARL: *Zeppelins Fernpatrouille*, München, Verlag der Wehrwissenschaften 1990.
VILLIEZ, PHILLIP VON: *»Ich überreiche Ihnen meinen abgeschossenen Revolver«, Frankfurter Allgemeine Zeitung*, Nr. 169, 25.7.1970.
WITTNER, HEINZ ET.AL.: *Vogesen Nord*, Stuttgart, Deutscher Wanderverlag (o.J.).

Abb. 29: Hauptmann Graf Zeppelin

Abb. 30: Leutnant von Gayling täuscht die Grenzposten an der Bienwaldbrücke.

Der große Distanzritt 1892

In der Geschichte Österreichs und Preußens wechselten Freundschaft und Feindschaft einander ab. Die aktive Lebensspanne einer ganzen Generation war vergangen, seit Preußen und Österreicher noch gemeinsam gegen Dänemark gekämpft hatten (1864). Sechsundzwanzig Jahre lag der unglückliche Krieg zurück, in dem beide Staaten Gegner waren (1866). Diesen Krieg hatte Preußen mit der Schlacht bei Königgrätz für sich entscheiden können. Harte Vertragsbedingungen können unübersehbare Reaktionen auslösen. Im Frieden von Prag wurde das österreichische Nationalgefühl durch Preußen nicht verletzt. Bedingungen, nicht diktiert vom Haß, hatten glücklicherweise dazu geführt, daß die weitere Entwicklung der beiden Reiche in Freundschaft verlief.

Die Gemeinsamkeiten sollten – vom reiterlichen Standpunkt aus gesehen – in einem friedlichen, sportlichen Wettkampf der berittenen Einheiten beider Staaten einen Höhepunkt finden. Die an den Kriegen noch beteiligten Reiter waren inzwischen abgesessen und hatten ihren Platz im Sattel an die Generation der Söhne weitergegeben.

Von den jungen Reitern mehr sportlich gesehen, lag den Überlegungen der Heeresführungen dem zu beschreibenden Ereignis ein wesentliches taktisches Kalkül zugrunde: Um Jahrzehnte der heute längst abgeschlossenen Entwicklung voraus, hatte sich schon in der Entscheidungsschlacht bei Königgrätz abgezeichnet, daß mit neuen Techniken der Kriegführung die Kampfentscheidung nicht mehr von den Attacken kavalleristischer Verbände abhing. Die Zielgenauigkeit der mit gezogenen Rohren ausgestatteten österreichischen Artillerie und die rasche Feuerfolge der Zündnadelgewehre der preußischen Infanterie – beides neue Techniken – setzten schon 1866 Reiterformationen großen Verlusten aus. Bei den siegreichen Preußen waren 1866 kavalleristische Einheiten überhaupt nicht zum Angriff eingesetzt worden. Bei den Österreichern hatten berittene

Formationen nur in der letzten Phase des Kampfes Verwendung gefunden. Trotz hoher Verluste konnten sie weder den Kampfverlauf ändern noch, was besonders schwerwiegend war, den Rückzug der eigenen Truppen decken. Die Österreichische Artillerie brachte das Deckungsopfer. Der Eintritt in eine waffentechnisch „moderne" Zeit zeichnete sich ab, in der Roß und Reiter gegenüber jahrhundertealten Regeln nur noch eingeengte Aufgaben finden sollten. Die Domäne der Kavallerie konnten nur noch begrenzte Überraschungsangriffe, Nachrichtenübermittlung, Verfolgung und vor allem Aufklärung sein. Daß auf längere Entfernungen und bei mehrtägigen Märschen Fußtruppen nicht gegenüber Einzelreitern, wohl aber gegenüber Reiterverbänden paradoxerweise nur wenig langsamer waren, hatte man schon länger erkannt. Nun galt es für die Heeresführungen zu testen, wo die Leistungsgrenzen des Pferdes für Dauerleistungen lagen, ohne es zu opfern, und Erfahrungen über Nachtritte zu verbessern. Die Durchführung von Nachtritten war bereits seit kurzem in der Felddienstordnung vorgeschrieben. „Wesentlich ist, daß die Offiziere gewohnt werden, auch bei Nacht in unbekanntem Gelände sich zurechtzufinden. Übungen hierzu sind unerläßlich." (Felddienstordnung 1890). Schließlich sollte auch die Verbundenheit der Reiter beider Staaten gefördert werden.

Unter diesen Blickwinkeln wurde jenes Ereignis geplant, das als der Große Distanzritt Berlin-Wien 1892 für die Deutschen und als der Große Distanzritt Wien-Berlin 1892 für die Österreicher bezeichnet wurde.

Als das ankündigende Schriftstück im März 1892 gemeinsam vom österreichisch-ungarischen und vom deutschen Reichsheer herausgegeben und den Mitgliedern des Offizierskorps zugestellt wurde, stieß es auf große Begeisterung bei den Offizieren beider Staaten. Etwas Ähnliches hatte es zuvor nicht gegeben. Aus den vorläufigen Verlautbarungen ging hervor, daß die Beteiligung nur auf die Offiziere der befreundeten Heere begrenzt sein sollte und daß – als besonderes Privileg – beide Monarchen die Schutzherrschaft übernehmen würden. Wenig später schon lagen die genauen Propositionen vor. Im heutigen Sprachgebrauch würde man von Ausschreibungen sprechen. Sie waren damals ebenso sachlich-spröde, wie sie es noch heute sind. Die wichtigsten Einzelheiten waren:

Start der Reiter von der jeweiligen Hauptstadt aus, Ziel in der jeweiligen Hauptstadt des Partnerstaates. Die ursprüngliche Planung, den Weg umgekehrt nochmals zu reiten, wurde fallengelassen.

- Die Strecke von 600 km sollte in großer Schnelligkeit mit dem gleichen Pferd ohne Ruhetag in höchstens sechs Tagen zurückgelegt werden.
- Zugelassene Reiter: alle aktiven Offiziere beider Länder auf Pferden jeder Herkunft und ohne Gewichtsausgleich. Die Pferde durften auf der Strecke geritten oder geführt werden. Führpferde und begleitende Pferdewärter zu Pferde waren verboten. Die Mitnahme von Pflegern auf andere Art war erlaubt.
- Startbeginn 1. Oktober 1892. Startfolge nach Los. Nach zwölf Uhr vormittags keine weiteren Starts, sondern, je nach Zahl der Meldungen, Verteilung auf den nächsten Tag.
- Ausrüstung des Reiters: Uniform, bei den Österreichern zusätzlich Säbel. Dies auf besondere Order des Kaisers.
- Nenngeld 100 Reichsmark, Preise gestaffelt, beginnend mit 20.000 Reichsmark.
- Ehrenpreise der Monarchen an den jeweils besten Reiter der anderen Nation.

Besonders hervorgehoben werden muß, daß zwei Konditionspreise ausgesetzt wurden. Von jedem Land sollte *der* Reiter einen Preis erhalten, dessen Pferd in der besten Kondition durch das Ziel käme. Die Bedingungen galten für alle Pferde, die nicht mehr als 24 Stunden nach dem Sieger eingetroffen sein durften; der Preis betrug jeweils 5.000 Reichsmark. Die Organisatoren wollten damit einen Anreiz setzen, die Pferde nicht bis zum Äußersten zu belasten. Wie der große Ausfall von Pferden später zeigte, konnte man damit nicht alle Reiter überzeugen, rational und in das Pferd einfühlend zu reiten.

Mit den Propositionen waren gewisse Chancenungleichheiten nicht zu vermeiden. Allgemein anerkannter Nachteil für die Deutschen war die Steigung von 150 m zwischen Berlin und Wien auf der Gesamtstrecke. Ebenfalls von Nachteil war, daß die huffreundlichen Wege im ersten Teil und die harten, steinigen und ansteigenden Wege für die Deutschen im zweiten Teil lagen. Es mußte weiter unterstellt werden, daß infolge der Kaisermanöver im Vormonat des Rittes die Trainingsmöglichkeiten begrenzt waren. Andererseits hatten die deutschen Reiter insofern Vorteile gegenüber den Österreichern, als sie auch Chargenpferde reiten durften, und daß ihre Starts wegen der größeren Zahl der Nennungen auf drei Tage verteilt wurden. Dadurch waren den Startern, insbesondere des letzten Tages, die Ergebnisse der Vorreiter bekannt. Wie sich später herausstellte, hatten sie damit bessere Anhaltswerte für das „Pferdemögliche" und konnten ihre Programme noch unterwegs variieren. Alles Für und Wider abgewogen, die staatsdominierenden Zuchten inbegriffen, galten die Österreicher als die besseren Reiter und als die Favoriten. Mondhelle Nächte für die einen und zur gleichen Zeit anderenorts Nebel für die anderen hatte niemand kalkulieren können.

Voller Eifer wurden die Vorbereitungen durchgeführt. Jeder versuchte noch – falls nicht vorhanden – ein passendes Pferd zu bekommen, um dabei sein zu können. Trainingsprogramme und Einteilungspläne für den Ritt wurden generalstabsmäßig erarbeitet. Routen für den besten Weg und subjektive Varianten wurden durchdacht. 20 Einzelreiter von beiden Seiten waren die gesamte Strecke zuvor abgeritten, darunter auch der spätere Sieger, Graf von Starhemberg. Die Gespräche in den Kasinos drehten sich um den Ritt. Auch die Öffentlichkeit nahm regen Anteil. Wie ein Zeitgenosse feststellte, berichteten die Zeitungen über die Vorbereitungen noch vor den Themen Pest, Cholera, Musikveranstaltungen und Politik. So stieg die Spannung. Schließlich lagen von 121 deutschen und 109 österreichischen Reitern Nennungen vor. Darunter auf deutscher Seite einige Vertreter von Familien, die in der Reiterei der letzten Jahrzehnte noch immer einen guten Klang haben: von Wangenheim, von Barnekow, von Rotkirch, Graf Thun-Hohenstein, Graf Wengerski.

Die Startzeiten waren verlost, der erwartete 1. Oktober kam. Die Startfolgen der Österreicher waren zwar kürzer, aber taktisch besser auf die kurze Spanne des frühen Morgens zwischen 6 und 7.30 Uhr auf zwei Tage verteilt. Die Deutschen starteten an drei Tagen jeweils zwischen sechs und zehn Uhr.

Überlegungen wurden angestellt über die zu erwartende Zeit des Siegers. Einer der offiziellen Berichterstatter war Freiherr von Pirquet. Er bat seine begleitende Gesellschaft morgens am Start, die geschätzte Zeit niederzuschreiben, um am Ende der Ritte die persönlichen Prognosen objektiv diskutieren zu können. Er selbst stellte folgende Überlegungen an: auf Grund einer Wette, in 40 Stunden 40 Meilen (300 km) zu reiten, hatte ein Graf Szirmay 30 Jahre zuvor in sicher nicht sehr anregendem Ablauf Runde um Runde auf der Rennbahn des Wiener Praters abgedreht. Pferd und Reiter wurden dabei an den Rennbahneinrichtungen optimal versorgt, das Geläuf entsprach idealen Bedingungen. Die Wette wurde gewonnen. 300 km entsprachen dem halben Weg zwischen den beiden Hauptstätten. Setze man danach eine Rast von sechs Stunden an, so ergaben sich für die Gesamtentfernung trotz der wesentlich ungünstigeren Reitverhältnisse im Gelände minimal 86 Stunden. Dies war seine Aufstellung. Was er aber niederschrieb, waren interessanterweise 81 Stunden. Er dachte insofern sehr real, als er vermutete, daß unter 100 Reitern wohl 20 „Heißsporne" wären, die einfach drauflos ritten und das Leben ihrer Pferde trotz der angesetzten Konditionspreise riskieren würden. Einige blieben dann zwar am Wege, der eine oder andere käme jedoch an. Eine Zeit unter 81 Stunden hielt er für unmöglich. Dies war die abgewogene Voraussage eines erfahrenen Pferdemannes.

So sehr das allgemeine Interesse nach den ersten Starts zunahm, so sehr mußte man sich gedulden, denn der 1. und 2. Oktober fielen auf Sonntag und Montag. Am 4. Oktober begannen die Überraschungen: von Miklos war in Berlin in einer Zeit von 74 Stunden 24 Minuten eingetroffen. Niemand hielt diese Zeit für unterbietbar. Erst volle 10 Stunden später traf der erste deutsche Reiter, Prinz Friedrich Leopold, am Stadtrand von Wien ein. Der nächste Tag brachte die noch größere Überraschung: Graf von Starhemberg, als letzter Österreicher gestartet, hatte um drei Stunden unterboten und Berlin in 71 Stunden 26 Minuten erreicht. Somit waren die beiden Schnellsten zunächst Österreicher. Außerdem lagen 19 Österreicher in Folge an den ersten beiden Tagen an der Spitze. Dies wies darauf hin, daß die meisten Österreicher ihren Ritt für 72 Stunden programmiert hatten. Die Deutschen hatten noch nach alten Annahmen geplant. Der 6. Oktober überraschte zunächst mit besseren Ergebnissen der Deutschen. In Kenntnis der gerittenen Zeiten konnten sie umdisponieren und durften ihren Pferden mehr zutrauen. Die größte Überraschung des Tages waren jedoch die vom Telegraphen vorausgeschickten Zwischenzeiten des Freiherrn von Reitzenstein. Ob er den Spitzenreiter noch würde schlagen können? Alles deutet auf eine Sensation. Doch auf den letzten 40 km vor Wien verreitet er sich bei Nacht und dichtem Nebel. Sich entlang der linken Fahrbahn orientierend, erkennt er die nach rechts abzweigende Gabel nicht. Die Situation konnte nicht unglücklicher sein. Bis er den Fehler bemerkt und korrigieren kann, vergeht über eine Stunde, verbunden mit einem größeren Umweg. Zudem wird ihm das Pferd matt. Die Notwendigkeit des Aufgebens bahnt sich an, kurz vor dem Ziel und bisher in Idealzeit. Wie soll er sich entscheiden, noch den sicheren zweiten Platz vor Augen? Er schnallt zum ersten Male die Sporen an. Seine Stute erreicht Wien-Floridsdorf und legt sich dreihundert Meter nach dem Ziel völlig erschöpft auf die Straße, wo man sie mehrere Stunden ruhen lassen muß. Zwei Tage später ist sie nach kurzer, unvollständiger Erholung tot. Die Diagnose lautet Lungenentzündung! Von Reitzenstein hatte schon in der Vorbereitungszeit unglückliche Zwischenfälle; es wird darauf zurückzukommen sein. Außer *seinem* Pferd verendete auch das des Siegers. Die Diagnose lautete: Wundstarrkrampf nach einer auf dem Wege zugezogenen Verletzung.

Insgesamt waren 13% der Pferde abgängig. Dreißig Prozent der Reiter beendeten aus diversen Gründen die bei Pferd u n d Reiter lagen, den Ritt nicht. Das waren dreimal mehr als erwartet. Man hatte geglaubt, daß erschöpfte Pferde ohne Pause nicht mehr weiterzubringen seien. Statt dessen überschritten sie ihre körperlichen Grenzen und gingen ein an Kolik, Herzschlag und „Lungenentzündung". Andererseits blieben 37 Reiter unter der von von Pirquet projektierten Zeit von 81 Stunden, die er als Grenze für „Heißsporne" kalkuliert hatte.

Die Durchschnittszeit aller innerhalb von fünf Tagen angekommenen Reiter lag bei den Österreichern bei 91, bei den Deutschen bei 97 Stunden. Das entspricht als Dauerleistung einem Tagesdurchschnitt von mehr als fünfmal 120 km. Wie waren diese extremen Leistungen mit e i n e m Pferd möglich? Man ist geneigt, die Gründe zunächst in der Zucht der eingesetzten Pferde zu suchen. Aus überraschenden Tatsachen ist diese Frage nicht sicher zu beantworten: Bei mehr als 30% der Pferde ist die „Abstammung unbekannt", bei anderen heißt es z. B. „aus galizischem Gestüt", „donisches Kosakenpferd", „vermutlich aus Irland eingeführt". Die Aussage, daß der englische Vollblüter im strengen Sinne für den Distanzritt dieser Art zu nervös, zu verzärtelt und zu weich in Fell und Huf sei, wird dadurch gestützt, daß von sieben gestarteten reinen Vollblütern nur drei ankamen. Die besten Chancen sah von Pirquet im hochgezüchteten Halbblüter, worunter er Blutanteile von 3/4, 7/8 bis zu

15/16 (!) verstand. Sie stellten die Mehrzahl der Pferde mit bekannter Abstammung.

Um eine gute Zeit zu erzielen, gehörten neben der Qualität des Pferdes seitens des Reiters körperliche Kondition, Routine und schließlich in einem nicht geringen Maße auch Glück. Vor allem aber gehörte dazu das richtige, nach eigenen Auffassungen für das individuelle Pferd entwickelte Programm. Ein so versierter Reiter wie von Pirquet, der viel und weit geritten war, gab zu, daß die Kenntnisse über Dauerleistungen des Pferdes, die Art und Häufigkeit der Fütterung und ebenso über die notwendigen Minimalerholungspausen bei Ritten über größere Distanzen fehlten. Wie also stellt man ein Programm auf? Unter welchen Gesichtspunkten sah es der Sieger von Starhemberg? Zunächst hatte er die Strecke mit dem gleichen Pferd „Athos" zur Probe in sieben Tagen abgeritten, die letzten 160 km „in einem Atem" ohne Aufenthalt und als Test viel im Galopp. Mit verschiedenen Pferden legte er drei Teilstrecken um Wien von jeweils ca. 300 km in 36 Stunden zurück, eingeschlossen waren zwölf Raststunden. Die Erfahrungen daraus ergaben seinen endgültigen Plan. Er hinterlegte ihn zur Dokumentation vor dem Ritt. Die Totalzeit hatte er auf 70 Stunden terminiert, darin zwölf Stunden Rast. Vorgesehen waren nur Schritt und Trab. Galopp sollte nur eingelegt werden, wenn Zeit hätte aufgeholt werden müssen. Bis hinein nach Sachsen lag er voll in der Zeit. Ein Verreiten bei Baruth warf ihn um 1,5 Stunden zurück. Seine Zeit wich dadurch schließlich um 1 Stunde 26 Minuten vom Plan ab. Hinter ihm lag ein Ritt von dreimal 24 Stunden, Tag und Nacht, ohne Schlaf, praktisch ohne Ruhe bei äußerster Konzentration auf Weg, Pferd und Zeit und mit nur elf Stunden Rast. Daß sein Pferd nach exakter Planung und nach beider Leistung nicht an den Folgen der Dauerleistung, sondern am Wundstarrkrampf einging, ist besonders bedauerlich.

Ein anderer Plan, der des Leutnants Höfer, war besonders originell. Er basierte auf der phänomenalen Freßlust seiner Stute. Die meisten Reiter sahen vor, dreimal 8-10 kg Hafer und 1 kg Heu über den Tag zu füttern. Getränkt wurde alle zwei Stunden, häufig auch als Mehltrank, der in den Ortschaften bereitgehalten wurde. Höfer dagegen plante vier Stunden Ritt, gefolgt von einer Stunde Pause, in der jedesmal 10 kg Hafer angeboten wurden. Als Gesamtzeit hatte er 70 Stunden berechnet. Die Rechnung ging auf über die ersten 350 km. Dann sollte es anders kommen: Er führte gerade sein Pferd bei Nacht, als es über einen Meilenstein stolperte und lahmte. Um alles vor einer Aufgabe versucht zu haben, behandelt er das Pferd mit Umschlägen. Da er keinen Erfolg hat, stellt er es für weitere vier Stunden in das Wasser eines nahen Baches. Müde und schlechter Stimmung liegt er am Ufer und muß den Hufschlag seiner vorbeireitenden Konkurrenten anhören. Aber seine Mühen sollten sich gelohnt haben. Die Lahmheit ist verschwunden. Zwar muß er den Plan ändern, um Zeit einzuholen; doch mit 74 Stunden 42 Minuten wird er Vierter. Eine auf den Eigenheiten des Pferdes aufgebaute Logistik und Glück im Unglück brachten ihm den Erfolg.

Durchschnittlich betrug die Marschzeit im Sattel bzw. geführt 55-70 Stunden. Von unterschiedlicher Dauer waren die Rastzeiten. Sie wurden entscheidend für die Gesamtzeit. Oberleutnant von Miklos kam mit 15,5 Stunden Rast aus. Dies bedeutete nicht nur für das Pferd eine Strapaze, sondern auch für den Reiter. Am schlimmsten wirkte sich das Schlafdefizit aus. Wiederholt schliefen Reiter beim Tränken, im Sattel, auch beim Führen der Pferde ein.

Der Ritt war nicht arm an Zwischenfällen verschiedenster Art. Vorwiegend waren es Krankheiten von Pferd und Reiter. Koliken beim Pferd, Fußprobleme beim Reiter. Bei aufgelaufenen Hacken ritt mancher ohne Bügel weiter. Nicht selten kam es zum Verreiten, meist wenn versucht wurde, Straßen mit schlechtem Pflaster auszuweichen. Bei fast allen, die mehr als viermal 24 Stunden benötigten, hatten sich Serien von Mißgeschicken eingestellt:

Ein Lastfuhrwerk wirft bei Dunkelheit Pferd und Reiter in den Graben. Hilflos liegt der Reiter einige Nachtstunden unter seinem

Tier. Beide sind verletzt. Nach erfolgter Befreiung führt der Reiter sein Pferd längere Zeit am Zügel, kann dann aber wieder aufsitzen und erreicht trabend das Ziel.

Ein anderes Pferd stolpert bei Nacht und fällt auf die Knie. 24 Stunden versorgt es der Reiter mit Umschlägen. Beim Aufsatteln entdeckt er, daß ihm alles Geld gestohlen wurde. Schließlich sind seine Füße wundgelaufen durch den längeren Marsch. Ihm wird Bettruhe verordnet. Er bricht sie ab, setzt mit großer Energie seinen Weg fort. Auf einer Rast schneidet er Brot für sein Pferd. Das Messer rutscht ab, er schneidet sich tief in die Hand. Die Wunde muß genäht werden. Mit gesundem Pferd, aber den Arm in der Binde, reitet er ins Ziel.

Einem weiteren Teilnehmer scheut das geführte Pferd vor einem Eisenbahnzug, reißt sich los und verschwindet im Galopp. Erst nach einer Stunde wird es wieder eingefangen.

Welche Schwierigkeiten der verschiedensten Art schon die Vorbereitungszeit bringen konnte, soll am Beispiel des Zweitplazierten, Freiherrn von Reitzenstein, gezeigt werden. Sein Verreiten während des Rittes im Nebel wurde schon geschildert. Er berichtete über seine Erfahrungen aus der Vorbeitungszeit und während des Rittes selbst vor der Militärischen Gesellschaft zu Berlin am 7. Dezember 1892. Seine Probleme begannen mit der schwierigen Suche nach einem geeigneten Pferd zu einem von ihm tragbaren Preis. Erst wenige Tage vor Nennungsschluß konnte er aus einem belgischen Stall eine Stute erstehen, deren Äußeres und deren englische Vorgeschichte ihm zusagten. Am Kauftag hatte sie jedoch Satteldruck und galt als nicht einsatzfähig. Unter einem Sattel, der die wunden Stellen aussparte, konnte er trotz Arbeit eine Abheilung erreichen. Nachdem das Pferd in seinem Manöverort Lippspringe am 3. September 1892 angeliefert worden war, stellte sich sofort heraus, daß es so hautsensibel war, daß es sich nicht putzen ließ. Die Stute stieg dabei vor Panik und biß sich in der Futterraufe fest. Also wurde das Putzen auf Waschen und Frottieren umgestellt. Jede freie Zeit beschäftigte er sich mit ihr. Nach zwei Wochen war sie so vertraut, daß sie ihm wie ein Hund sogar bei Dunkelheit folgte. Dadurch brauchte er beim Ritt nie am Zügel zu führen, das Pferd folgte frei. Nur im Laufschritt bergab faßte er dem trabenden Pferd in die Mähne.

Über Dauerleistungen hatte von Reitzenstein nur Kenntnisse aus Manövern. Er wußte, daß Pferde drei Tage und zwei Nächte in Folge unter dem Sattel ohne sonderliche Ruhe sein konnten. Er wußte nicht, welche Distanzen möglich waren. Er plante, durch verkürzte Ruhepausen und nicht durch höheres Tempo, Zeit zu gewinnen. Das Training erfolgte deshalb in Schritt und Trab. Als bestes Trabtempo seiner Stute fand er vier Minuten pro Kilometer. Und als beste Reisegeschwindigkeit, einschließlich der Pausen, acht Kilometer in der Stunde. So führte er größere Ritte bis 200 km durch. Einschließlich der Pausen benötigte er dafür maximal 19 Stunden. Das Pferd beendete diese Übungen immer in frischem Zustand und mit guter Freßlust. Für die zu führenden Abschnitte trainierte er sich selbst mit mehrstündigen Einlagen von Schritt und Eilschritt. Alles schien nach Wunsch abzulaufen. Eine Lahmheit stellte sich als durch Sohlendruck verursacht heraus und konnte durch Eisenwechsel behoben werden. Acht Tage vor dem Start wird das Pferd in Paderborn verladen. In Berlin läuft der Pferdewaggon wegen falscher Weichenstellung auf einen Güterzug auf. Der Anprall ist so stark, daß die Vorlagestange aus der Halterung springt und verbogen am Boden liegt. Das Pferd hat eine Fleischwunde am Bein, eine Verletzung an der Stirn. Vor allem hat es eine Gehirnerschütterung mit völliger Teilnahmslosigkeit; es verweigert das Futter. Ein Rücktritt im letzten Moment ist sehr wahrscheinlich. Um für alle Fälle einen Konditionsverlust zu vermeiden, reitet er dennoch täglich bis zu mehreren Stunden. Zwei Tage vor dem Start zeigt sich die Stute wieder freßlustig und aufmerksam wie vor dem Unfall. Wenn auch unter schlechtem Vorzeichen und nach den aufregenden Vorfällen kann der Start am 3. Oktober 1892 erfolgen.

Waren schon die Grenzen für das Leistungsvermögen und für das Ruheminimum von Pferd und Reiter nicht bekannt, so gab es noch ein anderes Problem, das sich über eine Entfernung von 600 km auswirken sollte: die Orientierung. Auf deutscher Seite hatte das Militärisch-geographische Institut Marschroutenkarten im Maßstab 1 : 300.000 herausgebracht, auf welchen der angenommene günstigste Streckenverlauf mit kleinen Wegevarianten aufgezeichnet war. Das Format war handlich, je 50 km waren auf einer Buchseite des faltbaren Druckes skizziert. Die Karte enthielt aber nur die Orte längs des Weges, nicht Ortschaften der Umgebung. Das führte zum erschwerten Rückorientieren bei einem Verritt. Entscheidend aber war, daß bei Nacht auch die beste Karte nichts hilft, und die Taschenlampe war noch nicht erfunden. Die Teilnehmer waren daher gezwungen, die Strecke weitgehend auswendig zu lernen. Einer der Reiter ritt ohne jede Karte, er hatte die gesamte Ortsfolge im Kopf. Er kam im Felde des ersten Sechstels an.

Wie war die allgemeine Kritik an dem Unternehmen? Die Skala der Meinungen spannte sich aus von dem Wunsche, daß sich ein Dichter finden möge, „welcher die Ruhmestaten der Reiter und Rosse in einem würdigen Epos besingen möge" bis zur Verdammung als „sinnlose Rackerei, die vom Tierschutzverein nicht hätte erlaubt werden" dürfen. Die letzte Äußerung erstaunte den Zeitgenossen von Pirquet besonders deshalb, weil sie aus dem Lande der Jagden auf den lebenden Fuchs kam, dessen Angehörige in der ganzen Welt Sportgeist bewiesen hatten, aber auch Mensch und Tier nie schonten, wenn nationale oder sportliche Interessen auf dem Spiele standen. Was war sachliche, was war unsachliche Kritik? Dazu müssen wir uns in Erinnerung zurückrufen, was die Ziele waren, die zu dem Distanzritt geführt hatten. Es waren taktische und sportliche Vorstellungen und darüber hinaus der Wunsch nach einer „Völkerverständigung". Was das Militärische anbetrifft, so hat der Ritt für die damalige Zeit wesentliche Ergebnisse gebracht. Europa war seit Jahrhunderten keine pazifistische Trauminsel, sondern ein Spannungsfeld der verschiedensten Eigeninteressen. Die Kavallerie war ein Teil des Kriegsheeres. Alle Teilnehmer, jedenfalls die deutschen, mußten über ihren Ritt berichten. Die Berichte wurden ausgewertet. Die gewonnenen Erkenntnisse waren wichtig sowohl im Hinblick auf banale Dinge, wie zweckmäßige Bekleidung und Ausrüstung, Zäumung und Beschlag, ebenfalls wichtig aber auch z. B. im Hinblick auf Erfahrungen über Fütterung und Tränken bei großen Entfernungen. Aus militärischer Sicht jedoch hatten sich Erfahrungen gewinnen lassen über den Aktionsradius von Pferd und Reiter im Extremfall und über die Kampffähigkeit nach einer Gewaltleistung. Nach 400 km waren noch fast alle einsatzfähig, nach 600 km nur noch einzelne.

Betrachtet man den Ritt nur unter sportlichem Blickwinkel, so war der Einsatz zu hoch. Es war aber eben kein rein sportliches Ereignis und bei einer Wiederholung wäre die Ausschreibung verändert worden. Auch unsere modernen Distanzreiter der letzten Jahrzehnte mußten dazulernen, obgleich sie nicht bei Null hatten anfangen müssen wie die Reiter von 1892.

Es verbleibt der letzte Gesichtspunkt zur Kritik, die Vertiefung der Gemeinsamkeiten durch reiterliche Konkurrenz. Zahlreiche Empfänge, Feste und gegenseitige Einladungen verschiedenster Art zeigten, daß diese Wünsche der jungen deutschen und der traditionsreichen alten Habsburger Monarchie erfüllt wurden.

Sieger und Plazierte sind aufgelistet, die Empfänger der Konditionspreise sind bekannt. Was fehlt, ist ein Preis für faires Verhalten gegenüber der Kreatur. Sollte ihn nicht der Hauptmann Ernst-Günther Herzog zu Schleswig-Holstein erhalten? Er erreichte nur den Platz 84. Etwa 40 km vor Wien wird seine 6jährige Stute „Mayflower" müde: Er sitzt ab und führt sein Pferd nach ca. 560 km für die letzten 40 km des Weges am Zügel und durchs Ziel.

LITERATUR:

KOHUT, DR. ADOLPH: *Der große Distanzritt, Berlin/Wien 1892*, Peter von Pirquet, Dresden, Ed. Rancillio.

Graf SCHAFFGOTSCH, VON REITZENSTEIN: *Mein Distanzritt Berlin-Wien*, Beihefte zum *Militärischen Wochenblatt 1893*, 1. Heft., Berlin, Mittler u. Sohn.

Felddienstordnung, Berlin, Mittler und Sohn 1900.

Abbildungen der folgenden Seiten:

Abb. 32 (Falttafel): Teilstrecke aus der Faltkarte 1 : 300.000, die den deutschen Offizieren zur Verfügung gestellt wurde. Die korrespondierend eingetragenen Höhenprofillinien zeigten den Reitern Steigungen und Gefälle an.

Abb. 33 (S. 199): Abritt des späteren Zweitplazierten, Freiherrn von Reitzenstein, von Berlin.

Abb. 34 (S. 200): Start des österreichischen Reiters, Graf von Starhemberg. Er siegte im Distanzritt.

Eine Dienstreise zu Pferde –

Dr. Werner Otto von Hentigs Diplomatenfahrt

Im Ersten Weltkrieg spielte sich eine Odyssee ab, die so unwirklich klingt, daß der Ullstein-Verlag es für notwendig erachtete, die Einleitung selbst zu schreiben. Aus den Tagebuchaufzeichnungen des Diplomaten von Hentig entstand ein Bericht über eine Expedition, die zunächst nach Afghanistan führen sollte, sich dann aber zu einer Weltumrundung über China, Japan und die USA und zurück nach Deutschland ausweitete. Über Tausende von Meilen im Sattel oder zu Fuß mit geführtem Pferd mußten von Mensch und Tier Extremleistungen vollbracht werden. Von Bagdad im Zwischenstromland bis zur Eisenbahn im ostchinesischen Raum lassen sich 15.000 km errechnen. Die persische Salzwüste mußte durchquert, Hindukusch und Pamir überwunden werden. Der weite Weg durch Chinesisch-Turkestan, die Entfernungen innerhalb des chinesischen Reiches verlangten Pferd und Reiter das Äußerste ab. Erschwerend kam die Bedrohung durch feindliche Truppenteile der Engländer und der Russen über weite Strecken hinzu. Beide ignorierten seinen Diplomatenstatus. Ohne glückliche Zufälle oder wie man es benennen mag, die in schweren Zeiten überlebenswichtig sind, hätte das Unternehmen kein gutes Ende genommen. Wir wüßten nichts mehr über den Ritt des Diplomaten von Hentig.

Seit August 1914 stand das deutsche Kaiserreich, als eine der „Mittelmächte" verbündet mit Österreich-Ungarn, Bulgarien und der Türkei, im Krieg gegen die „Entente", zunächst also gegen England, Frankreich und das zaristische Rußland. Später kamen von den Staaten, die uns für den Ritt von Hentigs interessieren werden, Japan (23. August 1914), die USA (6. April 1917) und China (August 1917) hinzu. Auf dem östlichen Kriegsschauplatz war der Rückzug bzw. die Zerschlagung der russischen Invasionstruppen in Ostpreußen durch die Schlachten bei Tannenberg (26.–30. August 1914) und an den masurischen Seen (6.–15. September 1914) eingeleitet worden. Durch eine weitere Schlacht in Masuren, im Februar 1915, konnte die Konsolidierung der alten Reichsgrenzen erzwungen werden.

Der Kaiserliche Legationsrat des Auswärtigen Amtes, Dr. Werner Otto von Hentig, Leutnant der Reserve, hatte an diesen Kämpfen teilgenommen, als ihn kurz nach deren Abschluß im März 1915 bei seiner Fronteinheit der telegraphisch übermittelte Befehl der Heeresleitung erreichte, sich unverzüglich in Berlin zu melden. Sein Sinnieren darüber, weshalb man sich wohl beim „Großen Generalstab" ausgerechnet an ihn erinnert habe, führte auch auf der Tagesetappe über 150 km, die ihn auf dem Pferderücken durch das vom Kriege gezeichnete Ostpreußen bis zur Bahnstation Königsberg brachte, zu keiner Erklärung. Erst in Berlin sollte das Rätsel gelöst werden. Er sollte einen ungewöhnlichen, unerwarteten und abenteuerlich anmutenden Auftrag bekommen. In einem ersten, noch während des Weltkriegs geschriebenen Erlebnisbericht durfte er aus Gründen der Geheimhaltung über seine erhaltenen Anweisungen nur vage Andeutungen machen. Demnach sollte er in Verantwortung seiner Zivilbehörde, des Auswärtigen Amtes, nach Afghanistan reisen, um dort Verbindungen mit dem regierenden Emir anzuknüpfen. Erst Jahre nach dem Kriege durfte er Einzelheiten mitteilen. Mit seinen körperlichen und mentalen Eigenschaften, seiner reiterlichen Routine und seinen diplomatischen Erfahrungen im asiatisch-chinesischen Raum schienen in seiner Person die besten Voraussetzungen für diese problematische Aufgabe gegeben zu sein. Als Attaché in China hatte er an dem Distanzritt von Peking nach Tientsin teilgenommen. Bei Kriegsbeginn hatte er dann in einem Gewaltritt Persien und Kurdistan durchquert, um sich seinem Lande zum Kriegsdienst zur Verfügung zu stellen.

Seine Reisegruppe war klein und unglücklich heterogen zusammengesetzt. Außer dem Stabsarzt Dr. Becker, dem Persienkenner Walter Röhr und sechs Angehörigen des kriegerischen südafghanischen Stammes der Afridis mußte er sich um einen indischen Prinzen mit Gefolge kümmern. Von diesem erhoffte man sich, daß er antibritische politische Aufgaben in Indien übernehmen werde. Die kaufmännischen Erfahrungen Röhrs in Asien und seine Kenntnisse persischer und türkischer Dialekte sollten sich als äußerst wertvoll erweisen.

Erstes Ziel war Konstantinopel, die Hauptstadt der verbündeten Türkei. Das Großreich der Türkei erstreckte sich damals noch über Mesopotamien bis zur persischen Grenze. Erst nach Kriegsende wurde es durch die Siegermächte auf die heutigen Grenzen verkleinert, unter Bildung neuer, problemträchtiger Einzelstaaten. Bis auf die täglichen Sorgen in einem wenig entwickelten Land war somit der Reiseabschnitt innerhalb der Türkei von Wohlwollen und freundschaftlicher Einstellung begleitet. Die mühsame Überschreitung des Taurus im Bereich der Kilikischen Pforte riefen in ihm Erinnerungen an Alexander von Mazedonien wach. Der, wie auch die Legionen des Pompejus und Lucullus, der Apostel Paulus, aber auch Kaiser Barbarossa und im 19. Jahrhundert von Moltke hatten hier die Mühen des Aufstieges durchlebt, ehe sie ins Tal des Euphrats hinabsteigen konnten. Auf diesem Fluß, der eine der ältesten Kulturen der Menschheit ermöglicht hatte, wurde seine Reisegruppe täglich an die 100 km südwärts in Richtung Bagdad gerudert. Die armen Männer der Mannschaft waren fast alle am Trachom, der ägyptischen Augenkrankheit, erblindet. Während er selbstgezimmerte Prähme benutzen konnte, hatten vor ihm Xenophon, aber auch noch von Moltke, der damals in türkischen Diensten stand, die Fahrt auf den traditionellen Flößen aus aufgeblasenen Hammelhäuten unternommen. Nach Zusammenstellung einer Karawane aus Lastkamelen, Mulis mit den entsprechenden Treibern und mit Pferden begann sein eigentlicher Ritt von Bagdad in Richtung Persien am 4. Juni 1915.

Für die Durchquerung Persiens wurden erste Schwierigkeiten erwartet. Das Land war zwar eine konstitutionelle Monarchie; ohne

Verkehrsmittel, ohne zusammenhängendes Straßennetz, ohne Nachrichtenverbindungen und ohne Armee war die Peripherie des Landes jedoch demjenigen ausgeliefert, der die jeweils örtliche Macht besaß. Hinzu kam der Einfluß von außerhalb der Landesgrenzen. Im Norden übten in einem breiten Streifen bis an den Rand der Wüste vor dem heiligen Khum die Russen, im Süden bis an den Südhang des Gebirges, das Schirach vorgelagert ist, die Engländer ihren Einfluß aus. Die einzige Telegraphenlinie im Ostteil des Landes befand sich zum größten Teil im Besitz russischer und englischer Regierungsgesellschaften. Beide Großmächte erkannten von Hentigs Diplomatenstatus nicht an. Sie versuchten vielmehr, ihn auszuschalten. Sein Ausweg war die Durchquerung der Salzwüste Kevir als der schwierigsten Alternative. Sie galt im Sommer zu Pferde als unpassierbar, und es war Sommer. Er glaubte, den Plan dennoch mit Pferden wagen zu müssen. Im Osten der Wüste, so meinte er, könne er dann schneller sein als seine zu erwartenden Verfolger. Ostwärts von Isfahan mußte ein erster Wüstenbereich von etwa 500 km durchquert werden. Wegen der Tageshitze wurde bei Nacht geritten. Es gab viele Schwierigkeiten. Eines Nachts verirrt er sich, der austrocknende Wind setzt ihm zu. Er verliert die dunkler erscheinende Kamelspur. Nach sechsstündigem Ritt stellen sich Dursthalluzinationen ein. Pferd und Reiter sind total erschöpft. Mit letztem Willen raffen sich beide beim ersten Morgenlicht auf – und finden die Karawane wieder. In 24 Stunden gab es nur drei Tassen Tee. Ein anderes Mal wird die Karawane durch ein nächtliches Gewitter versprengt. Ereignisse dieser und ähnlicher Art, Wasserdiebstähle, Anfälle von Malaria als Erinnerung an das Zweistromland und andere Probleme gehörten zu den rund 50 Tagesritten, die durch die Kevir folgen sollten. Tag für Tag, bzw. Nacht für Nacht der gleiche Ablauf. Das Salz knirscht unter den Hufen wie kalter Schnee, es dringt ein in die Haut, verkrustet Hände und Gesicht und verursacht blutige Schrunden an den Lippen. Der Weg wird ausgesucht nach den vermuteten Wasserstellen. Oft ist die Enttäuschung groß, wenn das Wasserloch ausgetrocknet oder das Wasser faulig ist. Täglich, besser nächtlich, versuchen sie, 60 km zurückzulegen. Am 23. Juli 1915 schleppt sich die Karawane in die durch Sven Hedin bereits bekannte Wüstenstadt Tebbes hinein. Der Ort liegt etwa 20 Tagemärsche nach allen Seiten von Wüste umgeben; aber es gibt Wasser und Früchte. In der Hitze des Tages lebt die Bevölkerung in ihren, mit eigenartigen Windfängen versehenen und von alters her bewährten Bauten halb unter der Erde. Nur bei Nacht traut sie sich heraus. Seine Gruppe übernimmt während der auch in Tebbes qualvollen Tage diese Gewohnheiten. Der Aufenthalt ist ausgefüllt mit ärgerlichen Verhandlungen mit den widerspenstigen Kameltreibern und Höflichkeitaustausch mit den Notabeln der Stadt. Nach einer Woche ist auch der Tierzukauf erledigt, und man bricht auf.

Inzwischen waren Nachrichten über weit überlegene russische Verfolger bis in die Wüstenstadt gedrungen, den Gerüchten nach waren es etwa 1.500 Mann. Sie konnten sich ungeniert im „neutralen" Persien bewegen. Um die Russen zu täuschen, mußte umgeplant und der kleine Trupp geteilt werden. Während der eine Trupp unter Becker mit den Feinden in Berührung kommt, Wertsachen und Gepäck vergraben und sich noch zweieinhalb Tage verteidigen kann, gelingt es von Hentig, abseits aller üblichen Karawanenstraßen zu entkommen. Er ist auch zu bewaffnetem Durchbruch bereit. Glücklicherweise und unerwartet findet er aber sowohl die Telegraphenlinie wie auch den Grenzbereich zu Afghanistan ungesichert vor. Am Abend des 22. Augusts 1915 konnte er mit seiner Restkarawane die Stelle im Wüstensand passieren, wo die Grenzlinie zwischen Persien und Afghanistan zu vermuten war. Hier wurden seine persischen und türkischen Dscherwardare entlohnt und entlassen.

Die letzten Etappen waren mühsam und gefährlich; so mußte die Garnisonsstadt Doroscht vorsichtig umgangen werden. Mit Mühen überstiegen sie das bis zu 2.000 Meter hohe, steil aus der Ebene aufsteigende persische Randgebirge. Auch der Grenzort Yedzun, dem man sich mit großer Anspannung näherte, wurde unbesetzt vorgefunden. Mit dem Grenzübertritt schien die Zeit der Wüstenmärsche endgültig vorüber zu sein; das Land lag terrassenförmig in eine Ebene abfallend vor ihnen. Die Tage waren bisher im eintönigen Gleichmaß verlaufen. Jeder späte Nachmittag hatte mit der Verteilung und mit dem Aufpacken der Lasten auf die störrischen Tragtiere begonnen. Eine Stunde später verließ man dann den mehr oder weniger komfortablen Rastplatz. Das eine Mal lag der in den Resten einer Karawanserei, ein anderes Mal zwischen Dung und Steinen. Das örtliche Ungeziefer blieb teilweise zurück, zum Teil blieb es ständiger Begleiter. Am Tage mußte der Hitze wegen geruht werden, häufig ohne Schatten. Die Orientierung auf den Märschen in stockdunkler Nacht war schwer. Wie wäre dieses Teilstück ohne den sicheren Instinkt der drei persischen Wüstenbewohner verlaufen, die als sichere Führer fungierten? Es waren ausgemergelte, lange Gestalten mit wilden Bärten, aber verläßlich und unverdorben von Zivilisationsgewohnheiten. Ihre Arbeitsteilung war merkwürdig. Der eine beobachtete Stunde um Stunde die Gestirne, wie in innerer Versunkenheit auf seinem Reitkamel hockend. Der zweite, auf einem Maultier sitzend, durchspähte mit vorgestrecktem Kopf die nähere Umgebung, und der dritte, er ging zu Fuß, prüfte die Bodenbeschaffenheit und die Schnelligkeit des Fortkommens der Gruppe. Der Kampf ums Überleben in der Wüste hatte sie gelehrt, ohne Zweifel den festgesetzten Punkt zielsicher zu finden. Auch diese drei bis dahin Unentbehrlichen wurden vor der afghanischen Grenze verabredungsgemäß gelohnt und entlassen, als das Land der Bestimmung erreicht war.

Wie sah Afghanistan im Jahre 1915 aus, wie war es entstanden? Was würde von Hentig erreichen können? Die politischen Grenzen des Landes, an dessen westlicher er zu dem Zeitpunkt stand, waren nicht sehr alt. Eingekeilt zwischen Rußland und Indien, war ein Gebiet von einer russisch-englischen Grenzkommission in den Jahren 1884–86 und 1903–1905 vermessen und mit Grenzsteinen umschlossen worden. Natürliche Grenzen finden sich nur im Nordosten durch den Lauf des Amudarja, der in hellenischer Zeit Oxus hieß. Eine andere natürliche Grenze findet sich im Südosten durch Gebirgszüge. Deren östlicher Abhang fällt zum Pandschab, dem Fünfstromland ab. Sonst gehen die drei geographischen Zonen, in die man das Land einteilen kann, übergangslos und zum Teil unter willkürlicher Trennung von Stämmen in die Nachbarstaaten über. Die unseligen Grenzziehungen besiedelter Provinzen mit dem Lineal oder nur mit Willkür mögen hier und anderswo für den Moment praktisch gewesen sein. Eine solche Politik ist aber bis in die Gegenwart weltweit für eine große Zahl kriegerischer Auseinandersetzungen verantwortlich. Wer erinnert sich noch an jene Staaten und Politiker, die dies verursacht haben?

Das zentrale Hochland erstreckt sich vom Pamirknoten etwa 300 Meilen nach Westen. Es wird von dem annähernd von Ost nach West gefalteten, bis 7.000 m hohen Hindukusch und seinen Fortsetzungen nach Norden von einer zweiten Region abgetrennt. Diese besitzt in Badakshan fruchtbares Weideland. Sie gilt als Zuchtgebiet bester Pferde. Das Reiterspiel Buzkashi stammt von dort. Das südwestliche Plateau schließlich, ein um die 1.000 m hohes, nach Westen abfallendes Land, enthält trockene Zonen. Die wenigen hier laufenden Flüsse versickern im Boden.

Für die Lage Afghanistans zwischen hohen Gebirgszügen waren von der Natur die von alters her benutzten Durchgangswege für friedliche und unfriedliche Züge vorgegeben. Nach der ersten ständigen Besiedelung des persisch-indischen Großraumes hieß dieses Gebiet nach den Überlieferungen durch altindische Verse aus den Büchern der Veda „Aryana"(1.500 v. Chr.). Schon damals soll die Stadt Balkh nördlich des Hindukusch in der Provinz, die später Baktrien genannt wurde, gegründet worden sein. Alexander holte auf dem Zuge zum Indus im 4. Jahrhundert v. Chr. von hier seine Frau Roxana. Wie in anderen Teilen der antiken Welt hatte Alexander auch dort durch Kriege die Perser abgelöst. Diese wiederum hatten zuvor die Meder vertrieben und ein gewaltiges, bis nach Indien reichendes Großreich aufgebaut. Vom Norden her drangen im 5. Jahrhundert n. Chr. die Hunnen der asiatischen Steppe und vom Westen im 7. Jahrhundert schließlich die Araber ein. Was Allauddin (1151), der „Weltenverbrenner" aus einem nordwestlichen Stamm Afghanistans, übriggelassen hatte, zerstörte im 13. Jahrhundert der Mongole Dschingis Khan. Die Zerstörung der Städte, die Dezimierung der Bevölkerung und die Vernichtung der Bewässerungssysteme führten zu Wüstungen, die Schäden für Jahrhunderte hinterließen.

Im 16. Jahrhundert herrschten die Großmogule von Indien aus über das heutige Afghanistan. Obgleich über Dschingis Khan fremder, mongolischer Abstammung, führte Mohammed Babur das Land zu einer neuen Blüte. Nach weiteren Zwischenspielen kam schließlich die eigenständige Dynastie der „Durrani" zur Regierung (1747). Der „erste König von Afghanistan" wurde Achmed Schah. Er brachte es fertig, die zahlreichen Stämme zu einigen.

Alle Völker, die einmal herrschten oder durchgezogen waren, hinterließen ihre Spuren. Nacheinander ihren Glauben, einige ihre Kultur, einige die Folgen des Terrors – aber alle ihre Gene! Ein Mosaik der unterschiedlichsten ethnischen Gruppen mit den verschiedensten Sprachen war in dem gebirgigen Land entstanden. Dies bedeutete für die Einigungsbestrebungen Achmed Schahs bereits ein Hindernis und bedeutet es noch heute, auch nach dem Abzug sowjetrussischer Truppen in jüngerer Vergangenheit. Nur der Islam hat sich seit der Eroberung durch die Araber fast ausschließlich durchgesetzt, ist aber dennoch nicht einheitsfördernd. Er hatte den Buddhismus verdrängt, dem wiederum der Glaube an Zarathustra vorausgegangen war.

In einem ihrer beiden Zweige herrschten die Durrani auch im Jahre 1915, als von Hentig im Lande eintraf. Nach großen Persönlichkeiten wurde nun Afghanistan von Habibullah Khan regiert (1901–1919). Zu ihm galt es, Kontakte zu herzustellen. Aber der

Emir war nicht frei in seinen Entscheidungen. Im 20. Jahrhundert waren es die Nachbarn im Norden, die begehrlich waren: das zaristische Rußland suchte den Zugang zum Meer, und Afghanistan lag im Wege. Vom Süden aus bestanden die Expansionswünsche der Engländer. Ihre Königin Viktoria war 1876 Kaiserin von Indien geworden. Afghanistan stand zwischen diesen beiden Großmächten. Von England war es mit Kriegen von 1839 bis 1842 und von 1878 bis 1890 überzogen worden. Der erste endete mit „dem größten Unglück der englischen Kolonialgeschichte". Die gesamte Invasionsarmee wurde bis auf den letzten der 1.600 Mann beim Rückzug zum Khyberpaß in den schaurigen Schluchten und Engpässen umgebracht. England hatte gegenüber den Ureinwohnern den Mythos der Unbesiegbarkeit verloren.

Der zweite anglo-afghanische Krieg ging trotz einiger Niederlagen der Briten günstiger für die Invasoren und ungünstiger für die Afghanen aus. Abdul Rahman Khan durfte keine eigenen außenpolitischen Entscheidungen mehr treffen. Der Zustand war demütigend. Die Kontrolle über die Außenpolitik lag beim englischen Vizekönig von Indien. Dieser Vertrag galt auch für die zu erwartenden Verhandlungen von Hentigs. Seine Mission war dadurch von vornherein erheblich beeinträchtigt.

Gleich bei Einritt in das erwartete Land machten sich Enttäuschungen und auch Verzweiflung breit. Die Karten erwiesen sich als falsch und veraltet. In seinem Material verzeichnete Wasserstellen existierten nur noch als verlassene Ruinenstädte oder waren ausgetrocknet oder verjaucht. Mehrere Tagesetappen ohne Süßwasser, mit Tagestemperaturen bis 62° bei Hochlandsonne und mit Krankheitsfolgen, ließen kurz vor dem Ziel noch Resignation aufkommen. Wieder schien die Expedition so kurz vor dem Ziel vor dem Ende zu stehen. Erst bei Pereh beggneten ihnen die ersten Einheimischen, und sie wurden, als Überraschung, von einer Delegation empfangen. Der Weiterweg nach Herat glich einem Freundschaftsritt. Er führte vorbei an Blumengärten, Feldern und Quellen und war begleitet von allen guten Düften des „gottgegebenen" Afghanistan. Hier regenerierten sie sich ein paar Tage und stärkten sich für den folgenden 24tägigen Ritt über die zahlreichen Gebirgspässe nach Kabul. Am 1. Oktober 1915 schließlich konnte die kleine Gruppe, eskortiert von der berühmten Kabuler Reitertruppe, in der Hauptstadt des Landes einziehen. Das Palais Baberschah wurde ihr Domizil für die nächsten Monate.

Die neuen Freunde erwiesen sich zunächst als scheu und distanziert, was bei den politischen Bindungen an die Verträge mit den Engländern nicht wundernimmt. Die für den Emir entstandene heikle Situation wurde von Hentig erst später klar. Schließlich war sein Status als Neutraler gefährdet. Ebenfalls später, und damit ist auf von Hentigs Auftrag zurückzukommen, durfte er das Geheimnis um seine Mission lüften. Aus der zweiten Auflage seines Berichtes (1928) ist zu erfahren, daß die Reichsregierung im ersten Kriegsjahr militärische aber auch diplomatische Pläne entwickelt hatte, die dem Kriegsgegner England im asiatischen Raum schaden sollten. Sie seien jedoch zu spät gekommen bzw. zu halbherzig geplant oder auch zu utopisch gewesen. Dazu gehörten u. a. Angriffspläne mit den verbündeten Türken nach Ägypten und zum Suezkanal, ein Kommandounternehmen unter einem Major Klein gegen Anlagen der englisch-persischen Ölgesellschaft im Karungebiet und auf diplomatischem Gebiet eben jene Mission nach Afghanistan. Um auf das unruhige Indien wirken zu können, waren jener indische Prinz Kumar Mahendra Pratap, dessen Leben später als Sektengründer ganz anders verlief, und der indische Patriot Molwy Barakatullah mitgegeben worden. Afghanistan, dem einzigen freien, wenn auch nicht ganz unabhängigen asiatischen Land, sollten Sympathie und Unterstützung der Mittelmächte versichert werden in der Hoffnung, daß es bei gleichen Interessen wie Persien und China, zusammen mit diesen eine eigenständige Entwicklung nehmen könne, unbeeinflußt von begehrlichen Kolonialmächten. So sollte es seine nationale Einheit bei Entwicklung wirtschaftlichen Wohlstandes auf dem freien

Boden der eigenen Kultur finden können. Dies war sicher eine große Konzeption, die der englischen und auch der russischen Expansion diametral entgegenstand. Ohne besondere Vollmachten konnte von Hentig nur mit dem Einsatz seiner Persönlichkeit versuchen, Einfluß zu nehmen. Der Emir, an seinen Vertrag gebunden, tat etwas sehr Diplomatisches. Die Reisegruppe ließ er offiziell als interniert gelten; sie genoß aber daneben bald großzügige Bewegungsfreiheit und Gastfreundschaft. Von Hentig nutzte die Zeit, freundschaftliche Beziehungen zur türkischen Kolonie anzuknüpfen. In der Stadt waren auch eine Anzahl österreichischer Soldaten interniert, die aus russischer Kriegsgefangenschaft hatten fliehen können. Mit ihrem handwerklichen Geschick konnte er einige bauliche Anlagen errichten und dadurch in die Breite wirken. Es dauerte aber zehn Wochen, eine lange Zeit, bis er zum ersten Male zur Audienz bei Emir Habibullah geladen wurde. Was er sich während vieler Monate der Entbehrungen gewünscht hatte, gelang ihm. Es folgten zahlreiche Besprechungen mit dem Monarchen, der ihn stark beeindruckte, und mit dessen Kronrat. Offensichtlich auf englischen Druck konnte das herzlich gewordene Verhältnis nicht lange aufrecht erhalten bleiben. Die Berichte der Engländer über ihn sind so abfällig, daß der Entschluß zum Verlassen des Landes gefaßt werden mußte. Inzwischen war aber der Rückweg durch Persien von seinen Gegnern verschlossen. Die nächste Telegraphenstation, die nicht britisch kontrolliert war, befand sich in Kaschgar, das in China liegt und zu seinem neuen Ziel wurde. Konnte dort auch das nahe geglaubte Kriegsende abgewartet werden? Den alten, noch immer von Karawanen benutzten Weg Alexanders und Dschingis Khans konnte er nicht wählen. Er wurde von den Engländern, eine anderer Weg von den Russen kontrolliert. So blieb nur ein Weg übrig, der in dem schmalen, schlauchartigen afghanischen Landstreifen zwischen Indien und Rußland gesucht werden und der die direkte Verbindung zum neutralen China herstellen mußte. Seine engste Stelle ist nur etwa 10 km breit und damit von beiden gegnerischen Seiten zu kontrollieren. Er war zugleich der schwierigste, weil er über den Pamir führte.

Am 21. Mai 1916 brach man auf. Nach 16 Tagen und nach Überqueren mehrerer Pässe, blockiert von tags tauendem, nachts aber gefrierendem Schnee, traf die Gruppe in Faisabad ein. Die Stadt liegt auf der schon erwähnten pferdereichen Hochebene von Badachschan. Überall herzlich begrüßt, empfand von Hentig die unerwartete Publizität als fast beschämend. Ihm zu Ehren wurden Reiterspiele abgehalten, und der Gouverneur zeichnete ihn durch aufmerksame Gastfreundschaft aus.

Nach wenigen Tagen sollte sich die Lebensqualität völlig ändern. Auf Saumpfaden ging es weiter entlang dem Amudarja, der Rußland von Afghanistan trennt. Oft waren Kosakenpatrouillen in Sichtweite. Dann der Aufstieg auf das Dach der Welt mit Kälte, stechender Sonne, Ultraviolettbestrahlung, mit schroffen Berghängen, Wildbächen, Schnee, Bergkrankheit, und mit Pässen in Montblanc-Höhe. Vereinzelt trafen sie auf Kirgisen. Von Hentig hörte von Kosakeneinheiten und von Sperrgürteln vor der chinesischen Grenze. Wiederholt drängte sich der Gedanke an Umkehr auf. Letzte Briefe an den Emir und an Freunde gibt er Ureinwohnern mit. In Grenznähe bewegt man sich aus Sicherheitsgründen bei Nacht. Plötzlich hört man den Anruf eines russischen Postens aus der Dunkelheit und wartet elektrisiert auf die nächste Reaktion – es erfolgt keine. Wahrscheinlich war der fremde Posten nicht minder schockiert. Schließlich laufen sie nach einer Wegebiegung fast in ein russisches Lager hinein. Alles auf afghanischem Boden, unter Mißachtung der Neutralität. Mit seinem Pferd voraus retten sie sich über einen felsigen Steilhang. Nach 18 Stunden treffen sie auf zwei Pamirtadjiks, die sie weiter führen in Richtung auf den Kilikpaß. Er war in diesem Sommer noch nicht gequert worden. Während des Aufstieges zu dem über 4.700 m hohen Paß holt sie ein Bote ein. Er meldet die Verfolgung durch 40 Kosaken. In höchster Eile erfolgt der Abstieg, ein neues Gebirgsmassiv zwingt zum Aufstieg auf 4.000 m. Auf der

Gegenseite wieder ein Abstieg von 2.500 m. Häufig müssen Mäanderbäche mehrfach überquert werden. Am 7. Juni 1916 erreichen sie schließlich Yarkent und werden mit Milch und Aprikosen im „neutralen" China empfangen, genauer gesagt am Rande von Chinesisch-Turkestan, der Wiege alter Völker. Dschingis Khan und Kublai Khan wirbelten von hier aus Asien und auch Europa durcheinander. Damals war das Land noch fruchtbarer und bevölkerter.

Mit Milch und Aprikosen ging es nicht zu lange weiter. Der Besuch in Kaschgar beim fast ständig betrunkenen chinesischen Militärgouverneur kostete ihn fast das Leben. Es folgten an die 130 Tagesmärsche im Sattel oder zu Fuß, das Pferd am Zügel geführt, mit wunden Füßen, aufgerissenen Händen, klappernden Sohlen, verschlissener Kleidung und kümmerlicher Ernährung. Es war nicht nur der Kampf mit der Natur und der Geographie, sondern auch gegen Intrigen und Gehässigkeiten der durch die allgegenwärtigen Feindmächte verleiteten Einwohner. Von den 130 folgenden trostlosen Tagen ähnelt einer dem anderen. Im Gegensatz zur Trostlosigkeit in der Salzwüste Persiens ist es eine andere Variante. Diese Wüste kühlt nachts stark ab, und die Kälte dringt auch in das primitive, aus Lehm gestampfte Rasthaus ein. Gegen zwei Uhr ist nach unruhigem Schlaf mit Ungezieferplage die Nacht vorüber. Die Tiere werden gefüttert und eine Stunde später mit klammen Fingern aus den Decken gewickelt. Die Stimmung der Gruppe am frühen Morgen ist trostlos. Man ist noch müde, wie gerädert, hungrig und arm an Hoffnung. Die Bündel werden geschnürt. Nach den Verhandlungen mit dem Wirt wird abgekocht, das Geschirr gespült und das Gepäck aufgeladen. Am Morgen, zwischen fünf und sechs Uhr, erfolgt der Aufbruch, der Schrittmacher voraus, die Karawane hinterher. Mit Schelten, auch mit Steinwürfen, hält man die Maultiere in Bewegung. Das durchrittene Land ist wüst, die Bewässerungsanlagen der Kaiserzeit sind seit der chinesischen Revolution zerfallen, viele Orte sind ausgestorben. Nur an manchen Tagen begegnet der Zug einer Reisegruppe. Mittags nagt wieder der Hunger. Eine chinesische

Backware, ein Stück Brot müssen genügen, denn die Sehnsucht nach dem nächsten Ziel mit etwas Ruhe ist größer als der Hunger. Gegen 18 Uhr wird das Tagesziel erreicht. Die Tiere werden zuerst versorgt. Dann gibt es für die Menschen die übliche Wassernudelsuppe – und danach die Nachtruhe bis wiederum gegen zwei Uhr morgens. Das wiederholt sich bis zum 24. Dezember 1916. Gerade an diesem Tage taucht in der Ferne als erstes Zeichen der Zivilisation die Eisenbahnbrücke bei Mientsche auf. Bei freundlichen schwedischen Missionaren können sie am gedeckten Tisch und in fröhlicher Stimmung Weihnachten feiern und anschließend in einem richtigen Bett in einen tiefen, ungefährdeten Schlaf versinken. Der Kontrast zu der monatelangen deprimierenden Reise konnte nicht größer sein.

Der Irrweg war noch lange nicht beendet, wohl aber der eigentliche „Dienstritt". Zwischen Bagdad und Mientsche lagen 15.000 km, die er zu Pferde zurückgelegt hatte. So sollte es an der Zeit sein, an dieser Stelle die Pferde zu erwähnen, die von Hentigs drei Europäer durch zumeist extrem pferdeunfreundliche Landschaften getragen hatten. Die vornehmsten waren seine eigenen drei Tiere. Von der persisch-arabischen Grenze an war sein Blauschimmel „Pascha" bis zuletzt dabei. Sein zweites Pferd, ein zäher, sehr edler Fuchs, der sich kaum an der Hand führen ließ, war das Geschenk eines afghanischen Notabeln. Dieses Pferd war es, das ihn auch an jenem felsigen Steilhang an der Grenze zu China, als die Gruppe beinahe in ein russisches Feldlager geritten wäre, nicht im Stich gelassen hatte. Und schließlich besaß er einen ebenfalls geschenkten Rappen asiatischer Abstammung, den er meist seinem ungarischen Gefolgsmann überließ. Walter Röhr ritt entweder einen starken Perser oder einen kleinen kurdischen Schimmel. Außer einem Beludschistanschimmel gehörten, neben einigen als Reittieren verwendeten Mulis, noch weitere Pferde zur Karawane. Die Pferderassen waren also bunt gemischt, aber leistungsstark.

Am 27. Dezember 1916 schon sah von Hentig nach unbequemer Bahnfahrt Hankau wieder. Vor einer Reihe von Jahren hatte er es kennengelernt. Das Eintauchen in die dortige deutsche Kolonie wurde nur gestört durch die bange Frage nach einem möglichen Kriegseintritt Chinas gegen Deutschland. Außerdem verzögerten die chinesischen Behörden bewußt seine Ausreiseformalitäten. Die Chinesen waren abhängig von den Feindmächten, die auch hier ihren starken Einfluß ausübten. Alles scheiterte am unguten Willen. Nach langem vergeblichen Warten auf Ausreisepapiere ging von Hentig am 1. Mai 1917 deshalb als blinder Passagier auf ein amerikanisches Schiff und verließ so den Hafen von Shanghai unter abenteuerlichen Umständen. Versteckt in einem Kabinenschrank österreichischer Passagiere, blieben ihm in seinem Gefängnis weder Hunger noch Seekrankheit mit allen ihren Begleitumständen erspart. Glücklicherweise entdeckten ihn auch die japanischen Kontrollen in den Anlaufhäfen von Kobe und Yokohama nicht. Als er im amerikanischen Honolulu heimlich das Schiff verläßt, erfährt er vom Kriegseintritt Amerikas (6. April 1917). Es bleibt ihm nichts anderes übrig, als sich beim amerikanischen Generalstaatsanwalt zu melden. Das Unerwartete geschieht: in den USA wird er als Diplomat anerkannt. Nach einigen Schwierigkeiten und nach einigen Umwegen auf dem amerikanischen Kontinent durfte er die Schiffsreise nach Norwegen antreten.

Am 9. Juni 1917 traf von Hentig in Berlin ein, zwei Jahre und zwei Monate, nachdem er es verlassen hatte. Mühen und Entbehrungen, hatten sie sich in irgendeiner Weise gelohnt? Wenig später verloren die Mittelmächte den Weltkrieg, viele große und kleine Pläne wurden vom Tisch gefegt, viele Leistungen verschwiegen. Zwar konnte Afghanistan 1919 in einem dritten Krieg gegen England seine Unabhängigkeit erkämpfen. Verträge mit dem inzwischen kommunistischen Rußland brachten dem Land aber statt innerem Frieden nur neue Abhängigkeiten und schließlich die sowjetische Invasion. Auch nach dem russischen Rückzug lebten afghanische

Stämme nicht in Frieden. Weder Emir Habibullah Khan, von Hentigs ehemaliger Gesprächspartner, noch sein reformerischer Nachfolger Amanullah Khan, noch die Revolutionsregierung konnten die von Achmed Schah schon einmal erreichte, jedoch wieder zerfallene Einheit in Freiheit und Wohlstand verwirklichen.

Der Weltrekord im Distanzreiten, in Friedenszeiten und ohne politische Gefahren ausgeführt, beträgt 21.000 km, geritten in 26 Monaten. Der Ritt wurde am 13. Februar 1982 gestartet und am 5. April 1984 in Paris mit großer Pressebeteiligung beendet.

Werner-Otto von Hentig ritt in kriegerischer Zeit, auf weiten Strecken Feindseligkeiten ausgesetzt, „nur" 16.000 km. Nichts gegen die Leistungen von Pascale Franconie und Jean-Claude Cazade, aber der vorliegende Bericht erinnert an jemanden, der ohne großes Aufsehen von einem langen „Dienstritt" zurückkehrte!

LITERATUR:

ABAWI, AHMAD OMAR: *Die Rolle der englischen Interventions- und Expansionspolitik in Afghanistan im 19. Jahrhundert und deren Auswirkungen bis zur Gegenwart*, Diss. Tübingen, Fachbereich Geschichte, 1977.

GREGORIAN, VARTAN: *The Emergence of Modern Afghanistan*, Stanford/California, Stanford University Press 1969.

HANIFI, JAMIL M.: *Historical and Cultural Dictionary of Afghanistan*, Metuchen/N.J., The Scarecrow Press Inc. 1976.

HYLAND, ANN: *The Endurance Horse*, London, J. A. Allen 1988.

HENTIG, W.-O. VON: *Meine Diplomatenfahrt ins verschlossene Land*, Wien, Ullstein 1918.

DERS., *Ins verschlossene Land*, Potsdam, Der weiße Ritter-Verlag Ludwig Voggenreiter 1928.

NEUDECK, RUPERT: *Afghanistan*, Hammer 1988.

TRINKLER, EMIL: *Afghanistan, eine landeskundliche Studie*, OTHA, Justus Perthes, 1928.

WEIGANDT, WINFRIED: *Afghanistan, nicht aus heiterem Himmel*, Zürich, Orell Füssli Verlag 1980.

Abb. 35: Dr. Werner Otto v. Hentig, 1919

Reisedaten der Expedition

Ausreise
Ab Berlin	14. April 1915
Ab Konstantinopel	Mitte Mai 1915
Aleppo	20. Mai 1915
Bagdad	31. Mai bis 4. Juni
Überschreiten der persischen Grenze	8. Juni 1915
Kirmanschah	13.-17. Juni 1915
Teheran	21.-24. Juni 1915
Isfahan	29. Juni-1. Juli
Najin (Beginn des Wüstenmarsches)	4.-6. Juli
Tebbes	23.-30. Juli
Buschrujeh	4.-10. August 1915
Durchbruch durch die feindlichen Linien	18. August 1915
Jezdun	21. August 1915
Afghanische Grenze	22. August 1915
Herat	25. Aug.-7. Sept.
Kabul	1. Oktober 1915

Heimreise
Ab Kabul	21. Mai 1916
Faisabad	5. Juni 1916
Chinesische Grenze	27.-30. Juni 1916
Yarkent	7.-13. Juli 1916
Kaschgar	14.-19. Juli 1916
Wüste Gobi	Oktober 1916
Ansi (Altchinas Grenze)	17. Oktober 1916
Lantschou	Ende Nov. 1916
Mientsche	24. Dezember 1916
Hankau	27. Dezember-27. März 1917
Schanghai	1. April 1917
San Franzisko	1.-15. Mai 1917
New York	20. Mai 1917
Halifax	21.-25. Mai 1917
Bergen	4. Juni 1917
Berlin	9. Juni 1917

Trakehnen: Wie ein Paradies entstand und verging und der Flucht-Ritt seiner Hengste

> *„Trakehnen – für viele Menschen nur ein Wort, zur Allgemeinbildung gehörend, für viele junge Reiter ein fast inhaltsloser Begriff einer verklungenen Zeit eines fernen, verbrannten Landes, für viele Züchter nur ein Ahnen von ehemaliger Pferdezucht."*
> (Siegfried Freiherr von Schrötter-Wohnsdorff, HELING 1965, S. 5, 6).

Versuchen wir, ein verlorenes Paradies, seine Menschen, seine Pferde und seine Reiter noch einmal in die Vorstellungswelt zurückzurufen. Trakehnen, das Hauptgestüt der fünf staatlichen Gestüte Ostpreußens (Braunsberg, Georgenburg, Rastenburg, Marienwerder-Westpreußen), umfaßte das riesige Areal von 6.000 Hektar = 24.000 Morgen. Von Grenze zu Grenze maß es 15 km. Es gliederte sich in Ackerland, Wiesen, Weiden, Wald, Wasserflächen, Siedlungsgebiete mit Straßen und Parkanlagen. In weiträumiger Anordnung waren 16 Vorwerke in die Landschaft eingebettet. Alleen mit inzwischen über 200jährigen Eichen verbanden einige dieser Höfe. Vorausschauend hatte sie Amtsrat Lehmann (1740–1750) schon in der Anlage weit auseinandergepflanzt. Eine jener Trakehner Eichen gab das Vorbild für die Eiche auf dem alten Fünfmarkstück der Weimarer Republik (Erstprägung 1927). Dazwischen lagen in gepflegter Landschaft, durch Baumgruppen aufgelockert, die ausgedehnten Weiden und Wiesen sowie die Felder für die Selbstversorgung von Menschen und Tieren. Meliorationsgräben aus der Anfangszeit des Gestütes ergaben die notwendigen Abgrenzungen. Erst in den Anfangsjahren des 20. Jahrhunderts wurden sie zusätzlich mit hölzernen Weidezäunen versehen. Zusammen ergaben Gräben und Zäune die hundertfachen Sprungkombinationen für die berühmt gewordenen Reitjagden hinter der Meute.

Das Zentralgestüt Trakehnen, das dem gesamten Gestütkomplex und später einer ganzen Zuchtrichtung seinen Namen gegeben hatte, lag im Südosten des Bereiches. Kam man vom Bahnhof Trakehnen, so traf man am Ende einer sechs Kilometer langen, schnurgeraden, breiten Allee auf den Ort mit dem Schloß, dem Sitz des Landstallmeisters. Vor dem Schloß stand ehedem der lebensgroße Bronzeabguß des Hengstes „Morgenstrahl". Er wurde 1914 von den Russen entführt. Zur Zweihundertjahrfeier, 1932, stellte man den von dem Trakehner Künstler Reinhold Kühbart ebenfalls lebensgroß gegossenen Hengst „Tempelhüter" auf den bis dahin leer gebliebenen Sockel. Mit Ende des Zweiten Weltkrieges traf Tempelhüter das gleiche Schicksal wie seinen Vorgänger.

Die Dorfstraße wurde an einer Seite von einem schattigen Reitweg begleitet. An ihr lagen zur Linken die Wohnungen der Gestütswärter und Landarbeiter. Auf der anderen Seite standen das Krankenhaus und, mit großem, schön gepflegtem Garten, die Arztwohnung. Entlang des Weges schlängelte sich das Flüßchen Rodupp, innerhalb des Ortes von einem Stauwehr unterbrochen. In Ortsmitte lagen Sportplatz und eine der neun Schulen des Gesamtkomplexes, in der Nähe gab es die Apotheke. Unweit des klassizistischen, sympathisch bescheidenen Schlosses, erhob sich auf der ostwärtigen Seite der Rodupp, von zwei mächtigen Eichen beschattet, das stattliche „Hotel Elch". Es gewährte den Besuchern Trakehnens behagliche Unterkunft, und bildete gleichzeitig den Mittelpunkt des geselligen Lebens. Noch 1938 konnte man dort zu ostpreußischen Preisen von zwei Mark übernachten. Hotel und Schloß trennte ein schöner, vom Bach durchflossener Park. Mehrere Funktionsbereiche schlossen sich an. In stilgerechten Ställen waren jeweils vier der Hauptbeschäler untergebracht, jeder mit eigenem, abgetrenntem und jederzeit vom „Bewohner" begehbarem Paddock. Der „Alte Hof" war das Domizil der Fuchsherde. Angrenzend lagen das große Areal der Außenreitanlage mit dem Jagdstall und der Hengstprüfungsanstalt sowie die Reithalle und der Hundezwinger. Zu den insgesamt etwa 80 Gebäuden des Ortes gehörten noch Verwaltungsgebäude, Post, Speicher, Schmiede und was zur Abrundung einer solchen kleinen Welt noch benötigt wurde.

Die Gestütspferde waren nach gut durchdachtem Schema auf die Vorwerke verteilt. Die bis zu 800 Zuchtstuten waren, als eine der Besonderheiten der Trakehner Zucht, in Farbherden zusammengefaßt: Füchse, Braune, Rappen und Gemischtfarbige. In späterer Zeit war noch eine kleinere Vollblutherde dazugekommen. Von berittenen Hirten, jeweils drei für eine Herde, wurden sie morgens auf die Weiden gebracht, ganztägig beaufsichtigt und abends zu den Stallungen zurückgeführt. Ebenso war die nach Jahrgängen und Geschlecht getrennte selektierte Nachzucht auf verschiedenen Höfen untergebracht. Noch im Alter von drei Jahren weideten die Nachwuchshengste gemeinsam.

Zum Wirtschaftskomplex gehörten darüber hinaus Zuchtkühe, Zuchtbullen, eine dreihundertköpfige Schafherde, an die 400 Wirtschaftspferde und 200 Pflugochsen für die Feld- und Waldbewirtschaftung. Weitere 180 „Weideochsen" zogen tagaus tagein Wagen über die Weiden, von denen aus hygienischen Gründen der Dung abgelesen wurde. An alles war gedacht, auch an Deputattiere für die Beschäftigten: 2.000 Schweine und 12.000 Stück Geflügel!

Insgesamt lebten auf dem Gestütskomplex „Großtrakehnen" an die 3.000 Menschen, Mitarbeiter und deren Familien. Seit Generationen wurden Angestellte, Arbeiter – darunter allein etwa 50 Meliorationsarbeiter – und Reitburschen vorzugsweise aus gestütsansässigen Familien rekrutiert. Sie alle lebten, jeder auf seiner Ebene, mit Hingabe und selbstverständlicher Pflichterfüllung für „ihre" Pferde.

Diese ganze lebende und lebendige Funktionseinheit stand unter der Leitung des Landstallmeisters. Ihm war ein Oberamtmann zugeordnet. Diesem wiederum unterstanden acht Inspektoren, von denen jeder für jeweils zwei Vorwerke verantwortlich war.

Am Anfang, nach der Gründung, hatte das Gestüt nur die Aufgabe, die Nachzucht für den Marstall des Königs zu stellen. Eine spätere Bestimmung wurde die Gestellung von Remonten für die Kavallerie der Könige von Preußen und zugleich die Versorgung der ostpreußischen Bauernschaft mit landwirtschaftlich nutzbaren Pferden. Erst in den letzten Jahrzehnten vor dem Zusammenbruch trat die Züchtung von Sportpferden in den Vordergrund. Der wichtigste Auftrag Trakehnens wurde jedoch ab 1787 die Bereitstellung und die Zucht von Hengsten, die typprägend für das gesamte Zuchtgebiet sein sollten.

Durch den wechselweisen Einsatz von Hengsten des Hauptgestütes mit den Nachzuchthengsten der anderen vier Gestüte untereinander, mit der Einführung eines zweckmäßigen Körgesetzes, mit der Einrichtung von landesweiten Deckstellen und auf der anderen Seite durch die Zusammenarbeit mit den 14.000 kleinen und größeren Züchtern des abgelegenen Ostens des Reiches, entstand ein besonderer Pferdetyp. Er zeichnete sich durch eine große Gleichmäßigkeit und Vererbungstreue aus. Seine Eigenschaften erlaubten eine vielseitige Verwendung; er besaß höchste Leistungsfähigkeit und Härte. Berühmt wurde er unter den Namen „Trakehner", „Ostpreußenpferd" oder ganz genau: „Warmblut Trakehner Abstammung". Von allen deutschen Zuchtgebieten war sein Vollblutanteil am größten.

Das Ungewöhnliche dieser Züchtung war die breite Einsatzfähigkeit. Er stellte den Typ des Kavalleriepferdes dar und brachte außerdem Spitzenpferde für die Disziplinen Dressur, Jagdreiten und Vielseitigkeit hervor. Für den ostpreußischen Landwirt aber war das Wichtigste, daß dieser „Trakehner" in seiner Haltung unkompliziert und für die Bearbeitung des Hauptanteiles der ostpreußischen Böden besonders geeignet war.

Die Bauernpferde mußten außergewöhnliche Härte, Anspruchslosigkeit und Leistung, unbeachtet von der Öffentlichkeit, beweisen, als sie „ihre" Familien im Winter 1944/45 auf dem großen Treck über Hunderte von Kilometern nach Westen zogen. Die meisten von ihnen waren tragende Stuten, die als letzter Besitz behalten wurden.

Anders die Sportpferde: Sie hatten schon Schlagzeilen als Sieger oder Hochplazierte in den Sportzeitungen friedlicher Zeiten gemacht. Ein kleiner Ausschnitt: Olympische Erfolge 1912, 1924, 1928 und die Krönung 1936: „Kronos" (Oberleutnant Pollay) und „Absinth" (Major Gerhard) gewinnen in der Großen Dressurprüfung Gold und Silber und zusammen mit „Gimpel" (Rittmeister von Oppeln-Bronikowski) Mannschaftsgold. Die Große Vielseitigkeit gewinnt „Nurmi" (Hauptmann Stubbendorf). „Fasan" (Rittmeister Lippert), der Vollblüter „Kurfürst" (Oberleutnant von Wangenheim) als einziger Nichttrakehner erhält zusammen mit dem Einzelsieger „Nurmi" Mannschaftsgold.

Für den Olympischen Fünfkampf mußten die Sportler der verschiedenen Länder beritten gemacht werden: 39 der 43 ausgewählten Pferde waren Ostpreußen. Auf den ihnen unbekannten Pferden blieben 26 der Reiter bei den 22 Hindernissen über 5.000 m fehlerlos. Es kamen Reiter auch aus Ländern, in denen die Disziplin des Reitens im Fünfkampf ein Stiefkind war. Der Altmeister G. Rau kommentierte dieses ungewöhnliche und gleichmäßig gute Ergebnis damit, daß es „zum überragenden Teil dem von der Wehrmacht gestellten Pferdematerial zu verdanken" sei.

Eine ähnliche Bestätigung brachte die Leistungsprüfung der ostpreußischen Pferde bei der „Großen Vielseitigkeitsprüfung für Kavallerieoffiziere" 1937: die ersten vier Plätze wurden von Regimentsmannschaften belegt, die mit Ostpreußen beritten waren. Mehrfach waren sie sogar Sieger des als schwersten Hindernisrennens des Kontinents bekannten „Pardubitzer Steeple Chase" (6.900 m mit ca. 30 schweren Sprüngen). Es sei daran erinnert, daß von der Gesamtstrecke nur 1500 m auf der Rennbahn gelaufen wurden. Der größere Rest ging über Sturzäcker, Rüben- und Kartoffelfelder. Der sicher übermäßige Schwierigkeitsgrad läßt sich daran erkennen, daß z. B. im Jahre 1910 kein Pferd das Ziel erreichte und 1920 nur ein Pferd durchs Ziel kam, aber wegen Zeitüberschreitung disqualifiziert wurde. Zwischen 1921, dem Jahr der Wiederaufnahme nach dem Ersten Weltkrieg, und 1936 siegten neunmal Trakehner.

Auf Trakehner Gelände wurde seit 1911 das „von-der-Goltz-Querfeldeinrennen" ausgetragen (6.400m mit 33 Sprüngen). Mit Unterbrechungen wurde es insgesamt neunzehnmal geritten und sechzehnmal von Trakehnern gewonnen.

Wie war ein Leistungspferd solcher Gleichmäßigkeit auf breiter Basis entstanden? Aus welchen Stämmen, mit welchen Maßnahmen und durch wen war es gezüchtet worden? Wie waren diese Pferde aufgezogen worden?

Zwischen dem Deutschen Orden und Litauen waren die Ostgrenzen Ostpreußens bereits 1422 festgelegt. Sie sollten in etwa bis 1945 Bestand behalten. Wie durch Geschichtskarten ausgewiesen, galten die östlichen Teile der Provinz als unwirtliche „Wildnis". Vom Deutschen Orden begonnen, wurde erst nach Erhebung Ostpreußens zum Herzogtum (1525) auch dieser Landstrich planmäßiger besiedelt und kultiviert. Den noch lange gebräuchlichen Namen „Wildnis" ließ viel später König Friedrich I. löschen, weil „Seine Königliche Majestät keine Wildnis in Ihren Landen erkannte". Zu den verschiedenen Stämmen, Deutschen, Litauern, Pruzzen stießen schwedische und schottische Einwanderer. Salzburgischen (1732) und hugenottischen Religionsflüchtlingen wurde Asyl gegeben. Die verschiedenartige Herkunft der Familien spiegelte sich im Namen wieder. Die Pinkus', Adomats, Rosigkeits und Kukulies', die Quednaus und die Mehlsacks wuchsen mit den Haaslers, Scharfetters und Schlemmingers, den De la Chaux, Dumonts und Castells, aber auch mit den schottischen Simpsons, die vom Preußenkönig später geadelt wurden, und den Nachfahren der Ordensritter, den zu Dohnas und von Lehndorffs, zusammen. In einer ländlichen Umgebung, unter schwierigen klimatischen Verhältnissen, kurzen, heißen Sommern und sehr kalten, langen Wintern und unter gemeinsamer Not bildete sich aus jenen Fischern, Bernsteinsuchern, Bauern, Viehzüchtern, Handwerkern, Händlern, aber auch Großagrariern jener freundliche Menschenschlag. Anspruchslos, widerstandsfähig, verläßlich, in sich ruhend, so wünschte der Besucher früherer Jahre ihn in seiner ländlich schönen Heimat wiederzutreffen. Ebenso, wie er hoffte, das Land mit seinen vielfältigen landschaftlichen Reizen, die Ostsee, die Dünen, die Nehrungen, die Elchreviere, die Seen Masurens, aber auch die Burgen des Ordens wieder besuchen zu können. Und in diesem urwüchsigen und doch so kultivierten Land spielten die Pferde aus natürlichen Ansprüchen der Menschen immer eine Rolle.

Grenzbewohner haben es schwer. So hatte der Dreißigjährige Krieg auch Ostpreußen stark getroffen; die Bevölkerung war auf die Hälfte reduziert worden. Kurz nach seinem Ende fielen 1656 tartarische Hilfsvölker Polens ein und wüteten furchtbar. Die Wunden waren noch nicht verheilt, da suchte die Pest das Land heim. Über infizierte Parasiten von Säugetieren verbreitet, löschte sie ganze Landstriche aus. 300.000 Menschen starben, mehr als ein Drittel der Bewohner. Der Bezirk Gumbinnen hatte besonders zu leiden, 8.500 Höfe verwaisten. Auch die abgelegene, durch das Haff vom Festland getrennte Kurische Nehrung blieb nicht verschont.

„[...] Doch die Pest ist über Nacht gekommen,
mit den Elchen über das Haff geschwommen.[...]"
(MIEGEL 1953, S. 96, 97).

Auch die Bewohner des kleinen Fischerdorfes Nidden starben dahin. Die Überlebenden begruben ihre Toten. Sieben Frauen überlebten. Deren bange Frage war, wer sie wohl würde begraben können. Doch die Sorge erwies sich als unnötig; denn der Wunsch der Frauen erfüllte sich:

„Und die Düne kam und deckte sie zu." (ebd.).

So verband Agnes Miegel, die Dichterin Ostpreußens, in ihrer Ballade „Die Frauen von Nidden", einfühlend das Schicksal der durch die Pest heimgesuchten Menschen mit der eigenartigen Landschaft der wandernden Dünen und den urigen Tieren ihrer Heimat.

Am Anfang waren Sumpf und Bruchwald, altes Niederungsgebiet des Flusses Pissa. Der „Alte Dessauer", Fürst Leopold von Dessau, hatte gewußt um die Tatsache, daß das Gebiet nicht saures Moor, sondern fruchtbares Schwemmland war. Auf seinen Rat ließ der Soldatenkönig Pläne zur Trockenlegung aufstellen und ab 1726 auch durchführen. Die über das Land verstreut liegenden königlichen Stutereien sollten hier konzentriert werden. 600 Soldaten der Garnison von Memel arbeiteten sechs Jahre lang an der Rodung und Dränierung. Sie begannen mit dem Aushub eines 7 km langen, breiten Abflußgrabens, dem Pissagraben. 170 Jahre später sollte er eine der Hauptattraktionen der Reitjagden werden. Reiter, die ihn erstmals sahen, hielten ihn für unüberwindbar – die dreijährigen Trakehnerhengste nahmen ihn glatt. Noch war er aber erst die Voraussetzung dafür, den Sumpf entwässern und vom Bewuchs der Erlen, Weiden, Eschen und Birken säubern zu können.

Am 31. Juli 1731 erließ Friedrich Wilhelm I. von Preußen Order, vom 1. Mai 1732 an die preußischen Gestüte des Landes in das vorbereitete Gebiet zu verlegen. Bis in alle Einzelheiten, wie bei preußischen Souveränen üblich, waren die Anordnungen aufgeführt. Neben der Beauftragung der Leiter natürlich, waren auch die genaue Zahl und die Art der Unterbringung der „Gärtner" bestimmt. Neben vielem anderen war die Gesamtzahl der Gestütspferde mit 1101 festgelegt, darunter ca. 40 Deckhengste, 513 Mutterstuten und die Zahl der Esel.

Im Lande hatte es zwei verschiedene Pferdetypen gegeben, die kaum miteinander gekreuzt worden waren. Der eine Typ war ein schwerer Schlag dänischen und deutschen Ursprungs. Er hatte den Ordensrittern als Kampfroß zu dienen gehabt. Auch nach dem Zerfall des Deutschen Ordens war er auf ordenseigenen und klösterlichen Gestüten weitergezüchtet worden. Auf dem Wege über Polen eingeführt, war ihm auch orientalisches Blut türkischer Herkunft beigemischt worden. Er hatte einen guten Ruf. Der zweite Pferdetyp war ganz andersartig. Die „Schweike", ein kleines, drahtiges, mausgraues Tier, wahrscheinlich vom örtlichen Wildpferd abstammend, ging bei den Bauern vorwiegend im Zug vor dem Ackergerät. Auch dieser Typ war sehr einheitlich und vererbungstreu. Völlig verschieden also, waren beide Arten parallel gezüchtet worden. Des Königs Pferde waren vorwiegend Kreuzungen unterschiedlicher Herkunft mit den Ritterpferden, ohne eine systematische Zielsetzung. Ein relativ gutes, wenn auch völlig ungleichmäßiges Ausgangspotential stand also zur Verfügung.

Doch der König verlor bald sein anfängliches Interesse und übertrug schon 1739 dem Kronprinzen, dem späteren Friedrich II., Trakehnen als Eigentum. Auch dieser war uninteressiert. Günstigerweise war es aber der Kammerdirektor von Domhardt, ein geschickter Fachmann. Er konnte für das Gestüt einiges erreichen. Aus eigener Initiative ließ er im Lande heimlich zehn Landbeschäler aufstellen. Neben erzielten Erfolgen fand er auch die Anerkennung regionaler bäuerlicher Züchter. Von dem späteren Paradies der Pferde und von der Zucht eines erfolgreichen Pferdetyps war aber bisher noch nichts zu erkennen. Die meisten schriftlichen Aufzeichnungen aus dieser Zeit gingen leider durch Kriegseinwirkung verloren. Wahrscheinlich ist jedoch, daß auch seinerzeit schon ein orientalischer und mehrere englische Vollblüter deckten. Noch konnte Friedrich II. seine Soldaten nicht aus eigener Landeszucht beritten machen.

Mit dem Tode des Königs änderte sich die Situation grundlegend. Der Nachfolger, Friedrich Wilhelm II., bewies große Passion. Graf Lindenau wird mit der Reorganisation der gesamten preußischen Pferdezucht beauftragt, von Brauchitsch von 1787 bis 1789 zum Landstallmeister mit Sitz in Trakehnen bestellt. Eine größere Zahl von Hengsten und Mutterstuten mustert man sofort aus. Damit und mit der Unterteilung in einen Wagentyp und einen Reitpferdetyp will man die Zucht straffen. Erstmals erfolgt die Separierung in die später so berühmten Farbherden. Alle in Trakehnen geborenen Tiere erhalten den Brand mit der einfachen, siebenendigen Elchschaufel auf der rechten Hinterhand. Jedes Pferd bekommt einen Namen, beginnend mit dem Anfangsbuchstaben der Mutter. Diese Sonderregelung Trakehnens betont die besondere Wertung der Muttertiere bei der Vererbung. Mit der Einführung eines exakt geführten Zuchtregisters verbindet man eine feste Zielsetzung für die Zucht.

Die Engländer hatten es schon vorgemacht und zur Perfektion gebracht: durch Einkreuzen orientalischer Hengste in ihre bodenständigen Stutenstämme, bereits ab 1680 mit „Byerlay Turk" beginnend hatten sie den „Englischen Vollblüter" entwickelt. Englisches Vollblut „(XX)" und orientalisches Vollblut „(OX)" sollten nun auch in Trakehnen systematisch die vorhandene Substanz veredeln. Das Ziel war das Soldatenpferd, das Wagenpferd und das Bauernpferd für die leichten bis mittelschweren Böden Ostpreußens. Alle diese Ansprüche sollten mit einem Typ befriedigt werden. An das Sportpferd dachte im 19. Jahrhundert auf dem Kontinent natürlich noch niemand.

War 1732 das Jahr der Gründung des Hauptgestütes Trakehnen, so begann mit dieser Vielzahl von Maßnahmen 1786 die gezielte Entwicklung des eigentlichen Trakehnerpferdes. Man muß sich grundsätzlich von der Vorstellung freimachen, daß von der Natur alles fertig und unveränderlich hingestellt worden sei. Auf die speziellen Vorhaben in Trakehnen bezogen, bedurfte es zunächst einmal einer fast seherischen Vorstellung, wie aus den vorhandenen, bereits aufgezählten Spielarten „Pferd" durch Zuchtmaßnahmen der gewünschte Typ erreicht werden könnte. Ob man ihn so klar vor Augen hatte, wie er später wurde? Es bedurfte einer entsprechenden Organisation und erforderte darüberhinaus Konsequenz, Geld und Geduld! Fast unter allen Landstallmeistern in Folge wurde, mit Varianten, nach dem gleichen Prinzip und mit der gleichen Organisation gezüchtet.

Das Hauptgestüt war, mit geringen Ausnahmen in der Privatzucht, für die „Erzeugung" der Hengste des ganzen Ostpreußen zuständig. Dies geschah durch die dort stehenden 15-20 sogenannten Hauptbeschäler und die etwa 300, zeitweilig auch mehr, Zuchtstuten auf den Vorwerken. Damit wurden die Weichen gestellt, die zu einem Pferdetyp in der gesamten Region führten. Die Hauptbeschäler waren entweder in Trakehnen geboren oder aber angekauft. Die Erwerbungen waren fast ausschließlich englische Vollblüter oder seltener Orientalen. Das Verhältnis bei den Hauptbeschälern zwischen Erwerbungen und in Trakehnen geborenen Halbblütern war wechselnd und hing ab von der Einstellung der Landstallmeister, von den Erfordernissen, aber auch vom Etat. Die im Hauptgestüt von diesen Elternteilen geborenen Hengstfohlen wurden nach strengen Auswahlkriterien entweder als Hengste belassen und auf die übrigen Gestüte verteilt, die Stutfohlen nach Sichtung zum Teil in die Hauptgestütsherden übernommen. Alle Überbleibenden, die Mehrzahl, kamen als Remonten in die Armee, zu den eigenen Wirtschaftspferden oder wurden anderweitig verkauft. Die 14.000 kleineren oder auch größeren Züchter waren besonders an den Stuten interessiert, konnten diese doch bei Eignung als Stammbuchstuten zur Zucht auf dieser Ebene zugelassen werden. Für diese eingetragenen Stuten standen die in Trakehnen geborenen und über die Landgestüte auf Deckstationen untergebrachten Vererber von Januar bis zum Sommer zur Verfügung. Viele der kleinen Landwirte hatten nur ein oder zwei Pferde, die, auch wenn sie tragend waren oder mit Fohlen bei Fuß gingen, voll in der Landwirtschaft eingesetzt wurden. Aus der Verzahnung in diesem System ergab sich eine enge Zusammenarbeit zwischen allen Beteiligten, den Gestüten, den Züchtern und auch den Remontierungskommissionen. Aus diesem Zusammenwirken wiederum entstand eine breite Basis für positive und auch für negative Kritik. Das Ergebnis wurde der einmalige, einheitliche Typ, entstanden in der isolierten Landschaft Ostpreußens.

Das Hauptproblem während der Gesamtzeit war, wieviel Vollblut eingekreuzt werden sollte, um ein mittelgroßes, nicht schweres, leistungsstarkes Pferd mit ausgeglichenem Temperament zu erhalten. Die Auffassungen darüber waren bei den Beteiligten keineswegs immer gleich. Der rennbegeisterte Kavallerieoffizier des ausgehenden 19. Jahrhunderts verlangte nach einem schnellen Vollblüter, bei dem ein „sensibles" Temperament erwünscht war. Dieser Sonderwunsch konnte natürlich nicht das Zuchtziel Trakehnens werden. Gleichwohl gab es später auch eine kleine Vollblutstutherde, welche in Kreuzung mit den vorhandenen Vollblütern die ausgefallenen Wünsche befriedigen konnte. Zugespitzt ausgedrückt: Der ostpreußische Bauer konnte, bei aller eigenen Bedächtigkeit, vor seinem Pflug keinen nervösen Galopper brauchen, der vor jedem Schmetterling aus der Furche sprang. Aber auch der Kavallerist und der Fahrer vom Bock brauchten einen weniger sensiblen, kräftigeren Typ. Von Zeit zu Zeit wurden kritische Fragen vor die Öffentlichkeit gebracht, wie etwa: „Ist die Pferdezucht Ostpreußens auf dem richtigen Wege? [...] – Hie Bauer – hie Rennpferd!" (R. Rudel, KÖHLER 1975, S. 31). Oder: „Orient und die Insel, in ihren Stuten und Hengsten vereint in Trakehnen, waren ständig Streitstoff. Zu viel Arabisches, zu viel Englisches, zu viel der 'verkrüppelten Wettrennerrasse', zu wenig Substanz der Pferde Trakehnens, zu viele 'Katzen' beim Militär – so ging es durch den Blätterwald." (KÖHLER 1975, S. 31). Diese von H. J. Köhler zitierte Kritik wurde in der Ära von Burgsdorfs geäußert. Man kann erkennen, wie subjektiv Meinungen sein können. Denn gerade *jenem* von Burgsdorf (1814–1842), der offen gegenüber den Wünschen des Heeres und der Landwirtschaft war, wird die Züchtung des ersten Prototyps des Wunschbildes „Trakehner" zugeschrieben. Er hatte neben seiner Fachkenntnis das Glück einer langen Amtsperiode von 28 Jahren.

Bedeutende Landstallmeister folgten, jeder trug Besonderes bei. Von Schwichow (1847–1864) führte als „begnadeter Zuchtkünstler" die Arbeit seines Vorgängers fort (HELING 1959). Zwischen den beiden Extremen „Zu viel Adel – zu fein, zu viel Masse – zu gemein!" konnte er durch gleichzeitige Verbesserung der Landwirtschaftstechnik und der Fütterung den eigentlichen Trakehner mit mehr Größe, Kaliber und Volumen erreichen.

Von Dassel (1864–1888) veredelte diesen Typ wieder mehr durch erweiterte Einkreuzung von Vollblut. Was jeweils im begrenzteren Rahmen erreicht worden war, mußte auf die breite Landesbasis ausgedehnt werden. Alles hatte mehr als ein Jahrhundert gedauert. Inzwischen war auch die Remontierung des Königreichs Preußen gesichert. Trakehnen ist nun allgemein anerkannt und tritt in Konkurrenz mit der englischen Zucht.

Was bisher galt, sollte auch für die Folgezeit gelten. Das immer wieder in „Original"-Trakehnerblut eingekreuzte Vollblut und die Zucht mit altbewährten, bodenständigen Stutenstämmen hatte mit dem sich ständig wiederholenden Wechsel von Veredelung mit Verstärkung und Konsolidierung und wieder Veredelung, Verstärkung und Konsolidierung zu dem einheitlichen ostpreußischen „Warmblut Trakehner Abstammung" geführt. Das Hauptgestüt Trakehnen hatte es erreicht. Aber auch jetzt sollte weiterhin und reichlich auf englisches Vollblut zurückgegriffen werden. Der Oberlandstallmeister Georg Graf Lehndorff konnte den außergewöhnlichen Vererber „Perfektionist" von England kaufen, beraten von Bernhard von Öttingen (1895–1912). Dieser vielseitig gebildete Mann, studierter Mathematiker, hat Trakehnen mit seiner Rastlosigkeit und Energie in vielerlei Hinsicht bereichert. Änderungen auf den verschiedensten Gebieten sind ihm zuzuschreiben, so Verbesserungen der Futterlagerung und der Beackerung. Seine architektonischen Verschönerungen an Bauwerken und die parkähnliche Umstrukturierung der Außenanlagen wurden von den Besuchern immer wieder als etwas ganz Besonderes empfunden. An über 1350 Menschen konnten neue Wohnungen übergeben werden. Er führte die verschärften Hengstleistungsprüfungen ein, nach dem Grundsatz ausgerichtet, daß Adel und Schönheit nichts bedeute ohne Leistung.

Schließlich war er der Begründer der berühmt gewordenen Trakehner Jagden hinter der Meute. Diese Jagden, in denen die jungen Pferde in vorsichtigen, sich steigernden Anforderungen in frischem Galopp an die Geländehindernisse gebracht wurden, hielt man für die mentale Ausbildung und für das Erkennen von Temperament und Eigenschaften als so entscheidend, daß sie in die Leistungsprüfungen der dreijährigen Hengste einbezogen wurden.

Die vielen Gräben für die Wasserregulierung, Koppelabgrenzungen, Wegeböschungen und die „Trakehnergräben" – heute überall für „Querfeldeinstrecken" nachgebaut und noch ein Alptraum für viele Geländereiter – boten Hunderte von Abwechslungen und Schleppen aller Schwierigkeitsgrade. Von Öttingens Tochter, später als Gräfin Sponeck die Frau des nachfolgenden Landstallmeisters, führte ein Jagdtagebuch, von dem das M. Heling dedizierte Exemplar in dessen Besitz die Kriegswirren überlebt hat. Es ist mit Skizzen der Strecken und mit dem einen oder anderen typischen Hindernis illustriert. Vermerkt wurde darin auch, welches Pferd von den Beinen und welcher Reiter auf die Beine kam.

Die Anforderungen und Leistungen, insbesondere für die jungen Pferde, waren durch die gelegentliche Einbeziehung des breiten Pissagrabens mit seinen schrägen, hohen Böschungen beachtlich. Von Öttingen löste neben allen seinen so positiven Einrichtungen aber erneut den alten Streit aus, weil er, was im Zuge der Zeit lag, die Züchtung eines blütigeren Kavalleriepferdes den Wünschen der Landwirtschaft vorzog. Manche Landwirte begegneten dem auf ihre Weise mit der Einkreuzung von Kaltblut.

Wie die Entwicklung Ostpreußens, so verlief auch die Trakehnens nicht störungsfrei. Mehrfach wurde sie von äußeren Einflüssen unterbrochen und zurückgeworfen. Im Siebenjährigen Krieg besetzten russische Truppen (1757–1762) den Ort. Polnische Insurgenten bedrohten 1794 das Land; Trakehnen mußte teilweise geräumt werden. Napoleon verwüstete in seinen Eroberungskriegen zwischen 1806 und 1812 auch Ostpreußen. Zweimal mußten die Pferde des

Hauptgestütes vor ihm auf die beschwerliche Flucht gehen, nach Rußland 1806 und Hunderte von Kilometern nach Schlesien 1812. Dem ganzen Land gingen durch Napoleons Kriege 90.000 Pferde verloren. In Pommern und Mecklenburg raubte er die bedeutendsten der Hengste. Trakehnen selbst verlor die Hälfte seiner Zuchtbestände. Landstallmeister von Below (1789–1814) bewahrte Trakehnen vor einem noch größeren Schaden durch das Meistern der gewaltigen Fluchtprobleme. Zu einer systematischen Zucht konnte er unter diesen Umständen wenig beitragen.

In den Jahren 1914/15 stand in Trakehnen erneut die Räumung von Mensch und Tier an. Während die Russen bei ihrem ersten Einfall in Ostpreußen wenig Schaden an den Einrichtungen Trakehnens hinterlassen hatten, wurde es während der zweiten Besetzung fast völlig von ihnen verwüstet. Nahezu alle Gebäude wurden zerstört. Erst nach 1919 konnten nach dem Wiederaufbau der Anlagen die letzten Pferde zurückkehren. Aber in was für Verhältnisse! Das Land war verarmt, wirtschaftlich ruiniert. Von den einstmals 110 Kavallerieregimentern waren durch Versailles nur noch 18 im Hunderttausendmannheer zugelassen. Ostpreußen hatte im Weltkrieg 135.000 Pferde verloren, darunter 25.000 Zuchtstuten. Dies entsprach 57% der eingetragenen Bestände. Für den Züchter erwiesen sich Reduzierung der eigenen Stutenbestände und der fehlende Absatz als katastrophal. Das galt für alle gleich: für die Gestüte, für den kleinen Bauern mit seinen ein oder zwei Stuten wie auch für den Großgrundbesitzer. Notversteigerungen und Notverkäufe ins Ausland waren die Folge. Erschwerend kam in dieser Situation die gleichzeitige Forderung nach einem stärkeren Kaliber der Pferde hinzu. Die veränderten Bedingungen bei den berittenen Truppen erforderten dies, aber auch die veränderten Ansprüche der Landwirtschaft. Graf Sponeck (bis 1922) und nach ihm Siegfried Graf Lehndorff (1922–1931) vollbrachten Erstaunliches bei dieser Umformung des Trakehners in knapp zwei Jahrzehnten.

Dieser neue Typ führte auch als Sportpferd in die schon erwähnte Zeit der großen internationalen Erfolge. Die Zweihundertjahrfeier wurde, noch von Armut gedrückt, aber mit einem wiederum veränderten, äußerst erfolgreichen Trakehner begangen. Dr. Ehlert leitete das Hauptgestüt, seinen Vorgängern verpflichtet, von 1931 über die folgenden acht Friedensjahre und die weiteren sechs Kriegsjahre. Durch Graf Lehndorff und ihn stand Trakehnen wieder auf einem Höhepunkt, wie vor dem Ersten Weltkrieg. Der Anblick der Stutenherden im Paradies der Pferde muß bestechend gewesen sein.

Aber mit dem Zweiten Weltkrieg kam die entscheidende Wende. Noch im Sommer 1944 verhielt man sich relativ friedensmäßig im ostpreußischen Raum. Es mutet heute anachronistisch an: für den Herbst 1944 wurden noch Stutenschauen geplant. Seit 1942 hatte es zwar erste Futterschwierigkeiten für die Hengste gegeben, aber die Deckstationen waren noch planmäßig bezogen worden. Gravierender waren die personellen Probleme. Zunächst waren die aktiven Männer ab 17/18 Jahren zur Wehrmacht eingezogen worden. Die Arbeiten mußten, so gut es ging, von jungen Burschen, Älteren, Versehrten und Fremdarbeitern übernommen werden. Aber die große Katastrophe zeichnete sich doch schon im Winter 1943/44 ab. Zwischen Oktober und Januar konnte in den Abwehrschlachten um Witebsk die neue Frontlinie zwar in etwa gehalten werden. Witebsk lag auch noch mehr als 400 km von der ostpreußischen Grenze entfernt, an sich weit, aber dennoch nicht weit genug, wie sich herausstellen sollte. Die Stadt und ihre „Rollbahn" waren der Ausgangspunkt für Angriffe auf Ostpreußen, und die sowjetische materielle Überlegenheit war damals schon nicht zu übersehen. Dann, nach intensiver Vorbereitung, traten die Sowjets im Juni 1944 in einer Zangenbewegung nach Westen an, konnten tief vorstoßen und die Heeresgruppe Mitte einschließen. Dieses „Ostfrontdrama" war so vollständig, daß von Zehntausenden deutscher Soldaten nicht bekannt wurde, wann und wie sie starben, oder ob sie in Gefangenschaft gerieten und erst dort umkamen. Es bestehen deprimierende

Suchlisten des Roten Kreuzes, worin ganze Divisionsaufstellungen als Vermißte, z. T. mit alten Photos, aufgelegt sind. Allein im Raume um Witebsk, wo der nördliche Hauptstoß erfolgte, sind sechs Divisionen fast vollständig verschollen. Vor der ostpreußischen Grenze konnten die Russen noch aufgefangen werden. Die Front war jedoch in beängstigende Nähe Trakehnens gelangt. Am 16. Oktober stießen die Russen unweit Trakehnens im Bereich Goldap, Ebenrode, Nemmersdorf auf deutschen Boden vor. Was die fünfte Panzerdivision einige Tage später, nach der Rückeroberung, bei der von den Russen überraschten Bevölkerung vorfand, war schrecklich.

Trakehnen war nun mittelbares Kampfgebiet geworden, auf seinen Weiden war ein Feldflugplatz entstanden. Noch immer durften Kreis und Gestüt nicht geräumt werden. Massive Vorstöße der Gestütsleitung wurden von der politischen Leitung abgelehnt. Josef Goebbels erklärte später, daß das deutsche Volk nicht wert sei zu überleben, wenn es nicht bereit sei zu kämpfen. Die Frauen in den zerbombten Städten und die kämpfende Truppe, die sich ohnehin verlassen vorkam, fühlten sich verhöhnt. Sie nahmen es mit ohnmächtigem Zorn auf, soweit es ihnen überhaupt im Chaos jener letzten Kriegstage zur Kenntnis kam. Heinrich Himmler hatte einige Monate zuvor in einer „Geheimen Kommandosache" an der Westfront mitgeteilt, daß der strategische Sinn des hinhaltenden Widerstandes sei, Zeit für den Einsatz der „Neuen Waffen" zu erhalten. War es Betrug, um ein weiteres Durchhalten gegen die erdrückende Übermacht zu motivieren, war es Resignation, war es einfach ein „Nicht-wahr-haben-wollen", war es das Warten auf ein Wunder? Wollte man keine Panik erzeugen? Oder war es eine Auffassung, wie sie Goebbels ausgesprochen hatte? Für sich und seine Familie war er konsequent! Aber wer konnte was noch glauben? Von den Auswirkungen auf Land und Leute beim Einrücken der sowjetischen Truppen wußte jedermann. Mit Achtung gedenkt man russischer Soldaten wie Lew Kopeljews, der vor Ort Kritik am Verhalten seiner eigenen Einheiten übte. Repressionen gegen ihn waren in dem System, in dem er leben mußte, die Folge. Es gab noch andere Kopeljews, Flüchtlinge berichteten hin und wieder darüber. Aber das allgemeine Verhalten der Roten Armee entsprach genau dem Aufruf des offiziellen sowjetischen Propagandisten Ilja Ehrenburg.

Der Krieg an der Ostfront sah in der Rückzugsphase anders aus als der im Westen. Im Westen ließ sich die Bevölkerung im allgemeinen nicht ungern von den Soldaten der Alliierten überrollen. Zumindest der Krieg war damit zu Ende. Nicht überall war die Begegnung mit dem Gegner allerdings nur positiv. Im baden-württembergischen Raum kam es beim Einrücken der französischen Kolonialtruppen zu einem bösen Erwachen. Was auch Schlimmes vom verantwortlichen General Lattre de Tassigny zugelassen wurde – die Ereignisse im Osten übertrafen alles. Man muß es aussprechen, um die Gründe für die Flucht der Bevölkerung verstehen zu können: Die Ostpreußen wußten, daß nur die Flucht Leben und Leib – und das im wahrsten Sinne des Wortes – und einen kleinen Rest von Würde retten konnte. Aber das Verlassen von Hab und Gut ließ man hier, wie auch in Schlesien und Pommern, für Mensch und Kreatur von der eigenen Führung nicht zu. So erfolgte schließlich die Evakuierung Ostpreußens als überstürzte Flucht, schrittweise – und immer um Schritte zu spät. Sie erfolgte dann, einem Pferdeland entsprechend, zumeist beritten oder bespannt.

Die ersten Flüchtlingsströme waren aus dem Kampfgebiet an der Memel im Oktober aufgebrochen. Statt sie weiterzulassen, wurden sie im westlichen Ostpreußen gestoppt und über das Land verteilt. Sie boten das Bild, das während der nächsten Monate die Straßen nach Westen beherrschen sollte: Lange Kolonnen von Frauen und Kindern auf und neben Plan- und Erntewagen. Dazwischen Fußgänger mit Handwagen und Verwundete. Hin und wieder ein älterer Gespannführer, nicht unter 60 Jahren, oder ein Kriegsversehrter als Wagenfahrer. Die männliche Bevölkerung zwischen 16 und 60, beinahe jeden Gesundheitszustandes, war im letzten Moment noch zum Volkssturm zur „heimatnahen Verteidigung" eingezogen worden.

Die Wagen waren beladen mit Bettzeug für die Nächtigung im Freien, einer letzten Habe, Verpflegung und vor allem Futter für die Pferde. Das Zuggewicht betrug zwischen 25 und 40 Zentnern für die jeweils ein bis vier Zugtiere. Die Pferde waren das Wertvollste, das die Flüchtlinge nun noch besaßen. Es waren meist die eigenen „Trakehner" Zuchtstuten aus dem verlassenen bäuerlichen Betrieb. Obgleich viele von ihnen zu jener Jahreszeit hochtragend waren, bewährten sie sich auf dieser ersten Etappe, vor allem aber auf der späteren langen Flucht.

Was war in Trakehnen bis zu dem einschneidenden 16. Oktober 1944 geschehen? Dr. Ehlert hatte mit Hilfe der Wehrmacht den Junghengstjahrgang 1943 noch rechtzeitig am 15. September 1944 zum Gestüt Hunnesrück im Solling verlegen können. Der Fohlenjahrgang 1944 aber sollte vollständig bei der überstürzten späteren Flucht zugrunde gehen. Die Hauptbeschäler konnten, zusammen mit 131 Zuchtstuten, ins westliche Ostpreußen, ferner nach Graditz und Neustadt/Dosse verbracht werden. Aber über 700 Zuchtstuten und Fohlen standen am Tage des russischen Angriffes noch auf den Weiden.

Dann kam jener 16. Oktober. Die Hauptkampflinie war rasch bis auf wenige Kilometer an das Gestüt herangekommen. Die bombardierte nahe Kreisstadt Gumbinnen brannte. In der Nacht zum 17. Oktober erfolgte endlich der Befehl zur Räumung und zum Aufbruch innerhalb von zwei Stunden. Vorläufiges Ziel war das Landgestüt Georgenburg.

In zehn Herden zu je etwa 80 Köpfen bricht man auf, jede der Herden von drei Berittenen geleitet, von Kindern oder Alten. Um unter diesen Umständen die Tiere überhaupt zusammenhalten zu können, wird angeordnet, die 60 bis 70 km lange Strecke im Trab ohne Halten zurückzulegen. So geht es auch im Trab an Staus vorbei und durch das brennende Gumbinnen hindurch. Aber es kommt zum Stop, als eine Wegstrecke gesperrt ist und eine querbare Furt in der Angerapp gesucht werden muß. Die den Weidegang gewohnten Tiere laufen auseinander. Kann man sich die Schwierigkeit vorstellen, die Stuten mit ihren Fohlen wieder zu versammeln? Eine neue Leistungsprüfung ist bestanden, als nach sechs Stunden die letzte Gruppe am Zielort Georgenburg eintrifft. Wie sie ohne Eisen von der Weide geholt worden waren, so hatten sie die Strecke bewältigt, alle, bis auf ein Pferd, das sich im brennenden Gumbinnen schwer verletzt hatte. Die langsameren Wirtschaftstrecks des Gestütes wurden z. T. von den Russen eingeholt. Wer nicht flüchten konnte, überlebte nicht.

Die nächsten Wochen waren in Ostpreußen beeinflußt von annähernd stationären Frontverläufen und aus dem Augenblick entstandenen gelegentlichen Transportmöglichkeiten. Eine Reihe von westwärts fahrenden Leerzügen stellte die Wehrmacht zur Verfügung. Ostpreußische Pferde konnten zum Teil auf Gestüte in Sachsen, Pommern und Mecklenburg verbracht werden. Warum aber ließ die politische Führung nicht auch Flüchtlinge passieren?

Am 22. Januar 1945 stoßen die Sowjets mit einem Angriffskeil auf Elbing vor und unterbrechen die Eisenbahnlinie Elbing-Braunsberg. Ostpreußen ist abgeschnitten.

Jetzt dürfen die Trecks weiterziehen! Aber auf welchem Wege? Nun sind es nicht mehr nur die unnötig aufgehaltenen Tilsiter und Memelländler, nun ist es die ganze Bevölkerung Ostpreußens, die zur Flucht vor der Roten Armee aufbricht. Inzwischen hatten sich die klimatischen Bedingungen extrem verschlechtert. Der Winter hatte Temperaturen bis minus 20° gebracht. So bitter die Kälte war, sie erwies sich in dieser an sich aussichtslosen Lage als möglicher Rettungsfaktor: Das Frische Haff war zugefroren und erlaubte die Passage mit Pferd und Wagen über das Eis bis auf die Frische Nehrung und, um Elbing zu umgehen, entlang der Küste nach Danzig. Das Haff ist an der engsten Stelle etwa 8 km breit. Es wurde aber auf verschiedenen Fahrspuren und in der Schräge gequert, wodurch die

Strecke auf dem Eis bis zu 20 km lang war. Was sich abspielte bei zeitweiligem Schneesturm und im Durcheinander mit gleichzeitigen Truppenbewegungen in beide Richtungen auf der gleichen Route, bei Tieffliegerangriffen und durch Eiseinbrüche, in denen auch Gespanne versanken und ihre Zugpferde ertranken, aber auch, was an gegenseitiger Hilfe geschah, ist von dem Ostpreußen Dr. Schilke in Augenzeugenberichten bewahrt worden. Von den 18.000 bäuerlichen Zuchtstuten erreichten letztlich etwa 800 den Westen Deutschlands.

Auch der zugesagte Bahntransport für etwa 160 Braunsberger und Georgenburger Hengste war durch den russischen Panzervorstoß unmöglich geworden. Der Landstallmeister von Warburg, vom Gestüt Braunsberg, bekam die Anweisung, er möge warten, bis die Strecke wieder freigekämpft sei. Wie auch sollte man Hengste ohne Personal anders transportieren als mit der Bahn? Was mit Stutenherden möglich gewesen war, verbot sich bei Hengstgruppen. Aber immerhin verlief die Frontlinie inzwischen etwa 4 km vom Gestüt entfernt. Niemand hätte in dieser Situation gern gewartet, wenn sich noch ein Ausweg bot. Auch von Warburg wartete also nicht, zumal die Genehmigung zum Abtransport einmal erteilt worden war. Was er einleitete, verlief der Lage entsprechend ungewöhnlich. So soll es in die Erinnerung zurückgerufen werden – soweit es noch rekonstruierbar ist.

Denn während über die Flüchtlingstrecks viele Berichte und über sonstige Pferdetransporte Zahlen und Einzelheiten vorliegen, erscheint der Ritt der Hengste von Braunsberg nach Redefin (Westmecklenburg) über 750 km fast vergessen. Auch Dr. Heling erwähnt ihn in seinem profunden Buch nur in einem kurzen Abschnitt. Genauer gesagt: es waren zwei Ritte. Der eine Hengsttreck wurde vom Landstallmeister selbst geführt. Er startete bereits am 27. Januar 1945 und traf erst am 7. März 1945 in Redefin ein. Zwar über den Weg, nicht aber über Einzelheiten informieren ein schriftlicher Bericht des Obergestütswärters Otto Adomat an Dr. Heling und dessen handschriftliche Zusammenfassung. Dr. Heling hatte ihn erbeten, um etwas über das Schicksal des Vererbers „Julmond" zu erfahren, der gleichzeitig auch sein und seiner Familie Reithengst gewesen war. „Julmond", ein Georgenburger Hengst, war auf der Flucht zunächst von von Warburg und, nach dessen Erkrankung, von Stolp aus von Adomat geritten worden. Dieser konnte ihn noch Anfang April unter dem Sattel nach Westercelle überführen. Nach mancherlei Irrungen und Fehlbeurteilungen wurde „Julmond" schließlich im Alter von 22 Jahren (1960) im Gestüt Marbach aufgestellt, wo er dann seine typischen Trakehnerpoints erfolgreich weitergeben konnte. Aus wie vielen Köpfen diese erste Kolonne bestanden hat, läßt sich nur mit Kenntnis der letzten Bestandsaufnahme in Braunsberg errechnen. Danach müssen es ca. 36 Hengste gewesen sein. Wahrscheinlich war das gerade die Zahl, für die noch Reiter aufzutreiben waren. Die größere Zahl der zunächst noch verbleibenden Hengste hätte wahrscheinlich in Braunsberg ihrem Schicksal überlassen werden müssen, wenn sich nicht jene „Wehrmachtslösung" ergeben hätte, von der mehr bekannt geblieben ist. Denn glücklicherweise hat ein Zeitungsbericht des Führers des zweiten der beiden Hengstkolonnen, des Veterinärs Dr. Ernst Arnold, „überlebt". So kann nur über den Ritt dieses Veterinäroffiziers ausführlicher berichtet werden. Das Folgende hält sich inhaltlich an dessen Aufzeichnungen.

Dr. Arnold hatte als Wehrmachtsangehöriger eigentlich gar nichts mit dem Gestütswesen zu tun. Als ihm der Auftrag erteilt wurde, war er Chef des Heimatpferdelazaretts Königsberg. Seitdem die Vororte Königsbergs aber bereits unter russischem Artilleriefeuer lagen, gab es kein „Heimatlazarett" mehr. Er hatte aus seinem Pferdelazarett noch das (Wehrmachts)Personal, das die zivile Gestütsleitung nicht mehr hatte. So griff die Heeresgruppe Mitte verständnisvoll ein und beauftragte ihn am 4. Februar 1945 mit der Führung des Haupttrupps. Unter Züchterhilfe suchte er aus dem Gestütsbestand 114 Trakehner und 11 Ermländer Zuchthengste aus.

Am 5. Februar trat er den Marsch an. Zu seiner Hengstkolonne gehörte zusätzlich eine Gruppe von etwa 350 Pferden (aus dem Lazarett?), zum Teil mit Proviantwagen, die versetzt marschierte. Wer aber sollte die Hengste reiten, waren sie doch nur vom Sattel aus zu beherrschen? Unter seinem Kommando standen 90 Soldaten und 75 russische Hilfswillige. „Hiwis", wie man sie im damaligen Sprachgebrauch abgekürzt nannte, waren russische Zivilisten oder russische Kriegsgefangene, die sich freiwillig der Wehrmacht zur Verfügung gestellt hatten und an vielen Stellen eingesetzt waren. Teilweise verrichteten sie Dienste bei Trossen in mittelbarer Frontnähe, z. B. als Munitions- oder Verpflegungsfahrer. Sie arbeiteten aber auch im rückwärtigen Gebiet und, wie hier, in einem Pferdelazarett. Mit ihren landesüblichen „Panjepferden", mit denen einige Wehrmachtseinheiten ihre Trosse rußlandgerecht bespannt gemacht hatten, konnten sie gut umgehen. „Ihre" Einheiten begleiteten sie bei den Rückzugskämpfen westwärts, und ihre größte Sorge war, den sowjetischen Truppen in die Hände zu fallen. Den Sowjets galten sie als Verräter. Sie hatten von ihnen das Schlimmste zu erwarten. Diese Männer sollten nun den Umgang mit ihren Panjepferden und Lazarettpferden aufgeben und als Reiter und Pfleger die berühmten Hengste der Trakehner Zucht in Sicherheit bringen. Sie erfüllten ihre Aufgabe gut und verläßlich und erwiesen sich als vorzügliche Reiter.

In seinem Marschbefehl war Dr. Arnold der genaue Weg vorgeschrieben worden. Er sollte – auch für ihn erst nach der Freikämpfung – über Elbing führen. Jede eigene Bewegungsfreiheit wäre ihm zunächst damit genommen gewesen. In der nächtlichen Verhandlung konnte er schließlich den vernünftigen Zusatz erreichen: „dem Kommandoführer ist es überlassen, einen anderen Weg einzuschlagen, wenn ihm der angegebene unratsam erscheint" (ARNOLD 1963). Das war der nötige Freibrief, den Weg über das zugefrorene Haff zu wählen, den gleichen Weg, auf dem die zivilen Flüchtlingstrecks unterwegs waren, und den der Zug von Warburgs bereits eingeschlagen hatte. Wie für alle auf dieser einzigen offenen Route, machten auch für Dr. Arnolds Zug eisige Schneestürme und Minustemperaturen von 20° auf teilweise spiegelglattem Eis den Marsch zum Überlebenstest. Als besonders tückisch erwiesen sich auch unvollständig wieder zugefrorene Bombenlöcher. Abgesehen davon, daß dieses Eis nicht trug, war Wasser auf die Fläche ausgetreten und wiederum überfroren. Dies bedeutete eine zusätzliche Verletzungsgefahr für die Pferdebeine. Die Querung erfolgte, auch für ihn, in der Schräge und betrug für seinen Trupp etwa 12 km. Eine im Haff offengehaltene Fahrrinne war mit einer Knüppelbrücke überbaut worden Alle mußten über diesen Engpaß ziehen. Um den Tieffliegerangriffen möglichst zu entgehen, setzte er seine Kolonne erst mit Einbruch der Dunkelheit auf das deckungslose Eis in Marsch. Zuvor hatte er durch die etwa 30 Schmiede seiner Lazaretteinheit allen Tieren die Eisen abnehmen lassen.

Durch den 14tägigen Aufenthalt in Braunsberg waren die Hengste wegen hoher Kraftfuttergaben äußerst übermütig. Man hatte sie wohl mit der Herbsternte, die man nun zurücklassen mußte, für die zu erwartenden Strapazen konditionsstark machen wollen. Sie belästigten auf der einzigen Nehrungsstraße ständig die Pferde der westwärts fahrenden Zivilgespanne und vergrößerten damit noch das Chaos. Die Hengste wurden deshalb getrennt und über die verschneiten Dünen zur Ostseeseite und dann am Strand entlang geritten. 114 Trakehner und elf Ermländer, in Reihe hintereinander, hell erleuchtet vom lichterloh brennenden Städtchen Tolkemit – das war der Abschied von Ostpreußen!

Mit dem Erreichen Danzigs war die erste Phase des Entkommens gelungen. Während einer zweitägigen Rast, unter Stalldächern geschützt, wurde der Beschlag wieder aufgelegt. In Tagesabschnitten zwischen 40 und 60 km ging der merkwürdige Winterritt über Gdingen, Naugard und Stolp weiter. Das vorgegebene Ziel sollte Labes in Hinterpommern sein. Eine von Dr. Arnold ausgeschickte Aufklärungspatrouille berichtete, daß russische Spitzen bereits vor

Labes stünden. So zog er weiter in Richtung Stettin, wo man ihm als neuen Zielort Redefin vorschrieb. Der Ort Labes wurde wenige Tage später von den Sowjets besetzt, der Landstallmeister des dortigen Gestütes, Hans Althaus, auf der Suche nach einem Fluchtweg am 4. März 1945 mit seinem Treck eingeholt und aus dem Sattel geschossen. Der spätere französische Industrielle Jaque Andree, damals als Kriegsgefangener im Gestüt Labes und bei dem Erkundungsritt des Landstallmeisters dessen Begleiter, konnte entkommen. Durch ihn wurden die Einzelheiten bekannt (Persönliche Mitteilung der Familie Althaus).

Arnold traf am 2. März 1945 nach einem Ritt von 750 km in Redefin ein, vier Wochen nach dem Verlassen von Braunsberg. Die notwendige Verpflegung, bzw. das Futter, hatte in den Troßfahrzeugen mitgeführt werden können. Eine schwierige Verproviantierung aus dem von Flüchtlingen überfüllten Lande blieb ihm dadurch erspart. Nur wenige Tiere gingen verloren.

Unter vielen Mühen, mit großen Verlusten und trotz zahlreicher, von der eigenen politischen Führung in den Weg gelegten Hindernisse, waren Menschen und Tiere dem Machtbereich der Roten Armee entkommen. Auch wertvolle Zuchttiere der Trakehner Zucht hatte man in größerer Zahl dem Zugriff dieses Gegners entziehen können. Im Machtbereich von Amerikanern und Engländern fühlte man sich nun, nach dem Waffenstillstand, zunächst sicher und glaubte, daß es irgendwie weitergehen werde. Es kam anders. Die meisten Mühen der Flucht und der erzwungenen, aber erfolgreich abgelegten „Leistungsprüfungen" wurden zunichte gemacht, als im Sommer 1945 die russischen Besatzungsgrenzen, entsprechend der Geheimverhandlungen der Siegermächte, überraschend und weit nach Westen ausgedehnt wurden. Alle mühsam nach Redefin, nach Perlin und nach Neustadt/Dosse ausgelagerten Hengste und Stuten wurden von den Russen beschlagnahmt und abtransportiert. Noch heute sind Verbleib und Verwendung unbekannt.

Was war von den Gestüten und von der Landeszucht übriggeblieben? Der noch nicht körfähige Hengstjahrgang 1943 stand in den Westzonen, elf Tiere daraus wurden später als Hengste belassen. Im Gestüt Westercelle waren auf verschiedenen Wegen 92 Hengste, darunter acht Kaltbluthengste, noch vor der Besetzung der Engländer eingetroffen. Die Mehrzahl davon stammte aus den beiden Gestüten Braunsberg und Georgenburg. Davon verblieben letztendlich nach Requirierungen durch die Besatzungsmacht, Abkörung und Abgängen anderer Art 23 Originaltrakehner und 22 Hengste der ostpreußischen Privatzucht. Dank Entgegenkommens des britischen Generals L. Bolton, eines selbst erfolgreichen Reiters, und auf dessen eigene Verantwortung, durfte Dr. Ehlert weitere zwei Trakehner Hengste und 28 Trakehner Zuchtstuten über die bereits besetzte neue Demarkationslinie bringen. Außer den wenigen Pferden aus dem Landgestüt hatten etwa 800 Zuchtstuten aus bäuerlichem Besitz im Treck den „Westen" erreicht. Das war alles, was für die eventuelle Weiterführung einer mehr als zweihundertjährigen Zucht im eigenen Land übriggeblieben war. Aber an eine Weiterzucht dachte wohl im Sommer 1945 zunächst keiner von denen, die gerade mit dem Leben davongekommen waren und hungernd in Notquartieren zubrachten.

Der „Leistungsprüfungen" war noch kein Ende, insbesondere für jene Stuten, die den Westen erreicht hatten. Zerstreut über das Gebiet zwischen Alpen und See, versuchten die Heimatlosen, ihre geretteten Pferde gegen Futtergestellung in der Landwirtschaft oder sonstwie zu Diensten anzubieten. Die sechs letzten aus dem etwa 80köpfigen Bestand der Familie Klatt z. B. zogen die Wagen einer Bremer Brauerei.

Postverbindungen waren zunächst noch nicht wieder aufgebaut. Die Besatzungsgrenzen zu überschreiten, war verboten. Kenntnisse darüber, wer wo überlebt hatte, fehlten. Kaum einer wußte, wo dieser oder jener abgeblieben war. So waren Kontakte untereinander praktisch unmöglich.

Besondere Verdienste, unter erschwerten Umständen dennoch Verbindungen hergestellt zu haben, kommen einigen alten Ostpreußen zu, wie Freiherrn von Schrötter, Dr. Fritz Schilke – er gründete 1947 den Nachfolgeverband der Trakehner Züchter –, Dr. Martin Heling, Dr. Ehlert, D. von Lenski, Fürst zu Dohna und anderen, hier nicht weiter Aufzuzählenden. Mit Rat und Tat half von außerhalb der Grenzen der von Ostpreußen und seinen Trakehnern begeisterte Schwede Dr. Aaby Ericson. Manche Güter stellten Quartiere für Stuten. Einige der Hengste wurden zur Ergänzung der Zucht in westdeutschen Anstalten untergebracht. Nicht immer und überall soll das gern geschehen sein. Inzwischen gibt es wieder reinrassige Trakehnerzuchten, wie im Gestüt Marbach und bei privaten Züchtern. Es gibt weiterhin den schon erwähnten, sehr aktiven und nun schon längst durchorganisierten Verband der Züchter und Freunde des Trakehner Pferdes und außerdem bemerkenswerte Auktionen. Mit zwiespältigen, letztlich aber versöhnlichen Gefühlen erfährt man von Trakehner Reinzuchten in polnischen Gestüten und von den sportlichen Erfolgen ihrer Reiter. Aus Rußland hingegen, wohin die meisten Beutetiere entführt worden sind, kommen bis heute kaum gute Nachrichten. Andererseits haben sich in jüngster Vergangenheit acht Töchterverbände im Ausland, davon zwei in Übersee, mit eigenem Zusatzbrand zu den beiden Elchschaufeln etabliert. Das von H. J. Köhler in Verden gegründete Pferdemuseum ist zu einem großen Teil dem Kulturerbe von Trakehnen gewidmet. Seit Mai 1974 steht ein Abguß des 1945 aus Trakehnen entführten Vererbers „Tempelhüter" im Garten dieses Museums. Der letzte, noch in Trakehnen geborene Hengst, „Keith" (1941), war beim Festakt zugegen.

Die Ergebnisse einer alten und erfolgreichen Zucht gingen so trotz des Verlustes des traditionellen Zuchtgebietes nicht vollständig verloren. Das betrifft aber nur Trakehnens Pferde. Es kann nicht darüber hinwegtäuschen, daß der Kulturraum Ostpreußen und das Herkunftsland der „Trakehner" nur noch Erinnerungswert haben.

„Die Arbeit von mehr als zwei Jahrhunderten in Trakehnen ist vernichtet. Das einst von einem preußischen König zur Wohlfahrt seines Landes begonnene und von den besten Dienern seines Staates sorgsam verwaltete und schließlich zur Vollendung geführte Werk ist zerstört. Trakehnen ist wohl immer mit altpreußischer Sparsamkeit bewirtschaftet, aber von einer gewissenhaften Beamtenschaft als ein Eigenes gehalten worden. Der ganze große und vielseitige Betrieb war praktisch gegliedert und sauber durchorganisiert, so daß er ohne Tadel und Störungen funktionierte und reibungslos ablief. Generationen haben ihm in Treue gedient, alle seine Angehörigen haben sich ihm nicht nur verpflichtet, sondern an seinem Wohl und Wehe, an seinem Gedeihen und ständigem Aufstieg beteiligt gefühlt. Darin betteten sich wohl letztlich die Wurzeln für seine großartigen Erfolge, für Anerkennung, Ruf und Ruhm Trakehnens.

Trakehnen war der einhellige Ausdruck eines ganz bestimmten, ihm eigentümlichen Lebensgefühls, wie es ja wohl jedes in Ehrfurcht vor der Natur geschaffene und herangereifte Werk empfänglicher Menschen je nach ihrer geistigen und seelischen Bereitschaft zu vermitteln pflegt. Trakehnen atmete im Duft seiner grünen Weiden und großflächigen Ackerbreiten, im Wind der Weite, im sommerlich über seinen Ebenen flimmernden Sonnenglast wie im glitzernden Schnee und knakkenden Frost des Winters, im drängenden Frühling und in der leichten Luft herrlich klarer Herbsttage, in den oft unzubeschreibenden Farben des Lichts bis an die fernen Horizonte, in der lebensvollen Atmosphäre frohgemuten Umgangs mit dem Gefährten Pferd und in der das ganze Dasein erfüllenden Fürsorge für das anvertraute, dem Herzen nahe Gut das köstliche Aroma von Lebensbejahung, Naturfreude, Schaffenslust und alle Sinne befreiender innerer Bereitschaft.

Darüber aber breitete sich, alles zur Harmonie vereinigend, die klassische preußische Note freigewählten Pfllichtgefühls und des selbstverständlichen Verantwortungsbewußtseins für Staat und Gemeinwohl."
(HELING 1965, S. 186, 187).

LITERATUR:

ADOMAT, OTTO: *Briefe vom 18.6.1965 und 30.6.1965 an Dr. Heling*, (Museumsbibliothek Verden).

ARNOLD, ERNST: „Hundert Trakehner in Sicherheit gebracht", Waldeck'sche Landeszeitung vom 9.11.1963.

BINDING, RUDOLF: *Das Heiligtum der Pferde*, Königsberg, Gräfe und Unzer 1935.

Die Wehrmachtsberichte 1939–1945, München, Deutscher Taschenbuchverlag 1985.

DÖNHOFF, GRÄFIN MARION VON: *Namen, die keiner mehr nennt*, Düsseldorf/Köln, Diederichs 1962.

DOHNA-SCHLOBITTEN, FÜRST ZU: *Erinnerungen eines alten Ostpreußen*, Alexander Siedlerverlag.

DOSSENBACH, MONIQUE UND HANS, KÖHLER, H. J.: *Die großen Gestüte der Welt*, Bern/Stuttgart, Hallwag 1978

FREVERT, WALTER: *Rominten*, Bonn, München, Wien, Bayerischer Landwirtschaftsverlag 1957.

FRANZ, WALTER; RASCHDORF, WALTER: *Im Land der Pferde, Trakehnen*, Pilkallen/Leipzig, Grenzlandverlag Gustav Boettcher 1937.

GOODALL, DAPHNE MACHIN: *Die Pferde mit der Elchschaufel*, Berlin/Hamburg, Parey 1960.

GROTE, *Führer durch das Hauptgestüt Trakehnen*, Stallupönen, Klutke 1939.

GRUNERT, W.: „Die Simpson in Georgenburg", Ostpreußenblatt, 18. Jahrgang vom 7.1.1967.

HELING, MARTIN: *Trakehnen*, München, Bonn/Wien, BLV Verlagsgesellschaft 1965.

DERS., „Das Schicksal des ehemals preußischen Landgestütes Georgenburg, Krs. Insterburg", Bunte Illustrierte 1965.

DERS., *Handschriftliche Zusammenfassung über den Weg des Trecks des Landstallmeisters v. Warburg im Hinblick auf „Julmond"*, Museumsbibliothek Verden.

HINZE, ROLF, *Das Ostfrontdrama 1944*, Stuttgart, Motorbuch Verlag 1988.

HENNINGES, JÜRGEN VON: *Brief vom 3.5.1977 an die Redaktion Bunte Illustrierte*, (Museumsbibliothek Verden).

HOCHSCHEID, JACK: "1.200 Pferde flüchten aus dem brennenden Trakehnen", Frankfurter Illustrierte.

JAEGER, KURT: *Die deutschen Münzen seit 1871*, Münzen und Medaillen AG Basel, 1970.

KÖHLER H. J.: "Tempelhüter", St. Georg 7/74.

DERS., *Tempelhüter*, Luzern, Reich-Verlag 1975 (Reihe terra hippologica).

LENSKI, D. VON: "Die Beschädigungen sind behoben", Ostpreußenblatt 49; 9.12.1995.

DERS.: *Die Entwicklung der Edelen Ostpreußischen Pferdezucht*, Abiturientenarbeit, 1. November 1929, Museumsbibliothek Verden.

VON LÖWIS OF MENAR: "Der Zug der Pferde", St. Georg 21, (1.2.1950); 22 (19.5.1950).

MIDDELHAUVE, ARIANE: "Morjen, Herr Landstallmeister!" Pommersche Zeitung 46 (18.11.95).

MIEGEL, AGNES: *Gesammelte Balladen*, Düsseldorf, Diederichs 1953.

NADUSY, ALEXANDER VON: *Reiseanmerkungen*, Manuskript, ca 1864.

P. A. H.: *Ein Besuch in Trakehnen im Sommer*, Stuttgart/Verden, Liebhaberverlag, Neuausgabe 1970 der Ausgabe 1885.

SCHILKE, FRITZ: *Trakehnerpferde einst und jetzt*, München/Bonn/Wien, BLV Verlag 1964.

DERS.: *Vielseitige Leistungen einer großen Pferdezucht*, Wiemerskamp, um 1966.

DERS.: *Von heimatlichen Prüfungen über olympische Ehren zum winterlichen Treck um Tod und Leben*, Wiemerskamp, um 1966.

DERS.: *Daten und Entwicklung der Trakehnerzucht in der Bundesrepublik Deutschland*, Wiemerskamp, 1978.

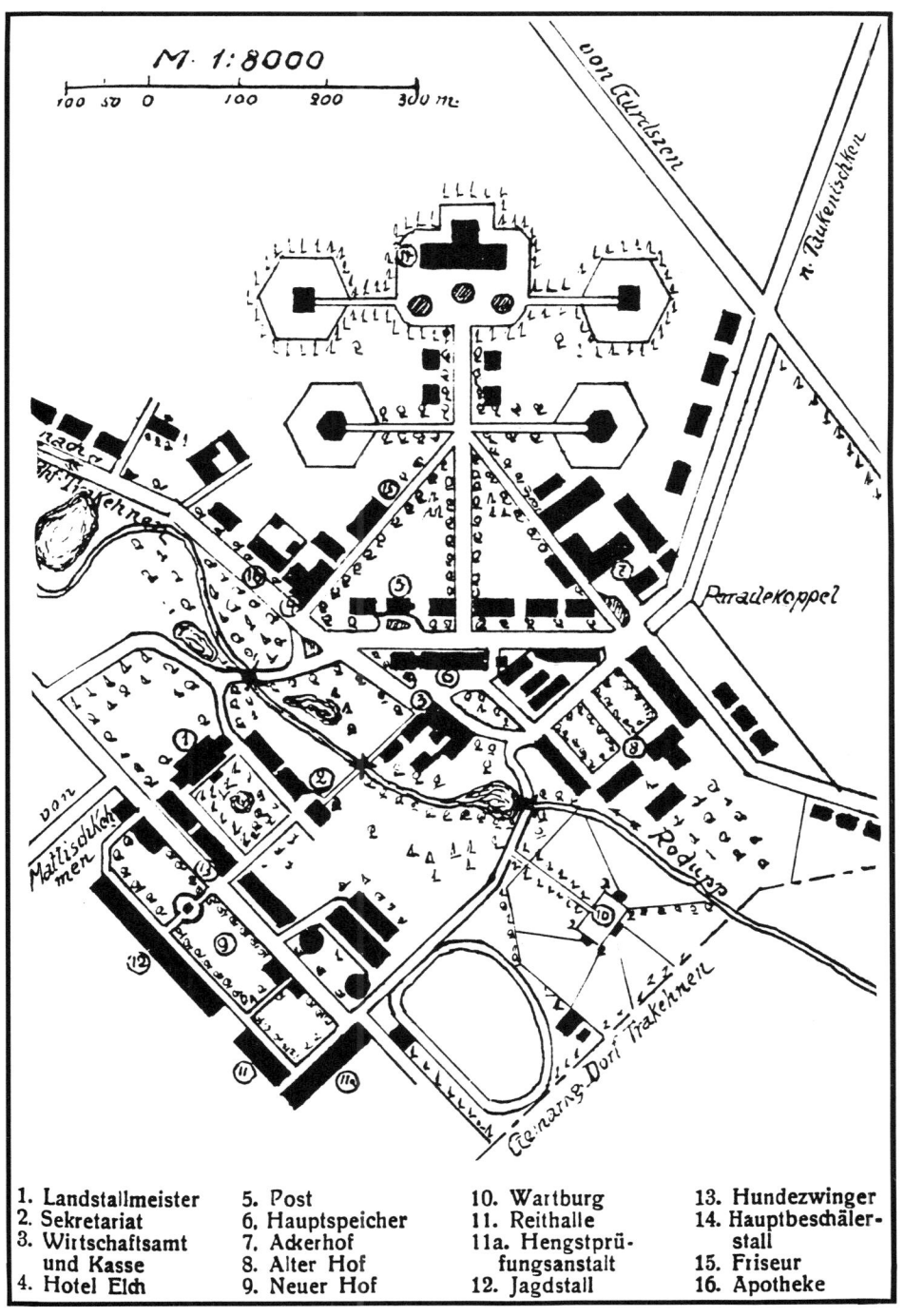

1. Landstallmeister	5. Post	10. Wartburg	13. Hundezwinger
2. Sekretariat	6. Hauptspeicher	11. Reithalle	14. Hauptbeschäler-
3. Wirtschaftsamt	7. Ackerhof	11a. Hengstprü-	stall
und Kasse	8. Alter Hof	fungsanstalt	15. Friseur
4. Hotel Elch	9. Neuer Hof	12. Jagdstall	16. Apotheke

Abb. 37: Ortslage vom Hauptgestüt Trakehnen.

Abb. 38: Fünfmarkstück der Weimarer Zeit mit der Trakehnereiche.

Abb. 39: Schulung der dreijährigen Trakehner Hengste im Gelände

Abb. 40: Das Landstallmeisterhaus in Trakehnen. Im Vordergrund das Standbild von Tempelhüter.

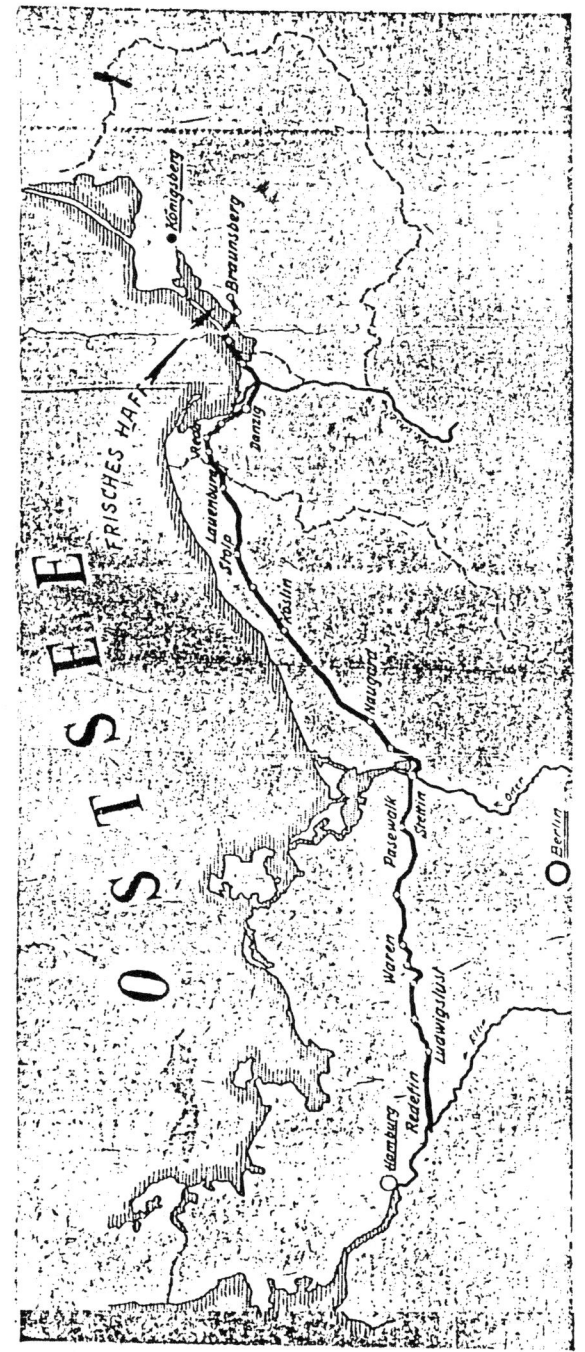

Abb. 41 Kopie des verblichenen, in Verden gefundenen Zeitungsausschnittes aus *Waldecksche Landeszeitung* vom 9.11.1963: die Route des Hengsttrecks von Braunsberg nach Redefin unter dem Veterinäroffizier Dr. Arnold.

Abb. 42: Der Künstler Carl Engel hat in der „Abschiedsparade" die Flucht der 700 Stuten, die am Morgen des 17. Oktober 1944 in Gruppen zu jeweils etwa 80 Tieren die Weiden Trakehnens überstürzt verlassen mußten, festgehalten. Beim Durchtraben des schon brennenden Gumbinnen passierten sie das Denkmal Friedrich Wilhelms I., des Gründers der Stadt und des Schöpfers von Trakehnen.

Abbildungsverzeichnis

Abb. 1: Das Hochgrab Arnolds in der Arnolduskapelle.
Aus: WYRSCH: *Der Heilige Arnold von Arnoldsweiler.* Jülich 1994. Mit freundlicher Genehmigung der Joseph Kuhl-Gesellschaft, Jülich.

Abb. 2: Verkleinerung aus der Topographischen Karte 1:50.000, vervielfältigt mit Genehmigung des Landesvermessungsamtes Nordrhein-Westfalen vom 01.09.1999 Nr.99 147

Abb. 3: Grabplatte der Witwe Kaiser Heinrich II., Kaiserin Kunigunde.
Foto: G. Keerl

Abb. 4: Politische Karte von Mitteleuropa um 1000 mit den Stammesherzogtümern und dem eingezeichneten 'Königsritt'.
Schwarz-weiß Ausschnitt aus Westermanns Geschichtsatlas.
Bearbeitet von Prof. Dr. Wolfgang Birkenfeld.
© Westermann Schulbuchverlag GmbH, Braunschweig.

Abb. 5: Die Reichsinsignien des 11.–14. Jahrhunderts.
Kunsthistorisches Museum, Wien, Photographie 1992/8040

Abb. 6: Reliefkarte Asiens und Europas mit Eintragungen der Heimat Dschingis Khans vom Stamme der Moghul und einige seiner Kriegszüge sowie die seiner Generale.
Ausschnitt aus der Karte Asien, © Westermann Schulbuchverlag GmbH, Braunschweig.

Abb.: 7: Mongolische Truppen beim Angriff auf eine russische Stadt.
Aus: *Kriege der Menschheit.* Aventinum, Prag 1991

Abb.: 8: Einfangen des Pferdes aus der Steppenherde.
Aus: DIEM: *Asiatische Reiterspiele.* 2. Aufl. Berlin 1942. Reprint: Olms Hildesheim 1982.

Abb. 9: Verfolgungsritt des Schah von Choresm durch Söbötai.
Aus: PRAWDIN: *Tschingis Khan.* Stuttgart, Berlin, Deutsche Verlagsanstalt 1935.

Abb. 10: Die Grabkapelle für Johann Graf von Luxemburg.
Foto: G. Keerl

Abb. 11: „Der 'Schwarze Prinz' erweist auf dem Schlachtfeld von Crecy dem toten Gegner Johann von Luxemburg die letzte Ehre."
Gemälde von Julian Story (Englisch 1857-1919)
The Black Prince at Crecy, 1888.
Oil on canvas. 135 ½ x 205 ¾ inches.
© Telfair – Museum of Art, Savannah, Georgia, USA.

Abb. 12: Holzschnitt von Jost de Negker, nach einem Stich von H. Burgkmair (1518). Kaiser Maximilian in der von ihm eingeführten Rüstung von Roß und Reiter, der 'Mailänderin'.
Aus: Knaurs Weltgeschichte, 1935.

Abb. 13: Beschießung und Eroberung der Stadt Budissin durch den Kurfürsten von Sachsen im September 1620. (Kupferstich von Merian d. Ä. vor 1634)

Abb. 14: Zeitgenössische Karte Europas mit Eintragung der wesentlichen Schlachten Karls XII.
Aus: F. W. PUTZGER, *Historischer Schulatlas*, Velhagen und Klasing, Bielefeld/Leipzig 1906

Abb. 15: „Die Heimkehr des toten Königs nach Schweden."
Gustav Cederström (1845–1933)
© Karl XII:s likfärd.
Staatliches Kunstmuseum Stockholm.

Abb. 16: Ausschnitt aus der Karte Nordamerika
© Westermann Schulbuchverlag GmbH, Braunschweig.

Abb. 17: Der erste Ritt des ersten Bischofs von Amerika, Francis Asbury, über die Appalachen 1784.
Aus: CLARK et. al. *The Journal and Letters of Francis Asbury*, Abington Press Nashville.
© Methodist Publishing House, Peterborough – England.

Abb. 18: Standbild des reitenden Predigers und Gründers der neuen Glaubensbewegung John Wesley. Foto: G. Keerl

Abb. 19: Das Reiterbild des ersten Bischofs der Methodisten, Francis Asbury, in Washington D.C. Foto: G. Keerl

Abb. 20: Typische Siedlerhütte während des 'go west!': 'John Rooks cabin' von 1834 in Brownsville, West Tennessee". Foto: G. Keerl

Abb. 21: Die Ost-Westverbindungen im Amerika vor dem Bürgerkrieg.
Aus: The Old West: Nevin, *The Expressmen*.
© 1974 Time-Life Books Inc. All rights reserved.

Abb. 22: Der Verlauf des Pony Express mit einigen Stationen
Aus: Wadell F. SMITH, The Story of the Pony Express
Hesperian House Book Publ.

Abb. 23: Anschlag „Reiter gesucht, Waisen bevorzugt"
Foto: G. Keerl

Abb. 24: „Der Start" nach dem Pferdewechsel. Gemälde von Frederic Remington: The Coming and Going of the Pony Express.
From the collection of Gilcrease Museum, Oklahoma.

Abb. 25: Der Böhmische Kriegsschauplatz im Juni 1866.
Nach: FONTANE, *Der Deutsche Krieg* 1866.

Abb. 26: Die Stellungen der Österreicher in einem Winkel zwischen Bistritz und Elbe am 2. Juli 1866.
Nach: FONTANE, *Der Deutsche Krieg* 1866.

Abb. 27: Der nächtliche Reiter Graf Finck von Finckenstein
Lithographie aus Privatbesitz von Professor Albrecht Graf Finck von Finckenstein

Abb. 28: Skizze vom Ritt des preußischen Königs über das Kampffeld am 3. Juli 1866.
Aus: L. SCHNEIDER, *König Wilhelm*, Mittler und Sohn 1869.

Abb. 29: Hauptmann Graf Zeppelin
Aus: SCHNELL, KARL: *Zeppelins Fernpatrouille*, 1984. Verlag für Wehrwissenschaften, München.

Abb. 30: Leutnant von Gayling täuscht die Grenzposten an der Bienwaldbrücke.
Aus: SCHNELL, KARL: *Zeppelins Fernpatrouille*, 1984. Verlag für Wehrwissenschaften, München.

Abb. 31: Skizze vom Weg der Patrouille und vom Fluchtweg Graf Zeppelins durch das Elsaß.
Aus: SCHNELL, KARL: *Zeppelins Fernpatrouille*, 1984. Verlag für Wehrwissenschaften, München.

Abb. 32: Teilstrecke aus der Faltkarte 1 : 300.000
Aus: *Der große Distanzritt Berlin–Wien*, Ed. Rancillio, Dresden 1892.
Zur Verfügung gestellt von Frau Gabriele Mohrmann-Pochhammer, Hamburg und Windeby.

Abb. 33: Abritt des späteren Zweitplazierten, Freiherrn von Reitzenstein, von Berlin.
Aus: *Der große Distanzritt Berlin–Wien*, Ed. Rancillio, Dresden 1892.
Zur Verfügung gestellt von Frau Gabriele Mohrmann-Pochhammer, Hamburg und Windeby.

Abb. 34: Start des österreichischen Reiters, Graf von Starhemberg.
Aus: *Der große Distanzritt Berlin–Wien*, Ed. Rancillio, Dresden 1892.
Zur Verfügung gestellt von Frau Gabriele Mohrmann-Pochhammer, Hamburg und Windeby.

Abb. 35: Dr. Werner Otto v. Hentig, 1919
Mit freundlicher Genehmigung von Professor Hartmut v. Hentig

Abb. 36: Der Verlauf der 'Dienstreise' von der Türkei bis nach Schanghai.
Aus: HENTIG, W.-O. VON: *Meine Diplomatenfahrt ins verschlossene Land*, Ullstein, Wien 1918.

Abb. 37: Ortslage vom Hauptgestüt Trakehnen.
Aus: Dr. GROTE, *Führer durch das Hauptgestüt Trakehnen*.
H. Klutke, Stallupönen 1934.

Abb. 38: Fünfmarkstück der Weimarer Zeit mit der Trakehnereiche.
Foto: G. Keerl. Entwurf: Professor Dasio.

Abb. 39: Schulung der dreijährigen Trakehner Hengste im Gelände.
Foto: Menzendorf

Abb. 40: Das Landstallmeisterhaus in Trakehnen. Im Vordergrund das Standbild von Tempelhüter.
Foto: © Hannelore Menzendorf, Berlin

Abb. 41: Kopie des „Verdener" Zeitungsausschnittes aus *Waldecksche Landeszeitung* vom 9.11.1963
Mit freundlicher Genehmigung der Waldeckschen Landeszeitung

Abb. 42: „Abschiedsparade". Gemälde von Carl Engel
Mit freundlicher Genehmigung des Ostpreußischen Landesmuseums, Lüneburg

Trotz größter Bemühungen ist es dem Verlag nicht in allen Fällen gelungen, den Urheber ausfindig zu machen. Sollte der Verlag in dieser Hinsicht benachrichtigt werden, wird er Versäumtes umgehend nachholen.

BÜCHER ZUM PFERD

Eine Auswahl lieferbarer Titel:

Hans Peter Bühler, Jäger, Kosaken und polnische Reiter
Josef von Brandt, Alfred von Wierusz-Kowalski, Franz Roubaud und der Münchner Polenkreis. Hildesheim 1993. 164 S. mit 150 Abb., davon 93 Abb. vierfarbig, 57 s.w. ISBN 3-487-09655-2   DM 128,--

Der wilde Kaukasaus, der klirrkalte aber sonnige Winter Polens und Litauens und die weiten Steppen der Ukraine erzeugen die Stimmung in den hinreißend gemalten Aktionen dieses Buches. Der Jagd- und Pferdefreund wird fasziniert sein.

Robert Claus/Sabine Schmitt, Handbuch Wanderreiten
Im Rhythmus der Pferde. Hildesheim 1999. 224 S. mit 55 Abb., davon 8 farbig. (NOVA HIPPOLOGICA). ISBN 3-487-08413-9   DM 48,--

Mit ihren Pferden über Wiesen und durch Wälder zu ziehen, das ist der große Traum vieler Freizeitreiter. Über zehn Jahre hinweg sammelten die Wanderreitführer Robert Claus und Sabine Schmitt auf zahlreichen ein- und mehrtägigen Ritten Erfahrungen mit den verschiedensten Pferderassen und Ausrüstungsgegenständen. Ein wertvoller Ratgeber für Wanderreiter und solche, die es werden wollen.

Philipp Czeipek, Die Herrendistanzfahrt Berlin-Totis 1899
Graz 1900. Reprint: Hildesheim 1997. IV/168 S. mit 28 s.w. Abb. (DOCUMENTA HIPPOLOGICA). ISBN 3-487-08386-8   DM 68,--

Philipp Czeipek hat hier eine fesselnde Schilderung über eine der bedeutendsten Distanzfahrten der Jahrhundertwende mit den Berichten der anderen Teilnehmer zusammengefaßt.

H. A. von Esebeck/P. Spohr, Über Jagd- und Distanzreiten
Jagdpferde. Gedanken über Jagd und Zucht. Stuttgart 1904. Reprint: Hildesheim 1981. 47 S. (DOCUMENTA HIPPOLOGICA).
Beigebunden sind: Esebeck, H. A .v., Demmin – Kopenhagen. Tagebuchblätter eines Distanzreiters. Stuttgart 1909. 66 S.
Spohr, P., Über die Kondition unserer Militärdienstpferde und die Mittel, sie herbeizuführen und zu erhalten. Stuttgart 1912. 78 S.
ISBN 3-487-08206-3   DM 39,80

Für jeden Freizeitreiter, für Jagd- und Geländerreiter, lebt mit diesem Nachdruck ein reicher Wissens- und Erfahrungsschatz auf zur Selbstfindung und zum Selbstverständnis in innerer Haltung und in der Praxis.

OLMS PRESSE

Hagentorwall 7, D- 31134 Hildesheim, Tel. 05121/15010, Fax 150150

BÜCHER ZUM PFERD

Eine Auswahl lieferbarer Titel:

Valentin Horn, Das Pferd im alten Orient
Das Streitwagenpferd der Frühzeit in seiner Umwelt, im Training und im Vergleich zum neuzeitlichen Distanz-, Reit- und Fahrpferd. Hildesheim 1994. 256 S. mit zahlr. Abb. (DOCUMENTA HIPPOLOGICA).
ISBN 3-487-08352-3   DM 49,80

In eindrucksvoller Weise hat Valentin Horn hier die wirtschaftliche, gesellschaftliche und kulturhistorische Bedeutung des Pferdes im Alten Orient beschrieben.

Carl Gustav Wrangel. Das Buch vom Pferde
Ein Handbuch für jeden Besitzer und Liebhaber von Pferden, vollständig neu bearbeitet und vermehrt von F. W. Kurt Plessing. 2 Bände. Stuttgart 1927. 4. Reprint: Hildesheim 1994. Geleitwort von Landstallmeister Dr. W. Uppenborn. X/1585 S. mit 1060 Abb. und 20 Tafeln. Kunstleder mit Schutzumschlag. (DOCUMENTA HIPPOLOGICA). ISBN 3-487-08102-4   zus. DM 198,--

In Vorbereitung / Erscheint in Kürze:

DAUERRITTE 1:
Heydebreck, C. von, Dauerritte. Kurze Anleitung zu ihrer fachgemäßen Ausführung. Berlin 1899. 55 S. (DOCUMENTA HIPPOLOGICA).
Beigebunden sind: Funke, O. von, Sammlung von Distanz-Berichten; Berlin 1903. 107 S. mit 22 Tabellen.
Spielberg, Saarbrücken-Rom über den St. Gotthard in 12 Tagen. Distanzritt. Berlin 1900. 100 S. mit 26 Abb. und 13 Karten.
Vorbestellpreis ca. DM 56,--   (Ladenpreis ca. DM 68,--)

Als der berühmteste Distanzritt gilt der Ritt Wien-Berlin. Zwei der bedeutendsten Schilderungen werden hier vereint mit der wichtigen Zusammenfassung von Distanzritt-Berichten von O. von Funke.

Nancy Loving, Handbuch Distanzreiten
Ca. 300 Seiten. 100 s.w. Abbildungen. Gebunden.   Ca. DM 58,--

Das Referenzwerk für Einsteiger und Fortgeschrittene im Distanzreitsport!

Bitte fordern Sie unsere Sonderprospekte an!

OLMS PRESSE

Hagentorwall 7, D- 31134 Hildesheim, Tel. 05121/15010, Fax 150150